企业合规师

孙宗虎　陶光辉◎编著

电子工业出版社

Publishing House of Electronics Industry

北京·BEIJING

内容简介

本书从企业合规师的角度，全面地梳理了企业合规师的工作内容，便于读者快速掌握"合规、风险、内控"的相关内容。本书分为 10 章，主要介绍了企业合规管理工作各岗位的职责，梳理了风险识别、分析、评价、应对的方法，设计了重点关注领域、重点关注环节、重点关注人员的合规管理制度，有助于企业规避、降低合规风险，提升企业的合规管理水平。

本书适合企业高层管理人员、企业合规管理人员、企业合规工作人员、合规咨询师及高等院校管理专业师生阅读和使用。

图书在版编目（CIP）数据

企业合规师 / 孙宗虎，陶光辉编著 . —北京：电子工业出版社，2024.4

（合规师三部曲）

ISBN 978-7-121-47496-5

Ⅰ . ①企 … Ⅱ . ①孙 … ②陶 … Ⅲ . ①企业管理－研究 Ⅳ . ① F272

中国国家版本馆 CIP 数据核字（2024）第 055844 号

责任编辑：王小聪

印　　刷：三河市鑫金马印装有限公司

装　　订：三河市鑫金马印装有限公司

出版发行：电子工业出版社

　　　　　北京市海淀区万寿路 173 信箱　邮编 100036

开　　本：787×1092　1/16　印张：19.5　字数：318 千字

版　　次：2024 年 4 月第 1 版

印　　次：2024 年 4 月第 1 次印刷

定　　价：79.00 元

凡所购买电子工业出版社图书有缺损问题，请向购买书店调换。若书店售缺，请与本社发行部联系，联系及邮购电话：（010）88254888，88258888。

质量投诉请发邮件至 zlts@phei.com.cn，盗版侵权举报请发邮件至 dbqq@phei.com.cn。

本书咨询联系方式：（010）68161512，meidipub@phei.com.cn。

前　言
Preface

2021 年 3 月 18 日，人力资源和社会保障部会同国家市场监督管理总局、国家统计局联合发布了 18 个职业，其中企业合规师正式进入《中华人民共和国职业分类大典》，成为与律师、会计师、审计师等并驾齐驱的职业。

2022 年 8 月 23 日，国务院国有资产监督管理委员会颁布了《中央企业合规管理方法》，意味着企业管理进入"大合规时代"。合规工作成为企业管理的常态工作之一，合规管理成为企业经营管理的新的要求。

企业合规涉及企业经营管理的方方面面，企业合规师到底应该做什么？管什么？设计什么？建设什么？落实什么？如何开展工作？抓手是什么？依据是什么？方法是什么？技巧是什么？如何推进合规工作？如何协调各部门？如何监督执行？如何评估合规体系？如何改进合规体系？

与市面上其他关于合规的图书相比，我们更加关注企业合规管理的实际问题：合规工作到底怎么做？企业合规师应该做什么？为此，我们组织编写了《企业合规师》《高级企业合规师》《首席合规官》，从不同的层面将企业的合规管理工作讲清楚、讲透彻，为企业合规师开展工作提供参考、参照。

《企业合规师》从合规部组织设计，合规管理规划与计划，合规风险识别、分析、评价、应对，合规管理体系的策划与运行机制设计，合规管理制度、流程的设计，专项合规管理制度、指南设计示范，合规管理体系运行与实施，合规管理体系评估与绩效改进，合规管理文化建设，合规管理信息系统共 10 个大模块出发，把这 10 项具体的工作或事务通过制度、流程、方案、指南进行了详细、具体的描述，能够让读者阅读起来逻辑清晰、事项清晰、执行清晰、问题清晰、结果清晰。具体特点如下。

1. 细化了合规管理工作的岗位职责

做事，首先要权责清晰。本书详细设计了合规部的 31 个岗位说明书，细化了各岗位的工作职责、任职要求、所需的知识技能等，明确了各岗位的工作任务，为企业合规管理工作提供了职责依据，读者可拿来即用。

2. 给出了风险识别、分析、评价、应对的通用方法

本书根据合规风险情况给出了合规风险识别、分析、评估、应对等各个环节的通用方法，为合规管理工作的开展提供了建设风险库的整体方案。

3. 设计了开展各种合规工作的文书样本

本书对合规体系要求的制度、流程、方案进行了全方位的设计，可以帮助合规工作者解决体系设计、制度设计、流程设计的实际工作问题，读者可学习参考，提高工作效率。

书中不足之处，敬请广大读者批评指正。

孙宗虎　陶光辉

2024 年 4 月

目 录
Contents

第1章
合规部组织设计

1.1 合规部的职能、工作目标与职责

1.1.1 合规部的职能

合规部是企业为了促进合规经营与合规发展特意成立的用来防范合规风险的专职部门。

合规管理是指企业以有效防控合规风险为目的，以提升依法合规经营管理水平为导向，以企业经营管理行为和员工履职行为为对象，开展的包括建立合规制度、完善运行机制、培育合规文化、强化监督问责等有组织、有计划的管理活动。

合规部的职能主要是对企业进行合规管理，包括合规管理体系的制定、运行、监督实施并提供咨询等内容，其职能分解如表 1-1 所示。

表 1–1　合规部职能分解

一级职能	二级职能	三级职能
合规管理	制定合规管理体系	收集国家与地区跟合规相关的法律法规信息，了解国家对企业合规发展的要求
		围绕企业生产经营情况，分析企业内部运营情况
		开展市场调查，分析对标企业的合规管理体系建设情况
		制定企业合规管理体系，围绕合规目标或战略结果开展各项评估活动
		当国家法律法规、合规政策、企业经营情况等发生变化时，合理地对合规管理体系进行调整
	运行合规管理体系	以适合企业规模、复杂性、结构和运营的方式促进合规义务的识别
		基于合规义务与企业活动、产品、服务以及运行的相关方面，识别合规风险
		使合规管理体系与合规目标保持一致
		对合规管理工作的绩效展开分析与评估，以决定是否需要采取纠正措施
		建立合规报告和记录制度

一级职能	二级职能	三级职能
合规管理	运行合规管理体系	按照计划的时间间隔对合规管理体系展开评审工作，确保合规管理体系的适用性、充分性和有效性
		建立提出合规疑虑以及确保合规疑虑得到解决的机制
	监督合规管理体系实施	监督已识别的合规义务职责在企业内部得到有效分配
		监督合规义务被纳入合规管理方针、过程和程序
		监督所有相关人员按照既定要求接受培训
		对合规绩效指标的合理性进行监督
	提供合规管理体系咨询	向相关人员提供与合规管理方针、过程和程序有关的咨询
		就合规管理事项向企业提供建议

1.1.2 合规部的工作目标

合规管理作为企业管理的重要组成部分，其主要目的是使企业遵守国家法律法规，确保企业实施有效的管理流程，避免企业发生违法、违规的行为，以保证企业合法权益。因此，合规部应当以实施企业合规管理为工作目标，具体内容如表 1-2 所示。

表 1-2　合规部的工作目标

目标项目	目标内容
建设合规管理制度	编制合规管理制度
	合规管理制度执行率
建设内部稽核体系	建设内部稽核体系
	内部稽核体系执行率
开展合规教育与培训	合规教育完成率
	合规计划完成率
	定期进行合规培训
	定期开展合规教育
	进行合规教育与培训考核

目标项目	目标内容
进行合规检查	建立合规检查制度
	定期开展合规检查
	整改合规检查发现的问题
进行违规处理	编制违规处理制度
	落实违规处理率
进行合规监督评价	开展合规运行监督
	进行合规绩效评价
防范合规风险	建立合规风险应对机制
	降低合规风险发生率
	合规风险损失率

1.1.4　合规部的工作职责

合规部的工作职责主要是确保企业在业务运营中遵守相关法律法规和行业标准，防范合规风险并维护企业声誉，具体工作职责如表1-3所示。

表1-3　合规部的工作职责

序号	工作职责
1	持续关注企业所需遵守的国家法律法规、行业监管要求和国家准则的最新变更，准确理解法律法规、行业监管要求以及国家准则的规定及要求，并据此起草合规管理年度规划与计划、工作报告、基本制度和具体规定等
2	利用相关资源，明确合规职责，将其转化为可行的方针、程序及流程，并及时将最新识别出的合规职责融入现有的方针、程序及流程，及时参与企业重大事项合法合规性审查，提出意见及建议
3	组织制定合规管理程序及合规手册、员工行为准则等合规指南性文件，评估合规管理程序和合规指南性文件的适当性，为员工提供合规指导
4	组织开展合规风险识别与预警、分析与评价，组织做好重大合规风险应对工作
5	组织开展合规评价，对企业各项政策、程序和实施细则的合规性及有效性进行审查、评价，对各项政策、程序和实施细则进行梳理和修订，确保其符合法律法规、行业监管要求及国家准则的规定和要求

续表

序号	工作职责
6	组织监督合规管理体系的实施与运行，组织开展合规考核，督促违规行为的整改工作
7	配合企业培训部门对企业员工组织合规培训，包括新员工入职合规培训、各级管理人员的合规培训等，确保企业全体员工都接受到合规培训
8	为企业员工提供与合规程序和合规资料有关的资源，为企业提供与合规有关事项的客观建议，并成立可为员工提供合规事项咨询的部门
9	受理职责范围内的违规举报，组织或参与对违规事件的调查，并提出处理建议
10	按照计划周期对合规管理体系与绩效展开评估，实施充分且具有代表性的风险评估和测试，测试结果应通过合规管理报告路线向上汇报，以确保企业经营符合合规要求
11	组织合规管理文化建设，明确合规管理宣传与培训标准，制定合规管理宣传与培训方案并监督落实
12	根据企业实际经营情况，搭建企业合规管理信息系统，确定合规管理信息化建设方案，对企业运行实施动态监测
13	企业章程、其他制度中规定的其他职责

1.2 合规部组织架构、权限设计

1.2.1 合规部组织架构设计

重视合规管理的企业往往会设置合规部来对企业经营情况展开合规管理，以规避合规风险，降低企业损失。从合规部的组织架构设计方式来看，合规部的设立通常有三种组织模式。

1. 独立设置模式

企业在这种模式下通过设置独立的合规部来对企业的经营决策与运行机制进行合规管理。这种模式适用于规模较大的企业，它能够保证合规部的独立性。这种模式下合规部的组织架构如图 1-1 所示。

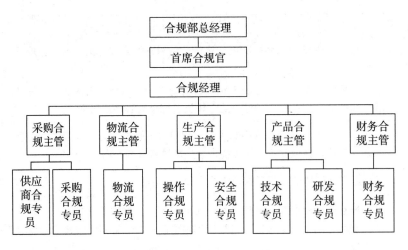

图 1-1 合规部组织架构

2. 复合设置模式

多数企业会将合规部与法务部合在一起共同组成合规法务部，这样可将合规部的职能与法务部的职能统一到合规法务部中。这种模式适用于规模较小的企业，不但投入成本较低，资源整合较快，而且合规团队与法律团队之间更容易配合工作。这种模式下合规部的组织架构如图 1-2 所示。

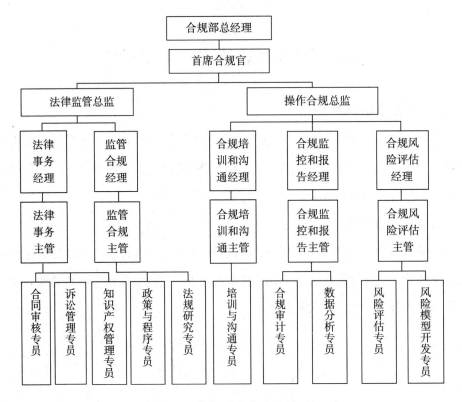

图 1-2 合规法务部组织架构

3. 简单设置模式

规模较小、产品线较为单一、合规风险相对较小的企业往往只设立合规小组或者合规委员会，下设合规管理专员，由企业总经理直接管理，承担合规管理工作任务。企业采用这种模式可以有效减轻财政负担，使得合规管理工作更具灵活性。

1.2.2 合规部权限设计

为规范合规部的工作，明确合规部的权限，需要对合规部的权限进行设计，具体如表 1-4 所示。

表 1-4 合规部权限设计

合规部权限	具体解释
决策权	有权搭建企业合规管理体系，编制合规管理制度，确定企业合规方针
	有权对合规部的岗位设置及人员调动、绩效调整等进行决策
	有权对违规事件及违规人员进行处理
建议权	有权对企业合规相关制度、政策的制定提出相关建议
	有权参与企业的合规经营管理，并提出意见与建议
	有权对其他部门的建立与员工聘任、考核、解聘提出建议
	有权对企业合规管理制度、工作流程提出改进建议
	有权对企业内部员工的违规处罚行为提出建议
监督权	有权对企业内部经营活动及全体人员工作行为进行监督
	有权对企业运行状况及合规管理体系执行效果进行监督
	有权对企业经营决策合规情况进行监督
信息权	有权获取企业财务、采购、销售等一系列真实信息数据
	有权对企业数据信息及安全信息等进行合规管理
调查权	有权与企业内任何部门、任何员工进行沟通谈话，获取相关信息
	有权获取任何与合规相关的信息或方案资料
	在特殊情况下，有权委托外部机构或专业人员进行合规调查
汇报权	有权向企业的最高管理层直接汇报工作，不受其他部门干扰
否决权	有权参与企业经营决策，并在合规管理政策和制度的推行及合规风险的预判方面有否决权

1.3 合规部主要岗位职责说明书

1.3.1 合规部总经理岗位职责说明书

合规部总经理岗位职责说明书如表 1-5 所示。

表 1-5 合规部总经理岗位职责说明书

岗位名称	合规部总经理	所属部门	合规部
上 级	董事长	下 级	合规主管
职责概述	根据企业发展需求，指导建立合规管理体系，组织实施合规培训与考核，加强团队建设，支持与保障达成企业的合规要求，促进企业合规运行			
工作职责	**职责一：规划与计划合规管理** ◆ 组织收集与整理合规管理信息，形成合规管理信息库 ◆ 指导制定并落实合规管理规划方案 ◆ 组织收集与整理合规管理实施计划信息 ◆ 指导制订合规管理实施计划，推进落实合规管理工作 **职责二：策划合规管理体系** ◆ 组织策划合规管理体系框架，初步形成完整的合规管理体系框架 ◆ 组织策划合规管理体系的流程，明确合规管理体系运行机制 ◆ 组织策划合规管理体系方针，明确合规管理体系的总体目标 ◆ 组织策划合规管理体系指南，明确合规管理体系的发展方向 **职责三：识别、分析、评估、应对合规风险** ◆ 组织安排合规风险识别，梳理企业合规风险 ◆ 组织安排合规风险分析，明确其成因及来源 ◆ 组织进行合规风险评价，判断其影响程度 ◆ 组织设计合规风险规避方案，并监督落实 ◆ 协同企业相关部门执行合规风险规避方案，帮助企业及相关部门规避合规风险 **职责四：设计合规管理体系运行机制** ◆ 组织设计合规管理体系运行机制，包括合规审查机制、合规风险预警机制、违规举报机制、合规管理协同运作机制等 ◆ 协同企业各部门共同推进合规管理体系运行机制的实施 **职责五：设计合规管理制度与流程** ◆ 组织构建分级分类的合规管理制度体系，设计合规管理基本制度 ◆ 组织进行合规管理业务流程风险点梳理，设计合规管理业务流程 ◆ 组织设计专项合规管理制度与指南，明确合规管理重点			

岗位名称	合规部总经理	所属部门	合规部
上　级	董事长	下　级	合规主管

工作职责	**职责六：推进合规管理体系的实施与运行** ◆ 组织制定合规管理体系实施方案，明确合规管理体系实施组织与注意事项 ◆ 组织进行合规举报的调查、处理，形成调查报告 ◆ 组织实施合规管理监督与合规管理审计，出具最终意见 ◆ 组织进行合规管理体系运营分析，形成分析报告 **职责七：评估与改进合规管理体系** ◆ 组织进行合规管理体系运行评估，形成合规管理体系运行评估报告 ◆ 组织进行合规管理体系专项评估，形成合规管理体系专项评估报告 ◆ 组织进行合规管理体系绩效评价，形成合规管理体系绩效评价报告 ◆ 推进合规管理体系绩效改进工作 **职责八：建设企业合规文化** ◆ 组织制定合规文化建设方案，明确合规文化建设路径 ◆ 组织开展合规管理宣传与培训，增强企业员工合规意识 **职责九：构建合规管理信息系统** ◆ 组织制定合规管理信息化建设方案，构建企业合规管理信息化系统 ◆ 组织制定风险动态监测预警方案，达到风险预警效果
工作权限	◆ 对合规管理计划、合规管理体系、合规管理运行机制等执行情况有监督检查权 ◆ 对合规管理过程中出现的问题有决策权 ◆ 对上报董事长的各种报告及各种体系的制定等有审批权 ◆ 对直属下级人员有调配权、奖惩权和任免权

任职资格	**教育水平**	
	◆ 研究生及以上学历 ◆ 企业管理、金融、经济、法学、财务等相关专业	
	经验要求	
	具有 8 年以上大型企业合规负责人工作经验	
	知识技能	
	业务知识	**管理技能**
	◆ 精通企业合规相关法律法规 ◆ 熟练掌握企业管理的相关知识 ◆ 熟悉国家公布的行业相关政策和监管要求 ◆ 可用英语进行沟通交流	◆ 善于思考、逻辑性强，具备敏锐的风险识别和判断能力 ◆ 具备创新精神及较强的管理能力 ◆ 具备良好的沟通能力、分析及逻辑思维能力和良好的团队合作能力 ◆ 善于独立工作，抗压能力强

1.3.2 首席合规官岗位职责说明书

首席合规官岗位职责说明书如表 1-6 所示。

表 1-6 首席合规官岗位职责说明书

岗位名称	首席合规官	所属部门	合规部
上　级	合规部总经理	下　级	合规管理师
职责 概述	协助起草企业内部合规工作规划，参与拟定合规标准，拟定合规管理制度，组织 收集合规义务清单，编制年度合规报告，监督检查合规管理制度落实情况		
工 作 职 责	**职责一：拟定合规管理制度和合规手册** ◆ 组织制定并完善企业的合规管理制度和工作流程 ◆ 组织制定合规手册，形成明确规范		
	职责二：识别、评估、应对合规风险 ◆ 组织有关人员进行合规风险识别、评估、应对工作，并监督落实 ◆ 对企业的合规风险管理执行情况提出指导意见并监督整改		
	职责三：编制、审核合规管理报告 ◆ 组织有关人员编制合规管理报告，并定期形成季度及年度合规管理报告 ◆ 履行合规管理报告审核、批准手续，并定期向董事长汇报		
	职责四：组织开展合规检查与合规评价工作 ◆ 组织并监督落实有关人员进行合规检查、调研工作 ◆ 组织有关人员对合规管理体系、合规管理制度、合规管理业务流程等合规管理的有效性、可实施性进行评价 ◆ 审核合规检查报告与合规评价报告，出具改进意见		
	职责五：处理违规事件 ◆ 制定违规追责范围与违规责任认定标准 ◆ 制定违规追责的工作方式与工作标准 ◆ 确定免责事项内容与免责标准 ◆ 定期向合规部总经理报告重大违规事项		
	职责六：培育合规文化 ◆ 组织编制合规文化培育方案，构建合规文化培育体系 ◆ 组织开展合规文化宣传活动，营造企业合规文化氛围		
	职责七：建设合规团队 ◆ 制定合规团队建设方案，明确合规团队建设路径 ◆ 设计起草合规部定员、岗位设置方案，交由合规部总经理审核		
	职责八：定期召开合规联席会议 ◆ 按照合规部总经理要求，定期召开合规联席会议 ◆ 听取合规部门工作报告，收集、整理合规意见		

续表

岗位名称	首席合规官	所属部门	合规部
上　级	合规部总经理	下　级	合规管理师

工作职责	职责九：完成其他合规管理工作
	◆ 处理临时发生的合规管理事件 ◆ 完成企业规定的及合规部总经理交代的其他合规管理职责

工作权限	◆ 对企业合规管理工作有监督检查权 ◆ 对直属下级的工作有监督权 ◆ 对直属下级有考核评价权及奖惩和任免的提名权

任职资格	教育水平
	◆ 研究生及以上学历 ◆ 法学、风险管理或经济学等相关专业
	经验要求
	8 年以上相关工作经验，有合规管理经验者优先
	知识技能

业务知识	管理技能
◆ 了解国家相关法律法规 ◆ 熟悉企业合规管理工作	◆ 具备优秀的领导能力和组织协调能力 ◆ 具备一定的计划制订及执行能力 ◆ 具备优秀的外联及公关能力

1.3.3　合规总监岗位职责说明书

合规总监岗位职责说明书如表 1-7 所示。

表 1-7　合规总监岗位职责说明书

岗位名称	合规总监	所属部门	合规部
上　级	董事长	下　级	合规经理

职责概述	规划企业合规管理发展方向，持续优化企业合规管理体系，制定企业合规风险管理规章制度，时刻关注法律法规、监管规定和行业标准的变动，并根据有关要求制定及完善企业规章制度

工作职责	职责一：制定合规管理规划与制度
	◆ 根据国家法律法规及市场发展环境，制定企业合规战略规划 ◆ 负责组织建立和完善内控合规管理及风险管理体系，制定合规管理制度及流程 ◆ 组织有关人员对规章制度、经济合同、重大决策的执行情况提出合规审查意见，并对最终结果做出审核

岗位名称	合规总监	所属部门	合规部
上　　级	董事长	下　　级	合规经理

<table>
<tr><td rowspan="30">工作职责</td><td colspan="3">职责二：组织执行合规管理工作</td></tr>
<tr><td colspan="3">◆ 组织有关人员对企业各项合规计划与执行情况进行检查监督，确保合规工作的完成
◆ 带头履行合规管理制度，为部门内员工及其他部门履行职责做示范</td></tr>
<tr><td colspan="3">职责三：识别、评估及应对合规风险</td></tr>
<tr><td colspan="3">◆ 审核合规风险管理制度与工作流程以及落实执行情况
◆ 组织有关人员开展合规测试，对合规风险进行监测、评估
◆ 对企业的合规风险管理执行情况提出指导意见并监督整改
◆ 审核合规风险报告，防范合规风险</td></tr>
<tr><td colspan="3">职责四：开展合规检查与合规评价工作</td></tr>
<tr><td colspan="3">◆ 组织有关人员进行合规检查、调研、评价工作
◆ 明确对合规管理体系的有效性、可实施性的评价标准
◆ 监督合规现场检查、调研、评价工作，并提出整改意见
◆ 审核合规检查报告，提出意见并监督整改
◆ 审核合规评价报告，出具改进意见</td></tr>
<tr><td colspan="3">职责五：考核合规管理体系</td></tr>
<tr><td colspan="3">◆ 制定合规考核评价体系与合规考核标准
◆ 组织开展合规考核，将合规管理情况纳入对各部门负责人的年度综合考核
◆ 依据合规考核结果对干部任用、评优评先、绩效变动等提出建议</td></tr>
<tr><td colspan="3">职责六：接受与处理合规举报</td></tr>
<tr><td colspan="3">◆ 组织编制合规举报管理制度，并监督落实
◆ 制定合规举报信息调查方案，组织相关人员对举报信息进行调查
◆ 对违反有关规定的人或事进行处理</td></tr>
<tr><td colspan="3">职责七：组织执行违规追责</td></tr>
<tr><td colspan="3">◆ 制定违规追责范围与违规责任认定标准，并监督执行
◆ 制定免责事项内容与免责标准
◆ 组织落实违规追责措施，并关注最终结果</td></tr>
<tr><td colspan="3">职责八：完成其他合规管理工作</td></tr>
<tr><td colspan="3">◆ 处理临时发生的合规管理事件
◆ 完成企业规定的其他合规管理工作
◆ 完成合规部总经理交代的其他合规管理事项</td></tr>
<tr><td></td><td colspan="2"></td></tr>
</table>

工作权限	◆ 对企业合规管理工作具有监督检查权 ◆ 对直属下级的工作有监督权 ◆ 对直属下级有考核评价权及奖惩和任免的提名权

岗位名称	合规总监	所属部门	合规部
上　级	董事长	下　级	合规经理

	教育水平	
任职资格	◆ 研究生及以上学历 ◆ 法学、金融、经济、企业管理等相关专业	
	经验要求	
	5 年以上风控合规工作经验，大型企业合规管理经验	
	知识技能	
	业务知识	管理技能
	◆ 熟知国家相关法律法规 ◆ 熟悉企业管理知识 ◆ 掌握相关技能	◆ 熟练掌握及运用各种风险评估和风险控制工具 ◆ 具备良好的敬业精神和职业道德，原则性强

1.3.4　合规经理岗位职责说明书

合规经理岗位职责说明书如表 1-8 所示。

表 1–8　合规经理岗位职责说明书

岗位名称	合规经理	所属部门	合规部
上　级	合规总监	下　级	合规主管
职责概述	协助合规总监制订合规管理战略规划和管理计划，构建合规管理体系，识别、评估合规风险，编制风险清单和应对预案，开展企业合规调查等工作		
工作职责	**职责一：制定企业合规管理规划** ◆ 关注国家法律法规及相关政策，了解企业经营环境与合规要求，关注企业运行环境 ◆ 协助合规总监制定企业合规管理规划，明确企业合规发展方向与方针 **职责二：搭建合规管理体系** ◆ 组织建立和完善内控合规管理及风险管理体系，制定合规管理制度及流程 ◆ 对国家法律法规及相关政策进行解读，及时提出合规建议及方案，对规章制度、经济合同、重大决策的执行情况提出合规审查意见，并对最终结果做出审核 ◆ 构建企业合规管理体系，贯彻执行有关法律法规、企业重大决策及规章制度 **职责三：识别、评估及应对合规风险** ◆ 组织识别、评估及应对合规风险 ◆ 对企业的合规风险管理执行情况提出指导意见并监督整改 ◆ 审核合规风险报告，防范企业经营合规风险		

续表

岗位名称	合规经理	所属部门	合规部
上　级	合规总监	下　级	合规主管

<table>
<tr><td rowspan="18">工作职责</td><td colspan="2">职责四：开展合规调查工作</td></tr>
<tr><td colspan="2">◆ 组织开展合规调查与尽职调查工作
◆ 利用合规调查结果改进合规管理体系
◆ 定期向合规总监报告合规调查的次数及结果</td></tr>
<tr><td colspan="2">职责五：组织合规培训与宣传</td></tr>
<tr><td colspan="2">◆ 组织全体员工参加合规培训，形成合规培训体系
◆ 组织进行合规培训考核，检验合规培训成果
◆ 定期开展合规文化宣传，增强员工合规意识</td></tr>
<tr><td colspan="2">职责六：接受与处理合规举报</td></tr>
<tr><td colspan="2">◆ 接受合规举报信息，组织有关人员开展调查
◆ 按照合规要求与标准，对最终调查结果进行审核</td></tr>
<tr><td colspan="2">职责七：组织执行违规追责</td></tr>
<tr><td colspan="2">◆ 组织设计违规追责实施方案，明确违规追责的处理标准与处理方式
◆ 将重大违规事件向合规总监汇报，减少企业违规损失</td></tr>
<tr><td colspan="2">职责八：完成其他合规管理工作</td></tr>
<tr><td colspan="2">◆ 处理临时发生的合规管理事件
◆ 完成企业规定的其他合规管理职责
◆ 完成合规总监交代的其他任务</td></tr>
</table>

工作权限	◆ 对企业合规管理工作具有监督检查权，对各项合规管理文件的编制具有审核权 ◆ 对直属下级的工作有监督权 ◆ 对直属下级有考核评价权 ◆ 对直属下级的任免有提名权

<table>
<tr><td rowspan="7">任职资格</td><td colspan="2">教育水平</td></tr>
<tr><td colspan="2">◆ 大学本科及以上学历，研究生学历优先考虑
◆ 法学、金融、经济、审计等相关专业</td></tr>
<tr><td colspan="2">经验要求</td></tr>
<tr><td colspan="2">3 年以上相关工作经验，具备一定的合规风控管理工作经验</td></tr>
<tr><td colspan="2">知识技能</td></tr>
<tr><td>业务知识</td><td>管理技能</td></tr>
<tr><td>◆ 熟知国家相关法律法规
◆ 熟悉常见合规风险及风险预案
◆ 了解风险管理各环节的审查工作
◆ 熟悉各类合同、法律文书、函件的编制</td><td>◆ 思维敏捷，具备较强的逻辑能力
◆ 具备良好的敬业精神和职业道德，原则性强
◆ 抗压与沟通能力强，具有开放性思想和实践思维
◆ 具有较强的团队合作能力</td></tr>
</table>

1.3.5 合规主管岗位职责说明书

合规主管岗位职责说明书如表 1-9 所示。

表 1-9 合规主管岗位职责说明书

岗位名称	合规主管	所属部门	合规部
上 级	合规经理	下 级	合规管理员
职责概述	协助合规经理编制企业合规管理制度,推进合规管理体系运行,主动识别、评估、监测合规风险并提出整改优化方案等		

| 工作职责 | **职责一:解读监管文件**
◆ 持续关注法律法规以及监管规定的最新变化,正确理解法律法规及监管规定的要求
◆ 做好法律法规及监管文件的解读工作

职责二:制定及更新合规政策和流程
◆ 协助合规经理制定合规政策和流程
◆ 根据实际情况优化与完善合规政策与流程

职责三:识别、评估及应对合规风险
◆ 深入理解合规风险来源,以合规风险为导向,协助合规经理根据业务目标及内外环境动态监测、识别及评估合规风险
◆ 执行合规风险排查专项工作,根据企业合规要求及操作流程识别合规风险来源,协助合规经理制定合规风险应对方案,并积极推进改进意见的落实
◆ 以合规风险为导向,设计、验证、实施并持续优化合规风险指标监测体系,帮助企业持续提升合规风险管理效率
◆ 根据企业要求推进落实合规风险管理制度
◆ 定期对企业内的部门开展合规风险管理、合规与内部控制专题培训与宣传,配合完成企业的合规宣传工作

职责四:开展合规专项管理
◆ 根据国家合规政策标准,对企业各类信息系统进行合规检测与测试
◆ 制定合规整改方案,独立或组织相关部门共同落实
◆ 对各类信息数据进行分析,发现信息安全风险,协同相关部门处理
◆ 审核与数据相关的新业务、新产品、运营活动及其他相关事项,出具合规意见,提供切实有效的风险防范建议,有效推进业务并平衡合规风险
◆ 识别并处理企业在经营过程中发生的各类与数据相关的法律风险,并推动流程优化、产品改进
◆ 审核各类与数据相关的合同,参与评估,根据业务实际情况给出调整建议,定期跟进合同履行情况

职责五:参与尽职调查
◆ 组织开展尽职调查,检查企业各项规章制度、程序及业务的执行情况
◆ 利用尽职调查结果,改进与完善合规审查制度
◆ 定期向合规经理提交尽职调查报告 ||||

续表

岗位名称	合规主管	所属部门	合规部
上　　级	合规经理	下　　级	合规管理员

工作职责	**职责六：参与合规审计** ◆ 根据国家及企业要求，编制合规审计计划及合规审计方案 ◆ 根据合规审计计划及合规审计方案开展审计工作，并对市场交易、劳动保护、安全环保等事项开展专项审计 ◆ 根据合规审计结果出具审计工作报告及管理建议书，与相关部门协作推进整改工作的落实 **职责七：做好重要合作伙伴的合规管理** ◆ 组织执行重要合作伙伴合规管理实施方案 ◆ 将执行结果向合规经理汇报 **职责八：完成其他合规管理工作** ◆ 完成企业规定的其他合规管理工作 ◆ 完成合规经理交代的其他任务
工作权限	◆ 对企业的合规管理工作有建议权 ◆ 对直属下级的工作有监督权 ◆ 对直属下级有考核评价权 ◆ 对直属下级有奖惩权

任职资格	**教育水平**	
	◆ 大学本科及以上学历 ◆ 金融、经济、审计、财务等相关专业	
	经验要求	
	3年以上合规工作经验	
	知识技能	
	业务知识	**管理技能**
	◆ 熟知国家及各地区相关法律法规 ◆ 掌握反贿赂、反腐败等相关知识	◆ 具有较强的现场管控能力和组织协调能力 ◆ 具备良好的敬业精神和职业道德，原则性强 ◆ 具有良好的计划与执行能力、领导能力 ◆ 具有较强的抗压能力

1.3.6 合规审计师岗位职责说明书

合规审计师岗位职责说明书如表1-10所示。

表 1-10　合规审计师岗位职责说明书

岗位名称	合规审计师	所属部门	合规部
上　　级	合规经理	下　　级	合规审计专员
职责概述		编制企业年度和季度的合规审计报表，对企业内部审计工作进行监督与管理，参与完成合规审计的管理与实施工作	

工作职责	**职责一：制定合规审计规章制度**
	◆ 根据国家审计政策及标准，组织对企业经营业务进行审计安全检测与测试
	◆ 组织制订合规审计计划，定期开展合规审计工作
工作职责	◆ 根据国家合规要求与企业实际情况，制定合规审计整改方案，独立或协助相关部门落实整改
	◆ 对各类审计数据进行分析，发现审计安全风险，制定审计安全风险应对措施，协同相关部门落实执行
	◆ 根据企业年度审计计划或临时任务，拟定合规审计计划，并负责组织实施
	职责二：解读监管政策
	◆ 持续关注国家审计法律法规及监管政策，并对其做出相应解读
	◆ 根据解读意见，组织实施合规审计风险排查工作，并制定应对措施
	职责三：参与合规审计流程
	◆ 协助合规经理对市场交易、劳动保护、安全环保等事项开展专项审计
	◆ 协助相关部门推进合规审计整改工作的落实
	◆ 组织对企业经营成果的真实性、准确性、合规性等进行审计
	◆ 组织安排相关人员做好审计方案的策划工作，明确合规审计目标、合规审计范围、合规审计工作时间等
	◆ 组织对企业的合规行为准则、合规管理办法、合规操作流程、市场交易、投资活动和工程立项等进行审计
	◆ 组织对有损企业利益或严重违法违规的行为及企业中重大的带有倾向性的财务收支和经济效益进行合规审计
	◆ 识别并处理企业在经营过程中发生的合规审计风险，并推动流程优化、产品改进、业务精进，减少合规审计风险发生的可能性
	◆ 编制合规审计报告，提出合规整改意见，持续关注和督促整改措施的落实
	职责四：监督合规审计程序
	◆ 组织监督合规审计流程，减少审计活动中的违法违规行为和风险隐患
	◆ 组织安排对审计部提交的审计报告、审计资料等进行合规性审查
	职责五：编制合规审计报告
	◆ 根据各项合规审计工作的结果编制审计报告，合规审计报告应包括审计目标、审计依据、审计范围、内部控制缺陷认定及整改情况等内容
	◆ 提出内部控制设计和运行有效性的合规审计结论、意见及建议，编制阶段性审计总结
	◆ 定期向合规经理提交合规审计报告

岗位名称	合规审计师	所属部门		合规部
上　级	合规经理	下　级		合规审计专员
工作职责	**职责六：提供合规审计咨询** ◆ 明确合规审计咨询的工作要求，提供合理、有效的合规审计咨询服务 ◆ 组织安排为企业及部门提供财税业务合规咨询、内部控制咨询、会计合规咨询等服务 **职责七：完成其他合规管理工作** ◆ 参与处理企业与合规审计相关的重大突发事件 ◆ 处理与合规审计相关的其他业务 ◆ 完成合规经理交代的其他工作			
工作权限	◆ 对企业的合规管理工作有建议权 ◆ 对直属下级的工作有监督权 ◆ 对直属下级有考核评价权及奖惩权			
任职资格	**教育水平** ◆ 大学本科及以上学历 ◆ 金融、会计、审计、财务管理等相关专业 **经验要求** 2 年以上审计、风险管理、合规或类似领域工作经验 **知识技能**			
	业务知识		**管理技能**	
	◆ 了解企业内部控制、合规政策和程序、风险评估和管理等方面知识 ◆ 了解相关行业趋势及相关法规和标准		◆ 具备良好的管理技能，包括项目管理、人员管理和沟通技巧等方面 ◆ 能够组织和领导小组进行合规审计工作 ◆ 能与企业内部的各个部门进行有效沟通	

1.3.7　合规稽查主管岗位职责说明书

合规稽查主管岗位职责说明书如表 1-11 所示。

表 1-11　合规稽查主管岗位职责说明书

岗位名称	合规稽查主管	所属部门		合规部
上　级	合规经理	下　级		合规稽查专员
职责概述	组织落实合规稽查、企业管理、财税监管等工作制度和措施，承担企业常规稽查和专项稽查等工作			

续表

岗位名称	合规稽查主管	所属部门	合规部
上　　级	合规经理	下　　级	合规稽查专员

<table>
<tr><td rowspan="30">工
作
职
责</td><td colspan="3" align="center">职责一：制定合规稽查规章制度</td></tr>
<tr><td colspan="3">◆ 根据国家法律法规及政策规定，编制企业合规稽查规章制度，明确合规稽查范围、合规稽查内容、合规稽查方法等</td></tr>
<tr><td colspan="3">◆ 组织设计合规稽查计划，并推进实施</td></tr>
<tr><td colspan="3">◆ 根据国家合规要求与企业实际情况，制定合规稽查整改方案，并监督落实</td></tr>
<tr><td colspan="3">◆ 对各类稽查数据进行分析，发现合规风险，制定合规风险应对措施，协同相关部门处理</td></tr>
<tr><td colspan="3">◆ 根据企业年度审计计划或临时审计任务，协助审计部完成审计工作，并稽查有关数据报表及相关文件</td></tr>
<tr><td colspan="3" align="center">职责二：开展专项合规稽查</td></tr>
<tr><td colspan="3">◆ 根据国家及企业要求，对企业业务部门进行核查，监督相关制度、业务是否合规、有序开展</td></tr>
<tr><td colspan="3">◆ 组织对企业经营业务的真实性、准确性、合规性等进行稽查</td></tr>
<tr><td colspan="3">◆ 组织安排检查企业的经营业务是否超出合规范围</td></tr>
<tr><td colspan="3">◆ 组织安排相关人员做好合规稽查策划工作，明确合规稽查目标、合规稽查范围、合规稽查工作时间等</td></tr>
<tr><td colspan="3">◆ 组织安排对企业的合同、资料、文书、报表等进行合规性审查</td></tr>
<tr><td colspan="3">◆ 组织安排对企业产品及其经营过程进行检查，防范合同执行风险</td></tr>
<tr><td colspan="3">◆ 编制合规稽查报告，提出合规稽查意见，持续关注并督促整改落实</td></tr>
<tr><td colspan="3">◆ 协助审计部制定审计管理规章制度，对审计部的规章制度进行合规审核，提出改进意见</td></tr>
<tr><td colspan="3">◆ 在审计部开展专项审计工作时，对审计工作进行稽查，提出合规性意见，防范合规风险</td></tr>
<tr><td colspan="3">◆ 对企业各项业务、项目及产品的合规性进行稽查，评估业务实施过程中的合规风险，出具合规意见</td></tr>
<tr><td colspan="3">◆ 协助审计部建立与完善内部审计制度与工作流程，防范审计活动中的违法违规行为和风险隐患</td></tr>
<tr><td colspan="3">◆ 组织安排对审计部提交的报告的规范性、合规性、真实性等进行稽查</td></tr>
<tr><td colspan="3" align="center">职责三：稽查各部门台账的建立与管理情况</td></tr>
<tr><td colspan="3">◆ 组织不定期抽查各部门台账的建立与管理情况，并进行分析整理</td></tr>
<tr><td colspan="3">◆ 编制台账合规稽查报告，出具整改意见</td></tr>
<tr><td colspan="3">◆ 持续关注并督促落实整改意见</td></tr>
<tr><td colspan="3" align="center">职责四：稽查企业合规管理制度的执行情况</td></tr>
<tr><td colspan="3">◆ 根据企业下发的各项合规管理制度，严格把控制度标准</td></tr>
<tr><td colspan="3">◆ 组织不定期开展随机抽查工作</td></tr>
<tr><td colspan="3">◆ 制定对违规违纪者的整改及处罚措施，跟进整改过程及结果</td></tr>
</table>

岗位名称	合规稽查主管	所属部门	合规部
上　级	合规经理	下　级	合规稽查专员

	职责五：完成其他合规管理工作		
	◆ 参与处理企业与合规稽查相关的重大突发事件 ◆ 处理与合规稽查相关的其他业务 ◆ 完成合规经理交代的其他工作		
工作权限	◆ 对企业的合规稽查管理工作有建议权 ◆ 对企业的合规稽查管理制度及计划等的制订有审核权 ◆ 对直属下级的工作有监督权 ◆ 对直属下级有考核评价权 ◆ 对直属下级有奖惩权		
任职资格	教育水平		
	◆ 大学本科及以上学历 ◆ 法律、商业管理、会计、金融、审计等相关专业		
	经验要求		
	5年以上工作经验，并在风险管理、合规性审计、内部控制、反欺诈及监管事务等领域具备一定的经验		
	知识技能		
	业务知识	管理技能	
	◆ 掌握业务相关知识，包括企业内部流程、法律法规、行业标准、监管政策等方面	◆ 具备良好的沟通、协调、组织和管理能力 ◆ 具备团队管理、人员培训和绩效评估等方面的能力 ◆ 能与企业内部的各个部门进行有效沟通	

1.3.8　合规管理师岗位职责说明书

合规管理师岗位职责说明书如表 1-12 所示。

表 1-12　合规管理师岗位职责说明书

岗位名称	合规管理师	所属部门	合规部
上　级	合规经理	下　级	合规管理员
职责概述	协助合规经理监督企业各部门合规管理制度及业务规章的执行情况，根据法律法规及相关政策，及时建议并督促企业有关部门修改、完善合规管理制度与业务流程		

续表

岗位名称	合规管理师	所属部门	合规部
上　级	合规经理	下　级	合规管理员

工作职责	**职责一：编制合规管理规章制度** ◆ 协助合规经理完成合规管理制度与合规操作流程的编写与完善 ◆ 协助合规经理制订企业内控计划，并按照企业内控计划开展合规管理工作 ◆ 草拟各项合规管理制度与规章，并协助合规经理检查执行情况，听取反馈意见，及时对合规管理制度与规章进行更新与调整 **职责二：组织落实合规管理体系运行** ◆ 组织安排对企业相关业务及员工行为的合规性进行及时监测，并对监测到的有关事项进行合规检查 ◆ 组织安排实地调研，完成合规调查，编制结论报告，分析潜在的合规问题
工作职责	◆ 根据企业合规政策，协助合规经理完成对内部员工或第三方的合规调查活动 ◆ 根据合规经理要求，落实对企业的新产品或新业务的开发的合规性审核工作 ◆ 组织安排实地调查，收集合规证据，并对合规管理员提交的合规调查报告进行审核 ◆ 根据企业年度审计计划及临时审计任务，配合完成审计工作 ◆ 组织合规培训，协助合规经理搭建企业合规文化 ◆ 积极推进企业合规文化建设，形成良好的合规文化氛围 **职责三：识别、评价、监控合规风险** ◆ 对企业内部合规风险存在或发生的可能性及合规风险产生的原因进行分析、判断 ◆ 组织收集、整理企业合规风险点，形成合规风险列表，以便进一步对合规风险进行监测和控制 ◆ 对合规风险进行识别、管理、测试、报告，并据此制定合规风险应对措施 ◆ 编制合规风险监控报告，提出合规风险应对措施 **职责四：跟踪解读法律法规** ◆ 及时向合规经理反映法律法规、监管政策及行业合规规则的变化 ◆ 对法律法规、监管政策及行业合规规则的变化进行解读 ◆ 向合规经理提供合规管理意见及建议 ◆ 指导企业员工理解法律法规和准则 **职责五：其他合规管理工作** ◆ 处理企业临时发生的合规事件并向合规经理汇报 ◆ 完成合规经理交代的其他合规工作
工作权限	◆ 对企业的合规管理工作有建议权 ◆ 对各项合规管理制度、规范等文件的编制有参与权 ◆ 对合规管理体系的实施与运行有执行权 ◆ 对直属下级有考核权及奖惩权

岗位名称	合规管理师	所属部门	合规部
上　级	合规经理	下　级	合规管理员

任职资格	教育水平	
	◆ 大学本科及以上学历 ◆ 法律、金融、会计、审计等相关专业	
	经验要求	
	1 年以上审计、风险管理、合规或类似领域工作经验	
	知识技能	
	业务知识	管理技能
	◆ 熟练掌握相关法律法规 ◆ 了解企业内部控制、合规政策和程序、风险评估和管理等方面的知识	◆ 具备团队管理、沟通协调、风险评估等综合能力 ◆ 具备良好的组织能力 ◆ 具备判断和解决复杂问题的能力

1.3.9　合规管理员岗位职责说明书

合规管理员岗位职责说明书如表 1-13 所示。

表 1-13　合规管理员岗位职责说明书

岗位名称	合规管理员	所属部门	合规部
上　级	合规管理师	下　级	

职责概述	接受合规管理师的领导，在合规管理师的安排带领下完成合规管理工作，落实合规管理制度，推进企业合规经营管理进程，确保完成合规管理工作任务
工作职责	**职责一：参与合规管理规章制度编制** ◆ 与有关部门加强沟通协调，协助合规管理师完成合规管理制度与合规操作流程的编写与完善 ◆ 根据合规管理师的要求，协助其制订企业内控计划，按照企业内控计划开展合规管理工作 ◆ 草拟各项合规管理规章制度，并协助合规管理师监督执行情况，听取反馈意见，及时协助进行更新与调整 ◆ 结合企业要求及各部门业务特点引导企业各部门进行合规工作规划，协助其制定部门合规管理手册 **职责二：识别、评价与应对合规风险** ◆ 根据国家及企业要求，对企业合规风险展开监控

岗位名称	合规管理员	所属部门	合规部
上　级	合规管理师	下　级	

工作职责	◆ 对企业合规风险进行识别、管理、测试、报告，并据此制定合规风险应对措施 ◆ 收集、反馈企业各部门和业务线发生的合规风险事项及存在的内部控制缺陷等数据 ◆ 编制合规风险监控报告，提出合规风险应对措施 **职责三：参与合规审计** ◆ 根据企业要求，参与合规审计工作 ◆ 根据合规管理师的指示与安排，协助审计部开展专项审计调查工作，收集审计数据，并出具合规分析报告 ◆ 监督合规审计工作过程，保证审计工作合规 ◆ 协助审计部完成对企业日常财务往来账目的审核，协助业务部门对外谈判 ◆ 根据企业年度审计计划及临时审计计划，配合完成审计工作 **职责四：完成合规调查工作** ◆ 协助合规管理师制定合规调查管理制度与工作流程 ◆ 根据企业合规政策，收集举报线索，完成内部员工或第三方的合规调查活动 ◆ 采用专业的合规调查方法、工具，收集证据，形成证据材料 ◆ 进行实地调研，与相关人员进行沟通，完成合规调查，编制结论报告，分析潜在的合规问题 ◆ 针对调查中发现的管理漏洞、潜在风险提出改进意见，落实改善措施 ◆ 分析合规管理缺陷，编制合规整改方案，交由合规管理师审核 **职责五：完成合规审核工作** ◆ 根据合规审核标准，对企业宣传资料、对外文件、复函等资料进行合规性审核，提出合规风险预警 ◆ 根据合规管理师要求，落实对企业新产品或新业务的开发的合规性审核工作 ◆ 配合合规管理师审核评价企业各项政策、制度、程序及操作指南的合法性与合规性 ◆ 对审核内容提出改进意见与措施，并落实改进工作 **职责六：执行合规培训与宣传计划** ◆ 编写与合规相关的培训资料，执行合规培训与宣传计划 ◆ 落实各项监管文件及合规规章制度的传达、宣传等工作 ◆ 积极参与推进企业合规文化建设，形成良好的合规文化氛围 **职责七：跟踪法律法规** ◆ 持续关注法律法规、监管政策及行业合规规则的变化，并向合规管理师反映 ◆ 根据国家法律法规、监管政策及行业合规规则的变化，提出合规管理意见及建议
工作权限	◆ 对企业的合规管理工作有建议权 ◆ 对各项合规管理制度、规范等文件的编制有参与权 ◆ 对合规管理体系的实施与运行有执行权

续表

岗位名称	合规管理员	所属部门	合规部
上　级	合规管理师	下　级	

任职资格	教育水平
	◆ 大学本科及以上学历 ◆ 法律、金融、会计、审计等相关专业

任职资格	经验要求	
	1 年以上审计、风险管理、合规或类似领域工作经验	
	知识技能	
	业务知识	管理技能
	◆ 了解企业内部控制、合规政策和程序、风险评估和管理等方面的知识 ◆ 熟练使用 Office 办公和图像处理软件，特别是 PowerPoint 和 Excel 等	◆ 具备团队管理、沟通协调、问题解决、风险评估等综合能力

1.3.10　合规体系主管岗位职责说明书

合规体系主管岗位职责说明书如表 1-14 所示。

表 1-14　合规体系主管岗位职责说明书

岗位名称	合规体系主管	所属部门	合规部
上　级	合规经理	下　级	合规体系专员

职责概述	起草修订合规管理制度、规范和工作流程，制订合规改进计划和方案，组织合规改进工作和效果确认，协助合规经理搭建合规体系

工作职责	职责一：设计合规体系
	◆ 准确理解企业内外部环境，判定环境因素对企业生产经营活动产生影响的方式和程度 ◆ 明确合规体系标准，熟悉和理解合规体系标准的条款内容 ◆ 根据企业需求，确定合规体系范围及合规体系目标 ◆ 组织设计合规体系，确定合规体系建立流程，明确合规管理岗位、职责和权限 ◆ 组织安排编制企业合规体系文件，规范各部门的运作流程，确保合规体系运行符合相关要求 ◆ 根据相关要求制订年度审核、管理评审和监督审核计划，完成各项审核工作，以验证合规体系运行的符合性、适宜性和充分性 ◆ 针对合规体系审核工作中发现的管理漏洞，制定改进意见，并落实整改措施 ◆ 组织跟踪审核结果，确保合规体系高效运行

岗位名称	合规体系主管	所属部门	合规部
上 级	合规经理	下 级	合规体系专员

工作职责	**职责二：运行合规体系** ◆ 根据企业发展战略，协助合规经理制定合规方针、目标 ◆ 组织定期收集各部门数据，并向合规经理汇报合规体系实施情况 ◆ 指导并监督企业各部门合规体系执行流程、表单记录等的规范化管理工作 ◆ 组织评审合规体系的运行情况，确定需要优化的模块并跟进 ◆ 持续关注合规体系的运行情况，整理、维护合规体系有关资料 ◆ 组织更新法律法规、环境因素等相关信息，保证合规体系相关资料的有效性 ◆ 指导、协调、督促企业各部门履行合规体系要求，行使其合规管理职责 ◆ 按照合规经理要求，组织实施合规体系的第三方认证及复审工作 ◆ 协助合规经理对合规体系进行评价，并提出改进合规体系的意见 **职责三：评估合规体系运行情况** ◆ 组织制定合规体系运行的监测、分析、管理、评价机制 ◆ 组织开展顾客满意度调查，并对顾客满意度进行分析与评价，总结出合规体系改善措施 ◆ 组织、策划内部审核，组织编制合规体系审核检查表，制订合规体系审核计划并实施 ◆ 组织、策划合规体系管理评审，明确合规体系管理评审的输入与输出，确定改进机会、必要的变更内容、资源需求 ◆ 组织完成企业年度合规性评价、内部审核、管理评审等工作的报告编制工作 **职责四：改进合规体系** ◆ 针对年度合规性评价、内部审核、管理评审等工作中发现的问题制定改进措施，并监督落实 ◆ 组织建立改进机制，确保各部门能够确定合规问题产生原因，并制定改进措施 ◆ 制订企业合规体系改进计划，识别合规体系改进机会 ◆ 组织安排改进和优化合规体系，保证合规体系的适宜性、有效性和合理性 **职责五：宣传与培训合规体系** ◆ 编制合规体系宣传与培训计划，并监督执行 ◆ 组织安排合规体系宣传工作，协助合规经理搭建合规文化 ◆ 组织安排对企业员工进行合规体系知识、相关标准、法律法规等方面的培训工作 ◆ 组织编制合规体系培训手册及合规体系员工守则
工作权限	◆ 对企业的合规管理工作有建议权 ◆ 对合规体系的建设与编制有审核权 ◆ 对合规管理体系的实施与运行有执行权
任职资格	**教育水平** ◆ 大学本科及以上学历 ◆ 法律、经济、审计、企业管理等相关专业

岗位名称	合规体系主管	所属部门	合规部
上　级	合规经理	下　级	合规体系专员

任职资格	经验要求		
	1 年以上风险控制、合规管理等领域工作经验		

任职资格	知识技能		
	业务知识		管理技能
	◆ 了解企业内部控制、合规政策和程序 ◆ 了解风险评估和管理等方面的知识 ◆ 了解合规体系相关知识		◆ 具有良好的组织能力与团队管理能力 ◆ 具有一定的合规风险识别能力 ◆ 具有一定的合规体系建设能力

1.3.11 采购合规经理岗位职责说明书

采购合规经理岗位职责说明书如表 1-15 所示。

表 1-15　采购合规经理岗位职责说明书

岗位名称	采购合规经理	所属部门	合规部
上　级	合规总监	下　级	供应商合规主管
职责概述	建立采购合规管理制度与工作流程，加强采购管理，提升采购效率，降低采购成本，规范采购行为，防范采购风险，促进企业可持续发展		
工作职责	**职责一：构建采购合规体系框架** ◆ 协同采购部制定采购合规建设的总体目标与阶段性目标 ◆ 明确采购合规建设方针与建设周期 ◆ 确定采购合规重点关注环节及风险应对措施 ◆ 协同采购部编制采购合规建设计划与实施方案 ◆ 搭建采购合规管理组织体系，明确采购合规人员的设置及相应职责 ◆ 建立采购合规专项管理制度及与采购有关的其他专项制度 ◆ 建立采购合规运行机制，确定采购合规重点领域、环节、人员及行为 ◆ 编制采购合规风险识别与管控制度，规避采购合规风险 ◆ 确定采购合规事项调查与奖惩机制 ◆ 编制采购合规文化培训与教育制度，培育采购合规文化 ◆ 与采购部共同审核采购合规体系，检查采购合规体系漏洞，并制定改进措施 **职责二：管理采购合规流程** ◆ 组织审核采购计划与预算合规情况，对采购计划与预算的合规性提出意见 ◆ 组织监督采购招投标工作，确保采购招投标合规进行		

岗位名称	采购合规经理	所属部门	合规部
上　级	合规总监	下　级	供应商合规主管

工作职责	◆ 明确供应商资质合规审查要素，组织审核供应商资质，对不合规供应商给出处理意见 ◆ 根据企业发展战略，组织审查采购部与供应商签订的采购合同，对采购合同执行过程进行监督，防范采购合规风险 ◆ 组织协同采购部、仓储部共同对采购物资进行清点验收，明确采购物资验收合规操作流程与标准，确保采购物资验收过程合规 **职责三：识别、评估及应对采购合规风险** ◆ 组织开展对采购合规风险的识别、评估及应对工作 ◆ 对采购部的合规风险管理执行情况提出指导意见并监督落实 ◆ 保持与采购部的密切合作，确保企业在采购方面合规，规避采购合规风险 **职责四：监控采购合规过程** ◆ 组织建立监控机制，对采购合规进程进行监控分析，形成监控分析报告 ◆ 针对监控分析报告，提出改进意见，并监督落实改进情况 ◆ 纠正与改进违反采购合规政策的行为 **职责五：建立与维护供应商关系** ◆ 开展供应商合规审查和评估，管理和监督供应商的行为和业务实践，建立可信赖的供应链体系，确保供应商合规 ◆ 与供应商沟通合作信息，增强供应商自我约束意识和能力，促进供应商管理的可持续发展，督促供应商实现合规管理 **职责六：组织采购合规宣传与培训** ◆ 编制采购合规宣传与培训计划，并监督执行 ◆ 组织安排采购合规宣传工作，协助合规总监搭建企业合规文化 ◆ 组织编制采购合规培训手册及采购合规员工守则，并及时对其进行更新及改进 **职责七：完成其他采购合规管理工作** ◆ 向采购部提供合规业务指导 ◆ 配合采购部制定员工绩效指标（合规方面） ◆ 完成合规总监交代的其他合规工作
工作权限	◆ 对企业合规管理有建议权 ◆ 对采购部的合规活动有指导权 ◆ 对采购合规相关文件有审核权 ◆ 对直属下级的工作有监督权 ◆ 对直属下级有考核评价权
任职资格	**教育水平** ◆ 大学本科及以上学历，研究生学历优先考虑 ◆ 法学、商业管理、采购等相关专业

岗位名称	采购合规经理	所属部门	合规部
上　级	合规总监	下　级	供应商合规主管

<table>
<tr><td rowspan="6">任
职
资
格</td><td colspan="2">经验要求</td></tr>
<tr><td colspan="2">5年以上采购、风险控制、内部审计、合规等相关工作经验，其中要有3年以上采购合规经验</td></tr>
<tr><td colspan="2">知识技能</td></tr>
<tr><td>业务知识</td><td>管理技能</td></tr>
<tr><td>◆ 了解国内外各类采购法规、政策和行业标准等
◆ 熟悉供应链管理、采购流程和风险控制方法等
◆ 了解企业社会责任和可持续发展的相关指南和标准</td><td>◆ 具备优秀的领导力、组织协调和沟通能力，能够与供应商保持良好、稳定的合作关系
◆ 善于处理复杂问题和紧急事件，具有分析思维和决策能力，能够有效地管理团队并提高工作效率</td></tr>
</table>

1.3.12　供应商合规主管岗位职责说明书

供应商合规主管岗位职责说明书如表1-16所示。

表1-16　供应商合规主管岗位职责说明书

岗位名称	供应商合规主管	所属部门	合规部
上　级	采购合规经理	下　级	供应商合规专员

<table>
<tr><td>职责
概述</td><td colspan="3">协助采购合规经理构建采购合规管理体系，规范对供应商的选择和管理工作，负责供应商管理工作，完善供应商合规管理体系</td></tr>
<tr><td rowspan="3">工
作
职
责</td><td colspan="3">职责一：协助采购部合规开发与选择供应商</td></tr>
<tr><td colspan="3">◆ 明确供应商合规开发与选择标准
◆ 确定供应商合规开发与选择方式
◆ 制定供应商开发与选择工作流程，明确合规要点
◆ 编制供应商开发与选择管理制度，交由采购合规经理审核
◆ 参与开发与选择合规供应商</td></tr>
<tr><td colspan="3">职责二：开展供应商专项合规审查</td></tr>
<tr><td colspan="3">◆ 组织安排审查供应商的合规体系运行状况
◆ 组织审核供应商的合规报告
◆ 组织审核供应商的合规政策
◆ 组织策划审查供应商的反贪污制度、反腐败制度是否建立和完善
◆ 组织策划审查供应商在采购和供应环节对企业有关人员是否存在违规行为</td></tr>
</table>

岗位名称	供应商合规主管	所属部门	合规部
上 级	采购合规经理	下 级	供应商合规专员

工作职责	◆ 组织策划审查采购与供应合同是否包含明确的合规条款与审计条款等 ◆ 组织检索与供应商有关的人员是否存在反商业贿赂或行政受贿等违规记录 ◆ 组织审查有关供应商的规章制度是否有清晰的保密规定,是否有明确的惩戒措施 ◆ 组织审查采购与供应商的相关合同中是否包含了保密条款 ◆ 组织审查采购与供应商的合同中是否明确界定了违约责任、实际执行中是否存在疏漏、出现泄密事件时如何补救 ◆ 根据国家法律法规与企业要求,组织开展供应商资质合规审查工作 ◆ 组织审查供应商的行业资质获取是否合规 ◆ 组织评估供应商数据合规管理体系是否完整 ◆ 组织收集、整理供应商数据合规管理体系中的问题及风险 **职责三:负责对供应商违规的管理** ◆ 组建供应商违规调查团队 ◆ 编制供应商违规调查计划与工作流程 ◆ 组织收集供应商违规证据并安排相关人员据此编制供应商违规调查报告 ◆ 审核供应商违规调查报告 ◆ 提出供应商违规处理意见 ◆ 组织建立与更新供应商违规档案 ◆ 针对供应商违规问题进行原因分析、沟通整改 **职责四:培训专业知识** ◆ 统筹供应链体系培训工作,完善培训体系,达成培训目的 ◆ 组织安排对供应商进行采购合规知识、相关标准、法律法规等培训工作 ◆ 定期组织对供应商进行合规管理的培训,提高员工对供应商合规方面的认识与理解 **职责五: 建立与维护同供应商的关系** ◆ 开展供应商合规审查和评估,建立可信赖的供应链体系,确保供应商合规 ◆ 与供应商沟通合作信息,提高供应商合规能力,督促供应商进行合规管理 ◆ 与供应商加强沟通与协作,保持良好、稳定的合作关系 **职责六:完成其他合规管理工作** ◆ 处理临时或突发的供应商合规事件 ◆ 配合采购部制定员工绩效指标(对供应商的管理方面) ◆ 完成采购合规经理交代的其他工作
工作权限	◆ 对企业合规管理有建议权 ◆ 对供应商的选择与开发有监督权 ◆ 对供应商合规管理相关文件有审核权 ◆ 对采购部的供应商管理工作有指导权 ◆ 对直属下级的工作有监督权 ◆ 对直属下级有考核评价及任免权

岗位名称	供应商合规主管	所属部门	合规部
上　级	采购合规经理	下　级	供应商合规专员

任职资格	教育水平	
	◆ 大学本科及以上学历，研究生学历优先考虑 ◆ 法学、采购、供应链等相关专业	
	经验要求	
	3 年以上供应商合规工作经验或 5 年以上采购管理经验	
	知识技能	
	业务知识	管理技能
	◆ 熟悉监管标准和行业要求 ◆ 熟悉合规程序和政策等相关内容	◆ 具备一定的项目管理能力、协调和沟通技能 ◆ 具备一定的问题解决能力与领导能力

1.3.13　产品合规主管岗位职责说明书

产品合规主管岗位职责说明书如表 1-17 所示。

表 1-17　产品合规主管岗位职责说明书

岗位名称	产品合规主管	所属部门	合规部
上　级	合规经理	下　级	产品合规专员
职责概述	负责确保企业的产品符合相关法律法规和标准，制定并实施产品合规策略和计划，监督和评估产品合规性，并向内部和外部利益相关者提供产品合规指导和支持		
工作职责	职责一：制定产品合规管理体系		
	◆ 根据国家法律法规及有关政策，编制产品合规计划与工作流程，确定产品合规方针与目标 ◆ 组织定期开展产品合规检查工作，组织设计产品合规实施方案，并推进落实 ◆ 根据国家合规要求与企业实际情况，制定产品合规整改方案，并监督落实 ◆ 对各类产品数据进行分析，发现产品合规风险，制定产品合规风险应对措施，并协同相关部门处理 ◆ 根据企业年度生产计划与临时生产计划，协助生产部采用合规的方式实现生产目标 ◆ 组织监督和管理产品合规流程执行情况 ◆ 持续关注最新法律法规及行业变化，据此更新产品合规标准与流程 ◆ 负责对产品合规流程，包括产品测试、认证、注册、标签等方面进行监管 ◆ 持续完善、改进产品合规策略和计划		

岗位名称	产品合规主管	所属部门	合规部
上　级	合规经理	下　级	产品合规专员

<table>
<tr><td rowspan="20">工作职责</td><td colspan="3">职责二：识别、评估及应对产品合规风险</td></tr>
</table>

	职责二：识别、评估及应对产品合规风险
工作职责	◆ 组织编制产品合规风险管理制度与工作流程 ◆ 审核产品合规风险管理制度与工作流程 ◆ 组织有关人员开展合规风险测试，重点对产品合规风险进行监测、评估 ◆ 对企业的产品合规风险管理执行情况提出指导意见并监督落实
	职责三：审核产品和服务的合规性
	◆ 编制产品合规审核计划，协调验证企业产品是否符合国家法律法规和行业标准 ◆ 组织安排对企业的所有产品和服务进行严格的合规审核和评估 ◆ 针对合规审核过程中发现的管理漏洞，提出改进意见
	职责四：审核相应的产品合规文件
	◆ 组织审查核实产品安全警告文件的编制工作 ◆ 组织审查核实产品使用说明书的编制工作 ◆ 组织审查核实产品测试报告的编制工作 ◆ 组织审查核实产品合规检验报告的编制工作 ◆ 组织监督产品合规文件的编制和更新
	职责五：开展产品合规培训
	◆ 编制产品合规培训计划与工作流程 ◆ 组织对企业内有关产品的人员进行合规方面培训 ◆ 组织推广企业的合规文化，增强员工和供应商的合规意识
	职责六：完成其他合规管理工作
	◆ 处理临时产品合规突发事件 ◆ 完成合规经理交代的其他工作
工作权限	◆ 对企业合规管理有建议权 ◆ 对产品合规管理与执行有监督权 ◆ 对产品合规相关文件有审核权 ◆ 对直属下级的工作有监督权、考核权及奖励权
任职资格	**教育水平** ◆ 大学本科及以上学历，研究生学历优先考虑 ◆ 法学、产品管理、企业管理等相关专业 **经验要求** 3 年以上产品合规工作经验或 5 年以上合规管理经验

续表

岗位名称	产品合规主管	所属部门	合规部
上　级	合规经理	下　级	产品合规专员

任职资格	知识技能	
	业务知识	管理技能
	◆ 熟悉监管标准和行业要求，熟悉合规程序和政策等相关知识 ◆ 熟悉相关产品和行业，了解和掌握产品的生命周期管理和质量要求	◆ 具备良好的沟通和协调能力，能够处理复杂的合规问题和危机事件 ◆ 具备较强的团队管理和领导能力，能够带领团队高效完成工作任务

1.3.14　技术合规主管岗位职责说明书

技术合规主管岗位职责说明书如表 1-18 所示。

表 1-18　技术合规主管岗位职责说明书

岗位名称	技术合规主管	所属部门	合规部
上　级	合规经理	下　级	技术合规专员
职责概述	负责企业的技术合规管理工作，制定技术合规规范和标准，确保企业的技术和服务符合相关法律法规和行业标准		
工作职责	职责一：制定技术合规策略并监督执行		
	◆ 研究分析法律法规和行业标准，制定相应的技术合规策略 ◆ 推广技术合规策略，确保员工能够了解和遵守相关法律法规及行业标准 ◆ 组织培训和教育活动，向员工传达技术合规的重要性和要求 ◆ 组织实施技术合规策略 ◆ 参与产品开发与测试，确保其符合相关法律法规和行业标准 ◆ 审查产品上线流程，确保产品上线前已经通过了相关的技术合规审查 ◆ 组织检查产品的数据保护措施、网络安全措施、商务措施等，确保产品符合相关法律法规及行业标准 ◆ 组织监督技术合规流程的执行情况 ◆ 组织对技术合规工作进行定期检查和评估		
	职责二：识别、评估及应对技术合规风险		
	◆ 组织评估技术合规风险，确定可能存在的风险和潜在的影响 ◆ 组织制订技术合规风险管理计划并负责审核 ◆ 组织确定技术合规风险应对措施及应急预案 ◆ 组织制订数据备份和恢复计划、网络安全事件处理方案、电子商务欺诈防范措施等 ◆ 监督技术合规风险管理机制实施		

岗位名称	技术合规主管	所属部门	合规部
上　级	合规经理	下　级	技术合规专员

工作职责	**职责三：负责技术审计合规与评估** ◆ 编制技术合规审核计划，协调验证企业技术符合国家法律法规和行业标准 ◆ 组织定期对技术进行评估，编制技术合规报告 ◆ 审核技术合规报告，及时发现并解决技术合规问题 **职责四：开展技术合规培训与教育** ◆ 组织编制技术合规培训计划，并审核合规培训计划 ◆ 组织针对企业经营过程中的技术合规性问题进行的培训和教育工作 ◆ 与其他部门协作，确保培训得到有效实施 ◆ 提供技术合规指导，帮助员工解决技术合规方面的问题 ◆ 对外宣传企业的技术合规工作，提高企业的形象和声誉 **职责五：完成其他合规管理工作** ◆ 处理技术合规举报与投诉事件 ◆ 处理临时突发的技术合规事件 ◆ 完成合规经理交代的其他任务
工作权限	◆ 对企业合规管理有建议权 ◆ 对技术合规管理与执行有监督权 ◆ 对技术合规相关文件有审核权 ◆ 对直属下级的工作有监督权、考核权及奖惩权
任职资格	**教育水平** ◆ 大学本科及以上学历，研究生学历优先考虑 ◆ 计算机科学、信息安全等相关专业 **经验要求** 3 年以上相关工作经验，尤其是技术合规领域的工作经验 **知识技能**

业务知识	管理技能
◆ 熟悉相关法律法规和行业标准，如 ISO 27001、PCI、DSS 等 ◆ 了解互联网安全、隐私保护、数据安全等领域知识	◆ 具备领导和管理团队的能力 ◆ 能够有效管理合规团队、制订合理的工作计划和预算、合理安排合规工作流程等

1.3.15　生产合规主管岗位职责说明书

生产合规主管岗位职责说明书如表 1-19 所示。

表1-19 生产合规主管岗位职责说明书

岗位名称	生产合规主管	所属部门	合规部
上　级	合规经理	下　级	生产合规专员
职责概述	负责企业生产过程中的合规管理工作，确保企业生产过程符合相关法律法规、行业标准和规范要求，保障产品质量和安全		
工作职责	**职责一：制订与实施生产合规管理计划** ◆ 负责生产合规管理计划的制订与实施，及时调整生产合规管理计划，确保生产活动按照合规要求进行 ◆ 根据相关法律法规及企业要求，制定企业生产合规管理制度与工作流程，明确生产合规要求、生产合规操作流程等 ◆ 组织定期开展生产合规检查工作，组织设计生产合规检查计划，并推进实施 ◆ 制定生产合规整改方案，并监督整改落实情况 ◆ 对各类生产数据进行分析，发现合规风险，制定合规风险应对措施，协同相关部门处理 ◆ 与有关部门协作，保证生产合规管理计划与工作流程有效实施 **职责二：识别、评估及应对生产合规风险** ◆ 协助审计部对生产过程进行合规审计与检查 ◆ 负责对生产过程中的合规问题进行风险评估和管理 ◆ 组织针对相应的生产合规风险制定防控措施 ◆ 及时发现潜在的合规问题，并提出解决方案 **职责三：开展生产过程合规管理工作** ◆ 参与产品开发与改进工作，确保企业产品开发与改进过程合规 ◆ 为研发部的工作提供合规意见及建议，确保产品的设计过程合规 ◆ 组织审核生产部提交的生产计划，确认其合规性 ◆ 组织监督企业产品的生产过程及其质量控制情况，确保其合规 ◆ 组织安排对生产过程进行监督与检查 ◆ 负责对生产过程中的合规性问题进行分析与研究，提出改进建议 ◆ 组织编制生产合规问题调查管理制度并进行审核 ◆ 及时发现与解决生产过程中的合规问题 ◆ 针对生产过程中发现的合规管理漏洞进行修复 **职责四：开展生产合规培训与教育** ◆ 组织编制生产合规管理培训计划，并进行审核 ◆ 组织针对生产过程中的合规问题进行培训和教育工作 ◆ 与其他部门协作，确保培训得到有效实施 **职责五：完成其他合规管理工作** ◆ 处理临时或突发的生产合规事件 ◆ 完成合规经理交代的其他任务		

岗位名称	生产合规主管	所属部门	合规部
上　级	合规经理	下　级	生产合规专员
工作权限	◆ 对企业合规管理有建议权 ◆ 对生产过程的合规管理与执行有监督权 ◆ 对生产合规管理相关文件有审核权 ◆ 对直属下级的工作有监督权、考核权及奖惩权		

任职资格	教育水平	
	◆ 大学本科及以上学历，研究生学历优先考虑 ◆ 企业管理、生产运营管理、产品管理等相关专业	
	经验要求	
	3 年以上相关工作经验，尤其在生产合规领域的工作经验	
	知识技能	
	业务知识	管理技能
	◆ 熟悉相关法律法规和行业标准 ◆ 熟悉生产作业流程和工艺流程	◆ 具有较强的现场管控能力和生产组织与协调能力 ◆ 具有良好的计划与执行能力、领导能力

1.3.16　安全合规主管岗位职责说明书

安全合规主管岗位职责说明书如表 1-20 所示。

表 1-20　安全合规主管岗位职责说明书

岗位名称	安全合规主管	所属部门	合规部
上　级	合规经理	下　级	安全合规专员
职责概述	负责企业的安全合规管理工作，确保企业的经营活动符合国家法律法规和行业标准，保障企业安全生产与稳定经营		
工作职责	**职责一：制定与实施安全合规管理制度** ◆ 根据国家法律法规和行业标准，制定安全合规管理制度，明确安全合规方针与安全合规目标 ◆ 结合企业经营特点和风险情况，制定相应的安全合规管理工作流程 ◆ 组织实施安全合规管理制度与安全合规管理工作流程 ◆ 根据安全合规管理制度与安全合规管理工作流程的执行情况，制定安全合规整改方案，并监督落实整改工作 ◆ 定期更新与完善安全合规管理制度与安全合规管理工作流程		

续表

岗位名称	安全合规主管	所属部门	合规部
上　级	合规经理	下　级	安全合规专员

<table>
<tr><td rowspan="5">工作职责</td><td colspan="3">职责二：识别、评估及应对安全合规风险</td></tr>
<tr><td colspan="3">
◆ 制订企业的安全合规风险评估计划与安全合规风险评估标准
◆ 组织实施安全合规风险评估计划
◆ 组织监测安全事件发生趋势
◆ 组织制定安全合规风险应对措施
◆ 及时规避安全合规风险，降低安全违规事件发生的可能性
</td></tr>
</table>

职责三：开展安全合规检查与监督

◆ 明确安全合规检查标准、检查内容、检查结果处理方式
◆ 组织编制安全合规检查计划，并进行审核
◆ 组织定期开展安全合规检查，及时发现并解决安全合规问题
◆ 审查安全合规检查结果，并提出改进意见及建议
◆ 定期向合规经理汇报安全合规检查结果
◆ 明确安全合规审计范围与安全合规审计标准
◆ 组织编制安全合规审计与监督计划
◆ 组织对企业的安全合规情况进行审计与监督
◆ 组织定期检查企业安全设施和系统的运行状况
◆ 针对其中的合规性问题提出解决意见及建议

职责四：开展安全合规培训与教育

◆ 组织制定安全合规培训制度与考核标准，并进行审核
◆ 组织策划安全合规培训工作，为员工提供必要的安全合规知识与技能培训
◆ 定期对安全合规培训效果展开评估

职责五：完成其他合规管理工作

◆ 处理临时发生的安全合规事件
◆ 监管相关人员的工作表现
◆ 完成合规经理交代的其他工作任务

工作权限	◆ 对企业合规管理有建议权 ◆ 对安全合规管理相关文件有审核权 ◆ 对直属下级的工作有监督权、考核权及奖惩权

任职资格

教育水平

◆ 大学本科及以上学历，研究生学历优先考虑
◆ 企业管理、生产管理等相关专业

经验要求

3 年以上相关工作经验，尤其是安全合规领域的工作经验

续表

岗位名称	安全合规主管	所属部门	合规部
上　级	合规经理	下　级	安全合规专员

<table>
<tr><td rowspan="4">任
职
资
格</td><td colspan="2">知识技能</td></tr>
<tr><td>业务知识</td><td>管理技能</td></tr>
<tr><td>◆ 熟悉相关法律法规和行业标准，了解最新
标准与规定
◆ 熟悉安全管理相关知识</td><td>◆ 具有较强的逻辑思维能力
◆ 具有良好的计划与执行能力
◆ 具有一定的团队组织与领导能力</td></tr>
</table>

1.3.17　环保合规主管岗位职责说明书

环保合规主管岗位职责说明书如表 1-21 所示。

表 1–21　环保合规主管岗位职责说明书

岗位名称	环保合规主管	所属部门	合规部
上　级	合规经理	下　级	环保合规专员

<table>
<tr><td>职责
概述</td><td colspan="2">主要负责制定与实施环保政策、规划和标准，确保企业的生产和经营活动符合国
家和地方环保法规的要求</td></tr>
<tr><td rowspan="15">工
作
职
责</td><td colspan="2">职责一：制定环保合规管理制度</td></tr>
<tr><td colspan="2">◆ 明确环保合规方针与环保合规目标
◆ 根据国家法律法规和行业标准，制定环保合规管理制度
◆ 根据企业经营特点和风险情况，制定相应的环保合规工作流程
◆ 组织实施环保合规管理制度与环保合规工作流程
◆ 组织制定环保合规整改方案，并监督落实
◆ 定期更新与完善环保合规管理制度与环保合规工作流程</td></tr>
<tr><td colspan="2">职责二：识别、评估及应对环保合规风险</td></tr>
<tr><td colspan="2">◆ 制订企业的环保合规风险评估计划与环保合规风险评估标准
◆ 按照环保合规风险评估计划，组织开展环保合规风险评估工作
◆ 组织制定环保合规风险应对措施
◆ 协同相关部门规避环保合规风险</td></tr>
<tr><td colspan="2">职责三：开展环保合规审计与检查</td></tr>
<tr><td colspan="2">◆ 确定环保合规审计范围与环保合规标准
◆ 编制环保合规审计与监督计划
◆ 组织定期检查企业环保设施和系统的运行状况
◆ 对企业的环保合规管理提出性意见及建议
◆ 组织编制环保合规检查计划，并进行审核
◆ 明确环保合规检查标准、检查内容、检查结果处理方式等</td></tr>
</table>

岗位名称	环保合规主管	所属部门	合规部
上　级	合规经理	下　级	环保合规专员

工作职责	◆ 开展环保合规检查，及时发现并解决环保合规问题 ◆ 审查环保合规检查结果，提出改进意见及建议 ◆ 定期向合规经理汇报环保合规检查结果 **职责四：开展环保合规培训与教育** ◆ 组织制定环保合规培训制度与考核标准 ◆ 审核环保合规培训制度与环保合规培训工作计划 ◆ 组织实施环保合规培训工作，为员工提供必要的环保合规知识与技能培训 ◆ 定期对环保合规培训效果展开评估 ◆ 完善与改进环保合规培训体系 **职责五：接受与处理环保合规举报** ◆ 建立环保合规投诉和举报处理机制 ◆ 组织收集环保合规投诉和举报线索 ◆ 组织开展环保合规投诉与举报调查工作 ◆ 处理企业环保合规投诉和举报 ◆ 组织将投诉与举报处理结果进行公示 **职责六：完成其他合规管理工作** ◆ 制定环保合规应急处理预案，及时处理环保合规事故 ◆ 处理临时发生的环保合规事件 ◆ 完成合规经理交代的其他工作任务
工作权限	◆ 对企业合规管理有建议权 ◆ 对环保合规相关文件有审核权 ◆ 对直属下级的工作有监督权、考核权及奖惩权
任职资格	**教育水平** ◆ 大学本科及以上学历，研究生学历优先考虑 ◆ 企业管理、环境管理等相关专业 **经验要求** 3年以上相关工作经验，尤其是环保合规领域的工作经验 **知识技能** **业务知识**：◆ 熟悉相关法律法规和行业标准，了解最新标准与规定 ◆ 熟悉国家及地区环保管理政策及相关知识 **管理技能**：◆ 具有较强的团队组织与领导能力 ◆ 具有一定的协调与沟通能力

1.3.18　物流合规主管岗位职责说明书

物流合规主管岗位职责说明书如表 1-22 所示。

表 1-22　物流合规主管岗位职责说明书

岗位名称	物流合规主管	所属部门	合规部
上　级	合规经理	下　级	物流合规专员
职责概述	负责确保企业的物流运作符合国家和地区的法律法规，保证货物的质量和安全，提高物流效率并降低物流成本		
工作职责	**职责一：制订物流合规管理计划与工作流程**		
	◆ 制订物流合规计划与工作流程，确定物流合规方针与目标 ◆ 定期组织开展物流合规检查工作，组织设计物流合规实施方案，并推进落实 ◆ 组织制定物流合规整改方案，并进行审核 ◆ 对各类物流数据进行分析，识别物流合规风险 ◆ 制定物流合规风险应对措施，协同相关部门处理 ◆ 协助物流部进行物流合规管理		
	职责二：识别、评估及应对物流合规风险		
	◆ 编制物流合规风险应对方案并监督实施 ◆ 组织识别物流合规风险，确保企业的物流运作不会违反法律法规 ◆ 评估物流合规风险影响程度，并采取措施规避风险 ◆ 组织制订物流合规风险应急计划，并进行演练 ◆ 组织对物流部的运输计划展开合规审查		
	职责三：监督物流运作过程		
	◆ 监督企业的物流运作，确保货物的质量和安全 ◆ 组织检查货物的包装和标记是否合规 ◆ 组织监督货物的装卸与运输过程是否合规 ◆ 指导物流部执行合规操作，避免出现合规风险 ◆ 组织检查企业的物流设施和设备符合安全标准		
	职责四：协调应对物流合规问题		
	◆ 负责协调相关部门，妥善处理物流运作中出现的合规问题，降低负面影响 ◆ 规范处理物流合规问题的流程，避免因处理不当影响企业运营的合规性 ◆ 与顾客及供应商沟通协调，确保其了解企业的物流合规政策和程序，协商解决物流合规问题 ◆ 针对物流运作中发生的事故与纠纷，提供合规问题处理意见 ◆ 与相关部门进行沟通与协调，解决物流合规事故与纠纷		
	职责五：开展物流合规培训与教育		
	◆ 组织制订物流合规培训与考核计划，并进行审核 ◆ 组织实施物流合规培训计划，向员工普及物流合规的基本知识和技能 ◆ 定期监督检查员工的工作表现，确保员工遵守物流合规政策和程序		

岗位名称	物流合规主管	所属部门	合规部
上　级	合规经理	下　级	物流合规专员

工作职责	◆ 定期与员工沟通，了解员工的意见和建议，不断改进企业的物流合规管理
	职责六：完成其他合规管理工作
	◆ 参与物流合规标准和流程的制定与修改 ◆ 针对企业的物流运作进行全面分析与评估 ◆ 指导物流部在合规的前提下，优化物流运作流程，减少物流环节和时间，降低物流成本 ◆ 完成合规经理交代的其他工作

工作权限	◆ 对企业合规管理有建议权 ◆ 对物流合规相关文件有审核权 ◆ 对直属下级的工作有监督权、考核权及奖惩权

任职资格	**教育水平**	
	◆ 大学本科及以上学历，研究生学历优先考虑 ◆ 经济、会计、物流管理等相关专业	
	经验要求	
	3 年以上相关工作经验，尤其是物流合规领域的工作经验	
	知识技能	
	业务知识	**管理技能**
	◆ 熟悉相关法律法规和行业标准 ◆ 熟悉物流管理相关知识 ◆ 熟悉物流运输与运作周期	◆ 具有较强的团队组织与领导能力，能够带领团队高效完成任务 ◆ 具有一定的协调与沟通能力，能够处理复杂的物流合规事件

1.3.19　财务合规主管岗位职责说明书

财务合规主管岗位职责说明书如表 1-23 所示。

表 1-23　财务合规主管岗位职责说明书

岗位名称	财务合规主管	所属部门	合规部
上　级	合规经理	下　级	财务合规专员
职责概述	了解国家和地方的法律法规，熟悉企业的财务管理制度和流程，确保企业的财务管理符合合规要求，及时发现并解决财务合规问题		

岗位名称	财务合规主管	所属部门	合规部
上　级	合规经理	下　级	财务合规专员

<table>
<tr><td rowspan="1">工作职责</td><td colspan="3">职责一：制订财务合规管理计划与工作流程</td></tr>
</table>

工作职责	职责一：制订财务合规管理计划与工作流程

◆ 设计优化企业财务合规管理制度与流程，明确企业的财务合规要求与标准
◆ 研究与分析相关法律法规，制定企业财务合规政策，确保企业的财务活动能够符合法律法规及行业规定
◆ 审查和修订企业的财务合规管理制度和流程，确保其与企业的实际情况相符合，保障企业的财务安全和稳定发展
◆ 指导和协调各部门财务合规管理工作，确保企业的财务活动符合国家法律法规和企业内部规定

职责二：识别、评估及应对财务合规风险

◆ 组织编制财务合规风险管理制度与工作流程，并进行审核
◆ 组织对企业的财务合规风险进行分析与评估
◆ 组织对企业的财务活动进行监督与检查，及时发现并解决财务合规风险问题
◆ 组织制定相应的财务合规风险管理措施，确保企业的财务安全和稳定发展
◆ 跟踪与监督财务合规风险管理措施的实施情况

职责三：开展财务合规审计与检查

◆ 组织制定财务合规审计与检查管理制度
◆ 组织实施财务合规审计与检查
◆ 负责对财务合规审计和检查结果进行分析和总结
◆ 针对财务合规审计中发现的管理漏洞提出改进意见及建议
◆ 组织编制财务合规报告并进行审核
◆ 对财务合规报告进行分析与评估，提出改进意见及建议
◆ 定期向合规经理提交财务合规报告，反映企业的财务合规情况及存在的问题，推进财务合规工作不断完善
◆ 跟踪与监督财务合规整改情况

职责四：协调处理财务合规问题

◆ 组织制定财务合规文件管理与归档制度
◆ 组织对企业的财务合规相关文件进行分类、整理、归档和保管
◆ 对财务合规文件的保密性进行严格控制
◆ 组织收集、整理财务合规举报与投诉线索，并对举报与投诉线索进行调查与处理
◆ 采取对应措施解决财务合规问题

职责五：开展财务合规培训与教育

◆ 组织开展企业的财务合规培训和宣传工作，增强员工的财务合规意识和能力
◆ 定期向企业领导和员工宣传财务合规政策和流程，确保企业的财务活动符合国家法律法规及企业内部规定

职责六：完成其他合规管理工作

◆ 协助财务部对财务合规管理进行优化与改进，提高财务合规水平与效率
◆ 处理临时或突发的财务合规事件
◆ 完成合规经理交代的其他工作

岗位名称	财务合规主管	所属部门	合规部
上　级	合规经理	下　级	财务合规专员

工作权限	◆ 对企业合规管理有建议权 ◆ 对财务合规相关文件有审核权 ◆ 对直属下级的工作有监督权、考核权及奖惩权

任职资格	教育水平
	◆ 大学本科及以上学历，研究生学历优先考虑 ◆ 经济、会计、金融、财务管理等相关专业
	经验要求
	3 年以上相关工作经验，尤其是财务合规领域的工作经验
	知识技能

	业务知识	管理技能
	◆ 熟悉财务、税务、法律法规等业务知识 ◆ 了解企业财务管理和国家相关法规政策	◆ 具备较强的组织、协调、沟通和人际交往能力，能够有效地管理团队 ◆ 具有较强的逻辑与审计能力 ◆ 有较好的计划、执行和风险控制能力

1.3.20　税务合规主管岗位职责说明书

税务合规主管岗位职责说明书如表 1-24 所示。

表 1-24　税务合规主管岗位职责说明书

岗位名称	税务合规主管	所属部门	合规部
上　级	合规经理	下　级	税务合规专员

职责概述	主要负责企业的税务合规工作，确保企业在税务方面的合规性，规避税务风险，保障企业的经营发展

工作职责	职责一：制定税务合规管理制度与工作流程
	◆ 制订税务合规管理计划，明确税务合规管理目标和任务 ◆ 设计并优化企业税务管理制度与流程，明确企业的税务合规要求与标准 ◆ 组织制定企业税务合规政策与流程，确保企业的税务活动能够符合国家法律法规及企业内部规定 ◆ 审查和修订企业的税务合规管理制度和流程,确保其与企业的实际情况相符合，保障企业的税务安全

岗位名称	税务合规主管	所属部门	合规部
上　级	合规经理	下　级	税务合规专员

<table>
<tr>
<td rowspan="40">工
作
职
责</td>
<td colspan="3">

◆ 为各部门的税务合规工作提供指导，确保企业的税务活动符合法律法规和内部规定
◆ 定期评估税务合规管理工作的实施情况，及时调整和完善税务合规管理计划

职责二：识别、评估及应对税务合规风险

◆ 组织制定税务合规风险管理制度和工作流程
◆ 组织对企业的税务活动进行监督与检查，及时发现并解决税务合规风险问题
◆ 组织开展税务合规风险评估活动
◆ 组织制定相应的税务合规风险管理措施，确保企业的税务安全和稳定发展
◆ 跟踪与监督税务合规风险管理措施的实施情况

职责三：开展税务合规审计与检查，编制税务合规报告

◆ 组织编制税务合规审计与检查管理制度，并进行审核
◆ 组织编制并实施税务合规审计与检查计划，并监督执行情况
◆ 负责分析和总结税务合规审计与检查结果
◆ 针对税务合规审计中发现的管理漏洞提出改进意见及建议
◆ 组织编制税务合规报告，对企业的税务合规情况进行全面、客观、准确的评估与分析
◆ 针对企业的税务合规问题，提出管理建议并给出具体的解决方案
◆ 定期向合规经理汇报税务合规情况，及时反馈税务合规工作的进展和成果
◆ 与税务机关和其他有关部门保持沟通与协调，确保企业税务的合规性

职责四：监督税务合规执行

◆ 组织监督企业各部门的税务合规工作，及时发现和解决税务合规问题，确保企业税务的合规性
◆ 组织监督税务申报和缴纳情况，及时发现并纠正税务违法行为，避免税务风险
◆ 及时应对税务机关的税务检查和稽查，协助税务机关的税务检查和稽查工作，保障企业的合法权益
◆ 负责应对税务争议和诉讼，及时处理税务争议和诉讼，保障企业的合法权益

职责五：开展税务合规培训与教育

◆ 组织收集、整理、更新税务合规知识，以保持对税务法律法规和政策的了解和掌握
◆ 组织开展税务合规培训和学习，增强员工的税务合规意识和能力，确保企业税务的合规性
◆ 负责建立税务合规知识库，为员工提供及时、准确的税务合规知识支持

职责六：完成其他合规管理工作

◆ 建立相应的举报与投诉处理机制，组织收集、整理税务合规举报与投诉线索
◆ 处理临时或突发的税务合规事件
◆ 定期向合规经理汇报税务合规管理的有关事项
◆ 完成合规经理交代的其他工作

</td>
</tr>
</table>

岗位名称	税务合规主管	所属部门	合规部
上　级	合规经理	下　级	税务合规专员

工作权限	◆ 对企业合规管理有建议权 ◆ 对税务合规相关文件有审核权 ◆ 对税务合规工作有监督权、建议权 ◆ 对直属下级的工作有监督权、考核权及奖惩权		
任职资格	教育水平		
	◆ 大学本科及以上学历，研究生学历优先考虑 ◆ 经济、金融、税收学、财务管理等相关专业		
	经验要求		
	3 年以上相关工作经验，尤其是税务合规领域的工作经验		
	知识技能		
	业务知识		管理技能
	◆ 熟悉国家税收法规及政策 ◆ 熟悉税务稽查核定及税收审计程序		◆ 具备良好的团队合作能力、沟通协调能力和资源整合能力 ◆ 具备良好的职业操守和责任心，能够处理各种复杂的税务合规问题

1.3.21　法务合规主管岗位职责说明书

法务合规主管岗位职责说明书如表 1-25 所示。

表 1-25　法务合规主管岗位职责说明书

岗位名称	法务合规主管	所属部门	合规部
上　级	合规经理	下　级	法务合规专员
职责概述	监督和指导企业的各项业务活动，保证企业各项业务运营符合法律法规和行业标准，通过有效的沟通和协调，为企业的发展提供法律保障		
工作职责	职责一：制定法务合规政策和程序		
	◆ 协助合规经理制定企业的法务合规政策和程序，包括制定相关的合规手册、合规流程、合规标准等，确保企业遵守法律法规，降低潜在的法务合规风险 ◆ 熟悉法律法规和行业标准的变化，及时调整企业法务合规政策和程序，确保企业经营始终符合最新的法律法规要求		

续表

岗位名称	法务合规主管	所属部门	合规部
上　级	合规经理	下　级	法务合规专员

<table>
<tr><td rowspan="20">工
作
职
责</td><td colspan="3" align="center">职责二：开展法律事务合规管理工作</td></tr>
<tr><td colspan="3">◆ 开展法律事务合规管理工作，包括处理法律纠纷和诉讼事宜、参与并监督企业并购和合并、与法务部沟通协调等工作，保护企业的合法权益</td></tr>
<tr><td colspan="3">◆ 指导对知识产权的管理，制定知识产权保护策略，包括专利、商标、版权等的申请、维护和保护工作</td></tr>
<tr><td colspan="3">◆ 指导企业合同的起草、审核、修改和执行工作，确保合同的合法性和有效性，避免出现纠纷问题</td></tr>
<tr><td colspan="3">◆ 优化和改进合同起草、签订和履行的流程，提高合同管理的效率和质量，规范合同的起草、签订和履行的合规性</td></tr>
<tr><td colspan="3" align="center">职责三：处理法务合规投诉</td></tr>
<tr><td colspan="3">◆ 建立法务合规投诉处理机制，及时处理企业内部和外部的法务合规投诉</td></tr>
<tr><td colspan="3">◆ 反馈投诉处理结果，沟通投诉处理措施，安抚投诉人，避免影响企业形象和口碑，以最小的代价解决投诉纠纷</td></tr>
<tr><td colspan="3" align="center">职责四：控制法务合规风险</td></tr>
<tr><td colspan="3">◆ 识别业务活动中存在的违规行为，评估企业面临的法律风险，制定解决方案，减少企业可能面临的风险和损失</td></tr>
<tr><td colspan="3">◆ 协助合规经理建立法务合规风险预警机制，制定风险预防措施，积极消除企业存在的合规风险，避免企业遭受更大的损失</td></tr>
<tr><td colspan="3" align="center">职责五：分析法务合规报告</td></tr>
<tr><td colspan="3">◆ 收集、审查并分析各个部门的法务合规报告，及时发现潜在的法务合规问题，提出法务合规工作建议和整改措施</td></tr>
<tr><td colspan="3">◆ 汇报法务合规报告的分析结果，协助各部门进行合规工作改进，提高各部门业务的合规性和合法性</td></tr>
<tr><td colspan="3" align="center">职责六：安排法务合规教育培训</td></tr>
<tr><td colspan="3">◆ 安排法务合规教育培训工作，制订并实施教育培训计划</td></tr>
<tr><td colspan="3">◆ 聘请专业的合规师，对员工进行法务合规教育培训，使员工了解企业的合规政策，能够有效地识别法务合规风险</td></tr>
<tr><td colspan="3">◆ 评估法务合规教育培训计划的实施效果，不断改进和完善法务合规培训计划，使其能更好地适用于企业和全体员工</td></tr>
<tr><td rowspan="1">工作
权限</td><td colspan="2">◆ 对企业法务合规工作有监督检查权
◆ 对直属下级的工作有监督权
◆ 对直属下级有考核评价权及奖惩和任免的提名权</td></tr>
</table>

任 职 资 格	教育水平
	◆ 大学本科及以上学历 ◆ 法律、风险管理相关专业

岗位名称	法务合规主管	所属部门	合规部
上　级	合规经理	下　级	法务合规专员

<table>
<tr><td rowspan="6">任职资格</td><td colspan="3">经验要求</td></tr>
<tr><td colspan="3">1~3 年相关工作经验，有风控管理或合同管理工作经验者优先</td></tr>
<tr><td colspan="3">知识技能</td></tr>
<tr><td colspan="2">业务知识</td><td>管理技能</td></tr>
<tr><td colspan="2">◆ 掌握《中华人民共和国公司法》《中华人民共和国知识产权法》</td><td>◆ 具备较强的逻辑思维能力
◆ 具备一定的独立思考和分析问题的能力</td></tr>
</table>

1.3.22　合规风险主管岗位职责说明书

合规风险主管岗位职责说明书如表 1-26 所示。

表 1-26　合规风险主管岗位职责说明书

岗位名称	合规风险主管	所属部门	合规部
上　级	合规经理	下　级	合规风险专员

<table>
<tr><td>职责概述</td><td colspan="3">识别、分析、评估企业存在的合规风险，提供合规风险规避建议，保证企业的正常生产经营活动</td></tr>
<tr><td rowspan="8">工作职责</td><td colspan="3">职责一：协助制定合规风险策略</td></tr>
<tr><td colspan="3">◆ 协助合规风险经理制定企业的合规风险策略，包括风险识别、风险分析、风险评估、风险应对等内容，及时发现企业存在的合规风险，积极应对合规风险，减少企业的损失
◆ 根据国家法律法规和政策的变动，考虑企业的实际情况和业务特点，及时更新企业的合规风险防控策略，以符合法律规范和行业要求</td></tr>
<tr><td colspan="3">职责二：识别合规风险</td></tr>
<tr><td colspan="3">◆ 选择合适的合规风险识别方法，识别企业经营管理活动领域已存在或潜在的合规风险
◆ 识别合规风险的类型，判断合规风险产生的领域，判断合规风险发生的具体业务，以便后续进行分析和评估</td></tr>
<tr><td colspan="3">职责三：分析、评估合规风险</td></tr>
<tr><td colspan="3">◆ 分析识别出各种合规风险，判断合规风险的危害程度，对合规风险进行等级划分，分析合规风险再次发生的可能性
◆ 评估合规风险可能给企业的生产经营造成的经济损失，判断合规风险影响程度及带来的危害</td></tr>
</table>

续表

岗位名称	合规风险主管	所属部门	合规部
上　级	合规经理	下　级	合规风险专员

<table>
<tr><td rowspan="9">工
作
职
责</td><td colspan="2" style="text-align:center">职责四：应对合规风险</td></tr>
<tr><td colspan="2">◆ 根据合规风险的等级程度和危害影响，衡量企业的相关利益方，制定相应的合规风险应对措施
◆ 采取适合企业的合规风险应对措施，降低合规风险的概率或影响，以避免或减少潜在的损失或影响</td></tr>
<tr><td colspan="2" style="text-align:center">职责五：提供合规风险管理建议</td></tr>
<tr><td colspan="2">◆ 提供合规风险管理建议，针对企业各种合规风险问题提供解决方案
◆ 提供不同类型合规风险应急预案，保障企业的正常运营</td></tr>
<tr><td colspan="2" style="text-align:center">职责六：监督审查合规风险</td></tr>
<tr><td colspan="2">◆ 开展合规风险审查工作，发现企业经营过程中存在的问题或风险，提供相应的合规风险审查报告
◆ 定期审查企业各项业务活动的合法性和合规性，保证企业的正常运转</td></tr>
<tr><td colspan="2" style="text-align:center">职责七：协助开展合规风险审计</td></tr>
<tr><td colspan="2">◆ 协助企业审计部门开展合规风险审计工作，根据内部审计的工作要求，提供相关资料和证据
◆ 提供合规风险审计意见或建议，保证合规风险审计工作的正常开展</td></tr>
<tr><td colspan="2" style="text-align:center">职责八：组织合规风险培训活动</td></tr>
</table>

工作职责		◆ 组织合规风险培训活动，增强企业员工的风险意识和合规意识，确保员工在工作中能够遵守相关法律法规和行业要求 ◆ 评估员工的培训效果，考察员工对合规风险的掌握程度，将评估结果作为其绩效考核的内容之一
工作权限		◆ 对企业合规风险管理工作有监督检查权 ◆ 对直属下级的工作有监督权 ◆ 对直属下级有考核评价权及奖惩和任免的提名权

<table>
<tr><td rowspan="7">任
职
资
格</td><td colspan="2" style="text-align:center">教育水平</td></tr>
<tr><td colspan="2">◆ 大学本科及以上学历
◆ 风险管理、法律、经济、金融、财务等相关专业</td></tr>
<tr><td colspan="2" style="text-align:center">经验要求</td></tr>
<tr><td colspan="2">3 年以上相关工作经验</td></tr>
<tr><td colspan="2" style="text-align:center">知识技能</td></tr>
<tr><td style="text-align:center">业务知识</td><td style="text-align:center">管理技能</td></tr>
<tr><td>◆ 掌握风险识别、分析、应对的相关知识</td><td>◆ 具备严谨的逻辑思维能力、敏锐的观察能力、独立分析能力和良好的言语表达能力</td></tr>
</table>

1.3.23 内控合规主管岗位职责说明书

内控合规主管岗位职责说明书如表 1-27 所示。

表 1-27 内控合规主管岗位职责说明书

岗位名称	内控合规主管	所属部门	合规部
上　级	合规经理	下　级	内控合规专员
职责概述	规范企业的内部控制工作，降低合规风险，从不同的角度保证企业内部控制的合规性、有效性和可持续性		
工作职责	**职责一：协助制定内部控制制度** ◆ 协助内控合规经理制定企业的内部控制制度，从制度层面规范企业的内部控制工作，保证内部控制工作符合规范 ◆ 根据相关法律法规和政策及时更新内部控制制度，使其不断符合企业的发展，以保证企业的合规性和合法性 **职责二：审查内部控制流程** ◆ 审查企业的内部控制流程，确保内部控制流程在合规管理方面发挥积极作用，及时发现和解决潜在的问题 ◆ 发现内部控制流程存在的不合理之处并加以改善，保证企业各项业务的正常开展 **职责三：监督合规风险** ◆ 监督企业开展的各项工作，发现企业存在的各种风险，及时通知各相关部门，提出意见和建议 ◆ 评估企业内部控制方面的合规风险，分析判断合规风险带来的危害和影响程度，并提供解决方案 ◆ 定期监督企业可能存在的风险，减少合规风险带来的损失 **职责四：协助内外部审计工作** ◆ 协助内部审计工作，提供审计所需的信息和支持，确保内部审计工作顺利进行 ◆ 协助外部审计工作，提供必要的数据和信息，推进外部审计工作进程，发现企业存在的合规问题 **职责五：提供合规咨询** ◆ 提供内部控制方面的合规咨询和支持，从合规角度提供建议和指导，以规范企业的各项业务 ◆ 和企业各部门沟通，为企业各部门的发展提供内部控制建议 **职责六：提供内部控制合规培训** ◆ 提供内部控制合规方面的培训，使员工了解企业的内部控制合规政策、制度、流程和操作规范等 ◆ 建设和推广企业合规文化，增强员工对内部控制的合规意识，影响员工的行为方式、价值观和意识形态		
工作权限	◆ 对企业内部控制管理工作有监督检查权 ◆ 对直属下级的工作有监督权 ◆ 对直属下级有考核评价权及奖惩和任免的提名权		

岗位名称	内控合规主管	所属部门	合规部
上　级	合规经理	下　级	内控合规专员

<table>
<tr><td rowspan="9">任职资格</td><td colspan="3">教育水平</td></tr>
<tr><td colspan="3">◆ 大学本科及以上学历
◆ 管理学等相关专业</td></tr>
<tr><td colspan="3">经验要求</td></tr>
<tr><td colspan="3">3 年以上内部控制管理方面的工作经验</td></tr>
<tr><td colspan="3">知识技能</td></tr>
<tr><td colspan="2">业务知识</td><td>管理技能</td></tr>
<tr><td colspan="2">◆ 掌握合规、内控、审计等相关知识</td><td>◆ 具备较强的工作责任心、文字表达和沟通协调能力</td></tr>
</table>

1.3.24　信息安全合规工程师岗位职责说明书

信息安全合规工程师岗位职责说明书如表 1-28 所示。

表 1–28　信息安全合规工程师岗位职责说明书

岗位名称	信息安全合规工程师	所属部门	合规部
上　级	安全合规经理	下　级	信息安全合规专员

<table>
<tr><td>职责概述</td><td colspan="3">保证企业的信息安全政策和程序得到全面执行和落实，识别并分析潜在的信息安全风险，制定并实施保障信息安全措施</td></tr>
<tr><td rowspan="7">工作职责</td><td colspan="3">职责一：协助制定信息安全合规政策和流程</td></tr>
<tr><td colspan="3">◆ 协助信息安全合规经理制定信息安全合规政策和流程，规范信息安全的各类工作，使其符合国家法律法规要求
◆ 评估现有的信息安全合规政策和程序，根据需要更新或修改，确保其符合最新的法律法规和行业标准
◆ 和相关部门联系和沟通，确保相关部门在开展工作时遵循企业的信息安全合规政策和流程</td></tr>
<tr><td colspan="3">职责二：协助开展信息安全合规审计</td></tr>
<tr><td colspan="3">◆ 协助企业内部审计部门开展信息安全审计工作，提交信息安全方面的资料，保证信息安全审计工作的正常开展
◆ 监督信息安全审计工作的合规性，评估信息安全审计工作的程序，确保符合信息安全审计标准</td></tr>
<tr><td colspan="3">职责三：监督信息安全合规风险</td></tr>
</table>

岗位名称	信息安全合规工程师	所属部门	合规部
上　级	安全合规经理	下　级	信息安全合规专员

工作职责	◆ 监督企业信息安全合规风险，定期评估企业的信息安全合规风险，并制定应对措施，以降低潜在的风险 ◆ 审查企业的信息安全合规风险管理计划，并根据实际需要定期对其进行更新，以便更好地实施信息安全合规工作
	职责四：开展信息安全合规培训
	◆ 制订信息安全合规培训计划，明确培训的内容和培训要求 ◆ 编写信息安全合规培训材料，保证培训效果，确保所有相关人员掌握信息安全合规方面的信息 ◆ 更新信息安全合规培训内容，确保其与最新的安全标准和要求保持一致
	职责五：跟踪信息安全合规事件
	◆ 跟踪企业发生的信息安全合规事件，检查信息安全系统和应用程序，查找潜在的漏洞和风险 ◆ 发现漏洞或风险时，采取积极的应对措施，做好信息安全保护，避免企业遭受威胁和巨大损失
	职责六：掌握信息安全技术
	◆ 深入了解企业的信息安全系统和应用程序，以及相关的信息安全技术和工具 ◆ 了解信息安全架构、网络安全、身份验证、数据加密等方面的知识，确保企业的信息安全不受威胁 ◆ 熟悉不同的操作系统、数据库、应用程序和设备，必要时开展调查和修复工作 ◆ 了解业内最新的攻击技术，以便更好地应对潜在的信息安全合规风险
	职责七：沟通、协调信息安全合规工作
	◆ 和企业内部和外部的利益相关者沟通，保证信息安全合规工作的正常开展 ◆ 和内部员工、供应商、客户、合作伙伴沟通，共同维护企业的信息安全 ◆ 和信息安全专家、技术人员等沟通，保证企业的信息安全合规工作符合监管要求和法规要求
	职责八：管理团队成员
	◆ 协调团队成员工作，合理分配工作任务 ◆ 监督团队成员的行为，确保成员遵守企业的信息安全合规政策和程序，防范信息安全合规风险
工作权限	◆ 对企业信息安全管理工作有监督权 ◆ 对直属下级的工作有监督权 ◆ 对直属下级有考核评价权及奖惩和任免的提名权
任职资格	**教育水平**
	◆ 大学本科及以上学历 ◆ 网络、计算机等相关专业

岗位名称	信息安全合规工程师	所属部门	合规部
上　级	安全合规经理	下　级	信息安全合规专员

任职资格	经验要求	
	3 年以上相关工作经验	
	知识技能	
	业务知识	管理技能
	◆ 熟悉国家及行业的信息安全相关政策、标准和工作流程等	◆ 具有较强的风险敏感性 ◆ 具备良好的沟通能力、团队精神和服务意识 ◆ 具备较强的抗压能力 ◆ 具备较强的解决问题能力

1.3.25　数据安全合规工程师岗位职责说明书

数据安全合规工程师岗位职责说明书如表 1-29 所示。

表 1-29　数据安全合规工程师岗位职责说明书

岗位名称	数据安全合规工程师	所属部门	合规部
上　级	合规经理	下　级	数据安全合规专员
职责概述	保护企业数据信息，确保数据的合规性、合法性，监督、评估和改进企业的数据安全合规系统，保证其符合要求		
工作职责	职责一：开展数据安全合规工作		
	◆ 制定数据保留和销毁方案，监督数据的使用和处理情况 ◆ 保证企业遵守数据隐私法规，采取措施保护用户数据的隐私 ◆ 扫描数据安全漏洞，评估企业的数据安全合规风险程度 ◆ 根据数据安全漏洞扫描结果，提供解决方案，减少安全漏洞，规避数据安全合规风险，保护企业数据 ◆ 评估企业数据的安全状态、漏洞和风险，生成数据安全合规报告，提出意见或建议，上报给数据安全合规经理 ◆ 评估、选择和部署安全防护系统，包括网络安全、加密、访问控制和安全审计系统，以保证企业数据安全 ◆ 制订数据安全合规事件响应计划，包括事件的报告、调查和应对方案，快速响应、解决数据安全合规事件，并追踪事件处理结果		

岗位名称	数据安全合规工程师	所属部门	合规部
上　级	合规经理	下　级	数据安全合规专员

<table>
<tr><td rowspan="4">工作职责</td><td colspan="3" align="center">职责二：制定数据安全合规策略</td></tr>
<tr><td colspan="3">◆ 了解企业的业务情况和数据处理流程，根据相关规定制定数据安全合规策略，包括数据安全风险评估、数据安全控制、数据安全合规监测和报告等内容
◆ 掌握最新的数据安全法规和标准，不断更新、完善数据安全合规策略，保证企业的数据安全
◆ 制订和执行数据安全合规工作改进计划，包括开发和实施策略、程序和流程，提高企业数据的安全性和合规性</td></tr>
<tr><td colspan="3" align="center">职责三：开展数据安全合规培训</td></tr>
<tr><td colspan="3">◆ 提供数据安全合规培训，保证员工了解企业的数据安全政策、行业标准和法律法规的要求
◆ 编写数据安全合规培训资料，使其符合数据安全培训要求，以更好地发挥合规培训的作用
◆ 定期更新和维护培训资料，及时加入最新的政策法规要求，与时俱进
◆ 提供数据网络安全和隐私保护培训，包括如何保护个人隐私、避免网络攻击和保护企业的数据安全</td></tr>
</table>

	职责四：协助数据安全合规审计工作		
	◆ 协助审计部门开展数据安全合规审计工作，评估数据的安全性和合规性，及时发现数据安全合规的问题和缺陷，并提出解决方案 ◆ 参与数据安全合规审计工作，提供数据安全审计所需材料，保证审计工作的正常开展		

工作权限	◆ 对企业数据安全合规管理工作有监督权 ◆ 对直属下级的工作有监督权 ◆ 对直属下级有考核评价权及奖惩和任免的提名权		

<table>
<tr><td rowspan="7">任职资格</td><td colspan="2" align="center">教育水平</td></tr>
<tr><td colspan="2">◆ 大学专科及以上学历
◆ 计算机、信息管理等相关专业</td></tr>
<tr><td colspan="2" align="center">经验要求</td></tr>
<tr><td colspan="2">8 年相关工作经验，其中 3 年以上数据安全合规管理项目经验</td></tr>
<tr><td colspan="2" align="center">知识技能</td></tr>
<tr><td align="center">业务知识</td><td align="center">管理技能</td></tr>
<tr><td>◆ 熟悉数据安全与隐私保护的国家法律法规和标准规范</td><td>◆ 具有敏锐的洞察力、较强的数据分析和文档撰写能力</td></tr>
</table>

1.3.26 新能源合规主管岗位职责说明书

新能源合规主管岗位职责说明书如表 1-30 所示。

表 1–30 新能源合规主管岗位职责说明书

岗位名称	新能源合规主管	所属部门	合规部
上　级	合规经理	下　级	新能源合规专员
职责概述	保证新能源业务的开展符合相关法律法规和政策要求，认证新能源产品，监督新能源风险，提升企业新能源业务的管理水平		
工作职责	**职责一：协助制定新能源合规政策**		
	◆ 协助新能源合规经理制定新能源合规政策，确保企业新能源业务的开展符合国家和地方性法规政策要求 ◆ 关注国家和地方政策法规的变化，及时更新和完善企业的新能源合规政策 ◆ 加大新能源合规政策在企业的宣传力度，制定相应的实施细则和操作流程 ◆ 指导并协助新能源部门制定符合新能源合规政策的业务操作流程		
	职责二：推动新能源项目发展		
	◆ 协助新能源部门开展新能源产品的认证和标准化工作，跟踪各种新能源产品的认证和标准要求，辅助制订新能源产品认证和标准化计划 ◆ 跟进新能源项目的审批和备案工作，及时掌握各级政府部门对新能源项目的审批和备案的最新政策和要求		
	职责三：监督新能源环保和能源效率		
	◆ 监督新能源产品环保和能耗的处理，减少新能源产品在生产、运输和使用过程中的环境污染和能源过度消耗 ◆ 及时掌握环境保护和能源消耗的相关法规和政策，确保企业的环保和能耗处理符合相关法规和政策要求 ◆ 开展关于新能源产品的环境影响评估和能源效率评估，制定环保和节能改善措施		
	职责四：监督新能源合规风险		
	◆ 监督和预防新能源业务中的合规风险，制定新能源合规风险管理方案，识别、评估和规避新能源合规风险 ◆ 指导新能源部门开展新能源合规风险评估和管控，提出改进措施 ◆ 开展新能源合规风险监测和预警，及时发现并规避新能源合规风险，保证企业的正常生产经营		
	职责五：提升新能源合规管理水平		
	◆ 提升新能源合规管理水平，提高企业新能源业务的合规性和合法性 ◆ 定期参加新能源合规培训和学习，掌握最新的政策和法规 ◆ 定期评估企业新能源业务合规管理情况，提出改进意见和建议，不断提升管理水平		
工作权限	◆ 对企业新能源工作有监督权 ◆ 对直属下级的工作有监督权 ◆ 对直属下级有考核评价权及奖惩和任免的提名权		

岗位名称	新能源合规主管	所属部门	合规部
上　级	合规经理	下　级	新能源合规专员

	教育水平
任职资格	◆ 大学本科及以上学历 ◆ 机械、机电、电气、自动化等相关专业
	经验要求
	有相关工作经验者优先，有 3 年及以上工作经验者可放宽学历至大专
	知识技能

	业务知识	管理技能
	◆ 掌握新能源、安全生产、节能环保方面的知识	◆ 具备较强的沟通协调、问题分析及数据分析能力 ◆ 具有团队合作意识，抗压能力强

1.3.27　贸易合规主管岗位职责说明书

贸易合规主管岗位职责说明书如表 1-31 所示。

表 1-31　贸易合规主管岗位职责说明书

岗位名称	贸易合规主管	所属部门	合规部
上　级	合规经理	下　级	贸易合规专员

职责概述	协助贸易部门工作，监督和管理企业的贸易合规工作，保证企业贸易活动的合法性和合规性，提高企业的经济利润
工作职责	**职责一：监督贸易活动** ◆ 监督和指导企业的所有贸易活动，确保其符合国家相关法律法规和行业要求 ◆ 采取措施纠正不符合贸易合规要求的贸易活动，并进行记录和报告 **职责二：提升贸易合规工作水平** ◆ 改进企业的贸易合规工作，定期评估贸易合规工作，识别存在的问题和不足，并提出改进和提升方案 ◆ 关注最新的贸易标准，及时调整企业的贸易合规政策和流程 ◆ 提供必要的贸易合规咨询和支持，积极响应贸易合规方面的问题，提供必要的解决方案 ◆ 支持和指导贸易合规的相关工作，协助制定贸易合规政策、流程 **职责三：开展贸易合规培训** ◆ 提供定期的贸易合规培训，增强员工的贸易合规意识，保证所有员工了解企

岗位名称	贸易合规主管	所属部门	合规部
上　级	合规经理	下　级	贸易合规专员

<table>
<tr><td rowspan="16">工
作
职
责</td><td colspan="3">业的贸易合规政策、要求和流程，掌握应对贸易合规风险的办法
◆ 建立和维护员工的贸易合规档案，包括培训记录、测试成绩等，以便对员
工的贸易合规培训进行评估</td></tr>
<tr><td colspan="3" align="center">职责四：维护贸易合规风险管理体系</td></tr>
<tr><td colspan="3">◆ 维护贸易合规风险管理体系，发现并分析企业的贸易合规风险，评估贸易合
规风险的危害程度，制定贸易合规风险应对措施
◆ 维护贸易合规风险管理档案，包括贸易合规风险评估报告、贸易合规风险应
对措施等，以便企业对贸易活动进行监督
◆ 定期评估和管理贸易合规风险管理体系，确保其有效性和及时性
◆ 定期与企业的贸易部门沟通，了解其正在进行或未开始的贸易活动，帮助其
识别可能存在的贸易合规风险，并提供建议</td></tr>
<tr><td colspan="3" align="center">职责五：熟悉贸易相关的法规</td></tr>
<tr><td colspan="3">◆ 熟悉国际贸易法律法规和政策，包括进出口管制、贸易制裁、反倾销、反补
贴等内容
◆ 熟悉世界贸易组织的规定和协议，了解其对国际贸易的影响
◆ 熟悉各国和地区的贸易法律法规和政策</td></tr>
<tr><td colspan="3" align="center">职责六：参与贸易合规审计</td></tr>
<tr><td colspan="3">◆ 参与制订贸易合规审计计划，协助审计和评估企业的贸易活动
◆ 参与贸易合规审计工作，协助审计人员开展贸易合规审计工作，并提供必
要的支持
◆ 评估贸易合规审计报告，提出改进建议和措施，确保企业的贸易活动符合国
家相关法律法规和行业要求</td></tr>
</table>

工作权限	◆ 对企业贸易管理工作有监督权 ◆ 对直属下级的工作有监督权 ◆ 对直属下级有考核评价权及奖惩和任免的提名权		

<table>
<tr><td rowspan="8">任
职
资
格</td><td colspan="3" align="center">教育水平</td></tr>
<tr><td colspan="3">◆ 大学专科及以上学历
◆ 国际贸易、法律、商务等相关专业</td></tr>
<tr><td colspan="3" align="center">经验要求</td></tr>
<tr><td colspan="3">5 年贸易合规或国际贸易工作经验</td></tr>
<tr><td colspan="3" align="center">知识技能</td></tr>
<tr><td colspan="2" align="center">业务知识</td><td align="center">管理技能</td></tr>
<tr><td colspan="2">◆ 熟悉进口和出口控制法律法规
◆ 熟悉海关要求和程序</td><td>◆ 具备良好的团队协作能力和问
题处理能力</td></tr>
</table>

1.3.28　投资项目合规主管岗位职责说明书

投资项目合规主管岗位职责说明书如表 1-32 所示。

表 1-32　投资项目合规主管岗位职责说明书

岗位名称	投资项目合规主管	所属部门	合规部
上　级	合规经理	下　级	投资项目合规专员
职责概述	监督投资项目的各个流程，确保投资项目的审批、投资、交易、合同等各个阶段符合国家相关法律法规和政策要求，确保投资项目的合法性、合规性和稳健性，维护企业声誉和利益相关者的利益		
工作职责	**职责一：协助制定合规政策、程序** ◆ 协助投资项目合规经理制定企业投资项目合规政策、程序，保证企业的投资项目符合适用的法律法规和行业标准 ◆ 参与投资项目合规流程的设计、测试和应用工作，为企业的投资活动提供建议和支持 ◆ 参与企业的投资合规流程改进工作，提高企业投资活动的合规性和运营效率 **职责二：监督投资项目各项工作** ◆ 监督投资项目的合规情况，检查投资决策的合规性、投资组合的合规性和资产净值的准确性 ◆ 监督投资项目的实施流程，确保投资项目的审批、投资、交易等流程符合相关要求 ◆ 参与企业投资项目合规的调查和审计工作，对违反合规要求的投资活动进行调查和审计，并提出改进建议 **职责三：提供投资项目合规支持** ◆ 提供有关投资项目的合规指导和建议，确保投资项目的顺利进行 ◆ 做好企业的投资和客户信息的保密工作，保护企业的商业机密 ◆ 制订应急计划，调查投资合规问题，采取纠正措施和报告上级领导等方式处理投资合规问题，维护企业的声誉和利益相关者的利益 **职责四：评估投资项目合规风险** ◆ 参与企业投资项目合规风险评估工作，包括对投资项目的风险评估、监控、管理和报告等 ◆ 在投资项目初期对项目进行全面的风险评估，在投资项目中期对风险进行监控和管理 **职责五：维护对外关系** ◆ 积极参加行业会议和研讨会，了解行业和国家法律法规及有关政策的最新动态，并将信息分享给员工 ◆ 和证券交易委员会、期货交易委员会、银行业监管机构沟通联系，了解新的法规和政策，并向这些机构提供投资合规数据和报告		

岗位名称	投资项目合规主管	所属部门	合规部
上　级	合规经理	下　级	投资项目合规专员
工作职责	职责六：开展投资合规培训		
	开展投资项目合规培训，向员工介绍投资合规性的要求和企业的合规政策和程序，增强员工的合规风险意识		
工作权限	◆ 对企业投资项目管理工作有监督权 ◆ 对直属下级的工作有监督权 ◆ 对直属下级有考核评价权及奖惩和任免的提名权		
任职资格	教育水平		
	◆ 大学本科及以上学历 ◆ 法律、财务、经济等相关专业		
	经验要求		
	5 年以上相关领域的工作经验，包括投资银行、风险投资、证券公司等金融机构的从业经验		
	知识技能		
	业务知识		管理技能
	◆ 熟悉国家有关投资、金融监管的法规和规定，了解国内外市场环境和趋势		◆ 具备团队协作、沟通能力和决策能力，能够有效协调不同部门之间的合作，灵活处理复杂的问题和紧急情况

1.3.29　研发合规质量主管岗位职责说明书

研发合规质量主管岗位职责说明书如表 1-33 所示。

表 1-33　研发合规质量主管岗位职责说明书

岗位名称	研发合规质量主管	所属部门	合规部
上　级	合规经理	下　级	研发合规质量专员
职责概述	保证企业的研发质量符合法律法规和行业标准，维护企业的质量管理体系，确保研发活动的合规性，沟通协调企业各部门工作		
工作职责	职责一：协助制定研发合规策略		
	◆ 协助研发合规质量经理制定研发合规质量计划和策略，确保企业研发活动符合国家法律法规有关规定和行业标准 ◆ 评估、更新研发合规质量计划和策略，制定改进措施，以更好地适应企业的发展		

岗位名称	研发合规质量主管	所属部门	合规部
上　级	合规经理	下　级	研发合规质量专员

<table>
<tr><td rowspan="10">工作职责</td><td colspan="3">职责二：监督研发合规质量</td></tr>
<tr><td colspan="3">◆ 监督研发合规质量，保证企业研发的产品符合质量标准和要求
◆ 改善企业的质量管理体系，不断适应企业研发合规质量要求
◆ 开展各种检查和审查活动，及时发现不合规的研发产品</td></tr>
<tr><td colspan="3">职责三：评估研发合规风险</td></tr>
<tr><td colspan="3">◆ 识别潜在的研发合规风险，制定相应的措施降低研发合规风险，避免企业的研发出现违规问题，影响企业的生产经营
◆ 制定研发合规风险预防措施，确保能及时规避风险，预防类似问题再次发生</td></tr>
<tr><td colspan="3">职责四：实施培训教育工作</td></tr>
<tr><td colspan="3">◆ 根据研发部的岗位和职责制订相应的培训计划，确保员工掌握研发合规质量的要求
◆ 推动企业不断学习，强化员工对于研发合规质量的了解，满足市场和客户的需求</td></tr>
<tr><td colspan="3">职责五：支持研发合规质量工作</td></tr>
<tr><td colspan="3">◆ 协助制订研发合规质量的测试计划和程序，设计研发合规质量测试方案，对研发产品进行测试和验证
◆ 监督研发测试过程，确保测试结果与预期一致</td></tr>
</table>

工作权限	◆ 对企业研发合规质量工作有监督权 ◆ 对直属下级的工作有监督权 ◆ 对直属下级有考核评价权及奖惩和任免的提名权

<table>
<tr><td rowspan="7">任职资格</td><td colspan="2">教育水平</td></tr>
<tr><td colspan="2">◆ 大学本科及以上学历
◆ 生产管理、质量管理、法律等相关专业</td></tr>
<tr><td colspan="2">经验要求</td></tr>
<tr><td colspan="2">5年研发行业或质量管理工作经验，具有研发产品质量管理工作经验者优先考虑</td></tr>
<tr><td colspan="2">知识技能</td></tr>
<tr><td>业务知识</td><td>管理技能</td></tr>
<tr><td>◆ 熟悉产品标准和规范
◆ 熟悉研发合规审核流程和制度，包括内部审核、第三方审核和合规性评估</td><td>◆ 具备良好的沟通协调能力</td></tr>
</table>

1.3.30　软件合规主管岗位职责说明书

软件合规主管岗位职责说明书如表 1-34 所示。

表 1-34　软件合规主管岗位职责说明书

岗位名称	软件合规主管	所属部门	合规部
上　　级	合规经理	下　　级	软件合规专员
职责 概述	协助制定和实施企业的软件合规策略，确保企业的软件产品符合国家法律法规 有关规定和行业标准，提供专业的软件合规服务		
工 作 职 责	**职责一：协助制定软件合规策略** ◆ 协助制定企业的软件合规策略，主要包括开发数据隐私策略、安全策略、版 　权策略、商标策略、知识产权策略、产品安全策略等，保证软件合规策略符 　合相关的国家法律法规规定和行业标准，确保软件合规策略能正常执行 ◆ 研究软件合规相关的国家法律法规和政策，并监测其变化趋势 **职责二：改进软件合规流程** ◆ 审查软件合规流程，着重对软件产品的开发、测试和使用流程进行审查，确 　保各环节符合国家相关的法律法规和行业标准 ◆ 和相关部门沟通联系，获取建议和意见，改进软件合规流程，提高软件合规 　流程的效率和准确性 **职责三：监督软件开发工作** ◆ 监督软件开发过程中的合规性，包括开发流程、文档管理和版本控制等方面， 　检查开发过程是否存在违规行为 ◆ 监督软件使用过程中的合规性，包括软件许可证、用户协议、安全和隐私等 　方面 ◆ 监督软件合同的签署和执行，定期审查软件合同的执行情况 **职责四：加强软件保密合规** ◆ 评估软件开发和使用过程中的合规风险，采取相应的措施保护企业的知识产 　权、商业机密和个人隐私 ◆ 完善和更新软件安全和保密制度 **职责五：监督软件合规风险** ◆ 了解软件产品的各种风险，包括数据安全隐私、知识产权侵权、消费者权益 　等方面的风险 ◆ 评估软件合规风险并制定应对策略 ◆ 监管和控制企业软件产品，规避潜在的软件合规风险 **职责六：组织软件合规培训** ◆ 制订软件合规培训计划，保证员工理解并遵守软件合规标准 ◆ 提供软件合规培训和指导，使员工了解如何处理数据隐私、版权、商标和专 　利等方面的问题，并将其纳入日常工作中		

续表

岗位名称	软件合规主管	所属部门		合规部
上　级	合规经理	下　级		软件合规专员
工作权限	◆ 对企业软件合规管理工作有监督权 ◆ 对直属下级的工作有监督权 ◆ 对直属下级有考核评价权及奖惩和任免的提名权			
任职资格	教育水平			
	◆ 大学本科及以上学历 ◆ 电子工程、通信与信息系统、计算机等相关专业			
	经验要求			
	3年以上软件开发管理工作经验			
	知识技能			
	业务知识		管理技能	
	◆ 掌握软件测试、开发、使用的知识		◆ 具有良好的创新意识与团队合作精神	

1.3.31　知识产权合规主管岗位职责说明书

知识产权合规主管岗位职责说明书如表1-35所示。

表1-35　知识产权合规主管岗位职责说明书

岗位名称	知识产权合规主管	所属部门		合规部
上　级	合规经理	下　级		知识产权合规专员
职责概述	保证企业在知识产权领域的合规性，执行企业的知识产权战略，指导知识产权的注册、维护和保护工作			
工作职责	职责一：知识产权战略			
	◆ 协助制定和执行企业的知识产权战略 ◆ 了解企业的业务模式，确定企业的知识产权需求，保证企业在知识产权领域的合规性			
	职责二：支持知识产权工作			
	◆ 了解各种知识产权类型，保证知识产权的注册符合国际和国内法律法规的要求，定期更新和维护注册信息 ◆ 了解知识产权交易的各种类型，评估知识产权的价值，规避交易风险，协助企业达成交易 ◆ 协助企业制定知识产权保护策略，监督企业的知识产权保护工作，保护企业的知识产权免受侵害 ◆ 协助建立知识产权管理系统，监督知识产权管理系统的运行情况，定期更新和			

岗位名称	知识产权合规主管	所属部门	合规部
上　级	合规经理	下　级	知识产权合规专员

<table>
<tr><td rowspan="8">工
作
职
责</td><td colspan="2">维护知识产权管理系统的信息，保证知识产权管理系统的可靠性和完整性
◆ 梳理知识产权合规流程和程序，并监督流程和程序的实施情况
◆ 处理企业的知识产权纠纷，与企业的法务部合作，制定和实施适当的策略，
　并代表企业与相关方面进行沟通和协商</td></tr>
<tr><td colspan="2" align="center">职责三：监督知识产权风险</td></tr>
<tr><td colspan="2">◆ 监督并采取必要的措施规避企业的知识产权侵权行为，降低知识产权风险
◆ 评估企业的知识产权风险，并制定应对策略</td></tr>
<tr><td colspan="2" align="center">职责四：组织知识产权培训</td></tr>
<tr><td colspan="2">◆ 制订知识产权方面的培训计划并组织培训活动，使员工了解知识产权风险、
　知识产权侵权的危害及如何保护知识产权
◆ 评估员工的培训效果，并将其计入年终绩效考核</td></tr>
<tr><td colspan="2" align="center">职责五：建设知识产权团队</td></tr>
<tr><td colspan="2">◆ 建设知识产权团队，包括知识产权律师、知识产权合规专员等
◆ 与团队成员合作，确保其了解企业的知识产权合规政策和程序，并采取适当
　的行动来保护企业的知识产权</td></tr>
</table>

工作 权限	◆ 对企业知识产权管理工作有监督权 ◆ 对直属下级的工作有监督权 ◆ 对直属下级有考核评价权及奖惩和任免的提名权

<table>
<tr><td rowspan="7">任
职
资
格</td><td colspan="2" align="center">教育水平</td></tr>
<tr><td colspan="2">◆ 大学本科及以上学历
◆ 管理、市场和知识产权等相关专业</td></tr>
<tr><td colspan="2" align="center">经验要求</td></tr>
<tr><td colspan="2">5 年企业知识产权和专利管理工作经验</td></tr>
<tr><td colspan="2" align="center">知识技能</td></tr>
<tr><td align="center">业务知识</td><td align="center">管理技能</td></tr>
<tr><td>◆ 熟悉商标、专利等相关知识</td><td>◆ 具有较强的组织、协调、沟通、
　领导能力及人际交往能力
◆ 具有较强的判断与决策能力、
　计划和执行能力</td></tr>
</table>

1.4 合规部从业者职业道德、知识要求、技能要求

1.4.1 职业道德

在合规管理工作中，合规部从业者应该遵守一定的道德操守与职业操守，以约束自己的行为。合规部从业者需要遵循的道德操守与职业操守如下。

1. 道德操守

对合规部从业者来说，最重要的道德操守是遵守规则、廉洁、诚实守信、公平公正。企业合规涉及企业经营的方方面面，包括人事合规、财税合规、知识产权合规、审计合规等多方面内容，合规部从业者一旦未遵循道德操守，利用职务便利谋取私利，就会给企业的经营与发展带来不可估量的损失，甚至给企业带来法律责任。

2. 职业操守

合规部从业者不仅要遵循最基本的道德操守，还要遵循既定的职业操守。合规部从业者需要遵循的职业操守如下。

（1）防范风险，保守秘密。

合规部从业者要为企业防范生产经营过程中有可能出现的未知风险，并尽可能减少风险给企业带来的损失，确保企业少受或免受其害。

在企业经营中，不可避免地会涉及大量技术机密或合作机密，合规部从业者要为企业保守机密，最大限度保证企业机密的安全性，以维护企业的利益。

（2）精益求精，持续改进。

合规部从业者在工作中都应具备强大的精益求精观念，保持努力奋进、不断求取的精神状态，以保障企业合规运营机制顺利运转及不断完善、升级。

（3）秉公办理，敬业尽职。

无论是面对普通员工还是企业高层，一旦发现有任何不合规事件，合规部从业者都应秉公办理，保持廉洁，站在企业的角度上想问题，不可徇私舞弊，以权谋私。

1.4.2　知识要求

合规部从业者除了要遵守一定的职业道德以外,还应具备一定的知识要求,对相关的国家法律法规、行业标准、行业发展趋势等有最基本的了解,具体内容如下。

1. 基础理论知识

合规部从业者应了解并掌握包括但不限于以下有关企业合规管理的基础理论知识。

（1）企业合规产生与发展的相关知识。

（2）企业合规定义与范畴的相关知识。

（3）企业合规管理原则和体系建设的相关知识。

（4）企业合规管理要素与内涵的相关知识。

2. 相关法律法规知识

合规部从业者应根据职业要求了解、掌握、运用包括但不限于以下相关法律法规知识。

（1）企业常用法律法规要求。

（2）相关行业、专业规定和特殊要求。

（3）相关国际规则和国际法律制度。

（4）与合规管理有关的国内标准、指南和管理政策。

（5）与合规管理有关的国际指南与规定。

3. 相关企业管理知识

合规部从业者应了解并根据企业要求掌握包括但不限于以下有关企业合规管理的知识。

（1）管理基本职能与目标管理相关知识。

（2）管理框架与流程管理相关知识。

（3）风险管理与内部控制相关知识。

（4）管理与沟通相关知识。

（5）企业文化与跨文化管理相关知识。

（6）企业社会责任相关知识。

1.4.3 技能要求

合规部从业者在实际工作中必须具备一定的相关技能，才能更好地维护企业合规机制运转，促进企业合规经营，更大程度上保障企业的利益。合规部从业者的主要技能要求如表1-36所示。

表1-36 合规部从业者的主要技能要求

技能要求	具体解释
专业技能	熟悉合规管理基础知识，评估合规风险，制定和改善合规管理机制，评估合规绩效，审计企业内部管理，应对监管方合规审查及开展企业内部合规审查
法律技能	熟知法律知识与法务技能，熟悉法律程序，对法律法规、监管规定、国际准则及变化保持敏感度，遵循相关法律法规，坚守底线
管理技能	对企业治理、风险管理及合规管理有深刻理解，熟悉业务流程，保持商业头脑，对企业战略发展保持关注
沟通技能	熟悉违法、违规及犯罪的心理，具备较强的调查能力，掌握一定的访谈技巧，能分析合规风险的发生原因，能通过奖罚机制约束团队达到合规目标
数据分析技能	熟练运用工具、分析数据及结合实际场景进行可行性分析的能力

第 2 章
合规管理规划与实施计划

2.1 合规管理规划

2.1.1 合规管理信息收集与整理

为做好合规管理规划工作，奠定合规管理规划的基础，确保企业遵守相关法规、政策和标准，需要收集和整理合规管理信息。

1. 合规管理信息收集对象

制定合规管理规划，需要收集企业内外部信息。企业外部信息主要包括国际及国内最新的法律法规、地方政策、行业标准等。企业内部信息主要包括各部门存在的合规问题或风险等信息。

2. 合规管理信息收集方式

根据不同的收集对象，选择不同的收集方式。合规管理信息收集方式如表2-1所示。

表 2–1　合规管理信息收集方式

收集方向	收集方式
内部信息收集	◆ 报告。合规部收集各部门报告上来的合规管理信息，与相关部门沟通，收集相关证据资料，然后按照事项进行分类 ◆ 面谈。合规部运用合适的面谈技巧，与各部门及人员进行面谈，收集各部门的信息，并按照不同类别进行分类
外部信息收集	◆ 阅读。阅读报纸、期刊、图书、报表等资料，收集最新的政策法规和合规要求 ◆ 关注网站。及时关注政府网站发布的最新消息，获取最新信息

3. 合规管理信息整理方法

合规管理信息整理方法主要有 3 种，具体如表 2-2 所示。

表 2-2 合规管理信息整理方法

整理方法	具体内容
重大事件整理法	合规部将收集到的信息按照重要程度进行整理，重要程度可分为一般事件、重大事件等
违规事件整理法	合规部识别分析收集的资料，判断信息是否合规，将违规事件整理出来，重点对违规事件进行分析
金额整理法	合规部按照事件涉及金额的大小对信息进行整理，将金额较大的事件信息放在所有信息的前面

2.1.2 合规管理规划方案

为保证企业在各种业务领域中遵守相关法律法规、行业标准，保障企业的合法性、合规性，要制定合规管理规划方案，以提高企业对合规风险的识别和管理，增强员工的合规意识，降低企业因合规问题而导致的风险和损失。以下是一则合规管理规划方案，以供参考。

合规管理规划方案

一、企业合规现状分析

根据对上一年各部门的合规管理信息进行分析，发现企业在合规管理方面仍存在诸多问题，具体有以下几个方面。

（1）合规管理制度不健全。缺乏相关规范和流程，容易出现违法违规行为。制定合规管理制度时，缺乏对国家相关法律法规的了解，导致制定的制度不够科学、合理。

（2）合规管理人才缺乏。企业的合规管理工作缺乏专业的人才支持，难以有效规避风险和保护企业利益。

（3）合规管理意识不足。对合规管理的重要性认识不够，缺乏相关制度和规范，容易出现违法违规行为。

（4）合规管理监督不到位。缺乏相关的监督机制和监督人员，容易出现违法违规行为，对企业的发展造成不利影响。

二、合规管理规划方向

针对上一年度合规管理工作中出现的问题，今年的合规管理主要对以下5个方面进行重点规划。

1. 健全合规管理制度

（1）健全合规管理制度，规范企业的合规管理行为，提高合规管理水平。

（2）建立合规管理制度档案，对制度进行归档和管理，确保制度的有效性和可执行性。

2. 完善合规人员结构

引进高水平的国内外合规专业人才，加大对合规人员、监督人员的招聘力度，完善合规部的人才结构，提升合规管理水平。

3. 开展合规管理培训

（1）制订培训计划，根据员工职责和工作内容，制订相应的培训内容和培训计划。

（2）开展培训，采用多种方式，如在线培训、现场培训、集中培训等，增强员工的合规意识，确保企业合法、合规运营。

4. 加强合规管理监督

（1）完善合规管理监督机制，制订合规管理监督计划，对企业合规管理情况进行监督和检查，确保企业合法、合规运营。

（2）开展合规管理监督检查，对企业合规管理行为进行检查，发现问题及时整改。

5. 加大预算投入力度

本次合规管理预算为 ___ 万元，具体分配如下。

（1）合规培训 ___ 万元。

（2）人才引进和人才招聘 ___ 万元。

（3）监督检查管理 ___ 万元。

三、合规管理规划任务分配

1. 总经办

总经办负责把握合规管理的总体框架和战略方向，明确各部门的合规目标和政策。

2.合规部

合规部负责制订和实施具体的合规管理计划，建立风险管理体系，评估企业各项风险，处理违规事件等，确保企业合法、合规经营。

3.人力资源部

人力资源部负责组织和实施合规管理培训工作，确保增强员工的合规意识和法律意识。

4.企业各部门

按照合规管理规定处理各项事务，遵守企业的规章制度，配合相关部门的合规监督和检查工作。

四、合规管理规划注意要求

（1）全体员工必须积极参与到合规管理过程中。

（2）加大对违规行为的处罚力度。

2.2　合规管理实施计划

2.2.1　合规管理实施计划信息收集与整理

合规管理实施计划的信息收集与整理是实施计划的重要一环，影响着合规管理实施计划的质量和有效性，合规管理实施计划信息收集与整理的内容如下。

1.合规管理实施计划信息收集对象

合规部收集企业各部门的实施计划，检查各部门的实施计划是否具体、详细。

2.合规管理实施计划信息整理方式

合规部整理各部门的合规管理实施计划，就各部门合规管理实施计划的合理性、可行性提出意见和建议。合规管理实施计划信息整理的方式主要有 2 种，具体如表 2-3 所示。

表 2-3 合规管理实施计划信息整理方式

整理方式	具体内容
分类整理	合规部将收集到的合规管理实施计划按照部门、时间、内容等进行分类整理，以便后续制订具体实施计划时可以参考
问题整理	合规部通过简单分析，找出各部门合规管理实施计划存在的问题和不足，并提出解决方案

2.2.2 合规管理实施计划

合规管理实施计划是企业开展合规管理工作的重要环节，制订一份详细、可行的合规管理实施计划，有利于企业实现合规管理目标，提高企业风险管理能力，维护企业的经营合法性。以下是一则合规管理实施计划，以供参考。

合规管理实施计划

一、目的

为确保企业各项业务活动符合法律法规和行业标准，降低法律风险和合规风险，要将合规管理工作分配到部门和员工身上，确定合规管理实施的责任人，确保企业经营合法、合规。

二、实施计划人员安排

成立合规管理团队，由合规部主管担任合规管理团队的总负责人，各部门指派专门的人员进入合规管理团队。

三、实施计划时间安排

合规管理团队应该根据各部门的业务特点和风险特征，明确合规管理工作的重点和时间节点。

（1）法务部合规管理实施计划时间点：××××年××月××日。

（2）人力资源部合规管理实施计划时间点：××××年××月××日。

（3）信息技术部合规管理实施计划时间点：××××年××月××日。

（4）略。

四、计划实施安排

（一）法务部合规管理计划实施

（1）合规管理团队要建立和完善法务部的合规管理制度和规范，包括反腐败制度、知识产权制度等。

（2）合规管理团队要建立和完善法务部的合规管理流程和操作规范，包括法务风险评估流程、法务合规培训流程、违规处理流程等。

（3）法务部通过内部审核和自查等方式，对企业各项制度和流程的实施情况进行检查和评估，并及时采取改进措施。

（二）人力资源部合规管理计划实施

（1）合规管理团队建立和完善人力资源管理制度和规范，包括用工管理制度、薪酬福利制度、绩效考核制度等。

（2）人力资源部管理企业员工信息，保护员工隐私和数据安全，并加强对员工个人信息的保护和管理。

（3）人力资源部加强对劳动合同、社会保险、劳动保护等方面的监管，防止企业因违法违规行为而受到处罚或遭受损失。

（4）人力资源部与相关部门密切协作，了解用工政策和法律法规变化，及时调整用工管理制度和操作规范。

（三）信息技术部合规管理计划实施

（1）合规管理团队建立和完善信息技术安全制度和规范，包括网络安全制度、数据安全制度、系统管理规范等。

（2）合规管理团队建立和完善信息技术管理流程和操作规范，包括系统备份流程、数据恢复流程、系统升级和维护流程等。

（3）信息技术部要保证企业信息技术系统安全、稳定运行，保护企业的信息安全和数据隐私。

（4）信息技术部对企业信息技术系统进行安全评估和漏洞扫描，及时修复安全漏洞，避免被恶意软件侵害。

（5）信息技术部加强对员工的信息安全教育和培训，提高员工的

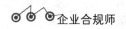 企业合规师

息安全意识和素质，防止因员工不慎操作造成的安全事故和数据泄露。

（四）其他部门

略。

五、实施注意事项

（1）各部门应高度重视合规管理工作，加强协作和沟通，确保合规管理实施计划的有效实施。

（2）各部门应定期对合规管理实施计划的实施情况进行评估和检查，若发现问题应及时解决。

（3）各部门应及时了解外部环境和市场变化，及时调整和优化合规管理实施计划，确保企业的合规管理水平不断提高。

（4）各部门应加强对员工的合规教育和培训，增强员工的合规意识，减少因员工违规行为导致的风险和损失。

第3章
合规风险识别、分析、评价、应对

3.1　合规风险识别的方法

3.1.1　检查表法

检查表是记录合规管理中的危险、风险或控制风险的清单，而这些清单通常是凭经验（或是根据以前的合规风险评估结果，或是根据过去的风险事件）进行编制的，风险评估人员以此对企业相应业务进行核对检查。

1. 适用范围

检查表法可用来识别合规管理中的危险、风险或评估控制效果。它可以用于企业合规管理的全过程，也可以作为其他风险评估技术的组成部分被使用，但其最主要的用途还是检查在运用了旨在识别新问题的、更富想象力的技术之后是否还有遗漏的问题。

2. 输入输出

（1）输入数据包括：

① 检查表，通常是经过验证的、有关某个风险问题的相关信息及专业知识；

② 记录形式，明确记录的符号。

（2）输出数据包括：

① 各级业务的风险源，根据检查表找出各级业务的风险源；

② 风险清单，根据风险源的大小及重要程度依次列出。

3. 优缺点

（1）检查表法的优点包括：

① 简便易用，非专业人士也可以使用；

② 如果编制精良，它可以将各种专业知识纳入便于使用的系统中，极大方便使用者。

③ 有助于确保常见的合规风险问题不会被遗忘；

④ 可以在合规风险管理活动中不断地丰富或剔除检查表里的具体内容。

（2）检查表法的缺点包括：

① 会限制风险识别过程中的想象力；

② 变相鼓励"在方框内画钩"的习惯，使得合规风险管理活动偏于一端，反而忽视了检查表外的更重要的风险源；

③ 它往往基于已观察到的情况，可能会错过还没有被观察到的风险问题。

4. 检查表举例

检查表示例如表 3-1 所示。

表 3-1　检查表示例

序号	项目或活动	检查项目	判断	检查结论
1	合同签订管理	合同形式选择是否准确		
2		审核合同的主体资格是否与营业执照上的信息一致		
3		合同内容或条款的表述是否严谨		
4		……		

3.1.2　历史数据法

历史数据法是指对合规管理过去的相关历史数据用适当的统计分析方法进行分析、分类、整理、理解和消化，以求最大化地开发数据的功能，发挥数据的作用，并假定未来与过去相似，以长期历史数据为基础，根据过去的数据推测未来的风险发生情况。

1. 适用范围

历史数据法适合在合规管理中有历史数据的阶段使用。统计分析的历史数据包括但不限于目录数据、专家数据、供应商数据、开标现场数据、投诉数据、合同数据、质量数据、库存数据、配送数据、报废物资数据等。

2. 输入输出

（1）输入数据包括：

① 相关历史数据，要根据合规管理的具体类型事先界定相关历史数据；

② 统计分析方法，要对历史数据统计分析方法进行适当说明，方便利益相关者理解、使用；

③结果使用方法，要对结果使用方法进行适当说明，方便应用。

（1）输出数据包括：

①某业务的未来风险；

②风险等级，根据数据统计分析结果数值的大小确定其未来风险的等级。

3. 优缺点

（1）历史数据法的优点包括：

①根据过去的数据推测未来的风险发生情况，逻辑简单、清晰，易于理解；

②提供了一种有效的划分风险等级的工具。

（2）历史数据法的缺点包括：

①单纯使用某类历史数据，会限制风险识别过程中的想象力；

②对历史数据的依赖较大，存在因缺乏历史数据而无法评估未来风险的可能性。

3.1.3 危险分析与关键控制点法

危险分析与关键控制点法（Hazard Analysis and Critical Control Points，HACCP）是为识别、防范合规管理过程中相关阶段可能发生的廉洁、合规、资财、交付、协同等风险而采取的必要控制措施，旨在通过过程控制和关键点控制来尽量降低风险，将这些可能发生的风险在过程中消除，防患于未然。

1. 适用范围

通过对阶段过程和业务流程审查，以及对可能影响到交付成果实现的需求、计划、招标、合约、品控、仓储、配送等关键控制点的风险识别，将风险消除在过程中，消灭在关键点上。

2. 输入输出

（1）输入数据包括：

①HACCP小组，组织要确定小组成员及具体职责；

②合规管理过程中可以控制或消除危险的关键控制点。

③每个关键控制点的限值，例如每个关键控制点的参数运行范围，超出参数运行范围的具体含义等；

④监控关键控制点的时间和频率要求，需要事先明确界定；

⑤ 危险的相关控制或消除措施；

⑥ 审核的程序及要求；

⑦ 记录和归档的程序及要求。

（2）输出数据包括：

① 危险分析工作表，该表罗列众多合规阶段过程和业务流程的关键控制点，也是需要归档记录的文件；

② HACCP 计划，该计划包括一个涵盖所有关键控制点并针对关键控制点的清单，也需要归档记录；

③ HACCP 管理评审记录。

3. 优缺点

（1）危险分析与关键控制点法的优点包括：

① 控制程度较高，结构化的风险控制过程提供了识别、控制和降低合规风险的归档证据；

② 比较关注在合规全过程风险管理中的方法与位置的可行性；

③ 鼓励在合规全过程管理中进行风险控制，而不仅仅依靠最终的产品检验；

④ 有能力识别人为带来的危险并判断如何在引入点或随后对这些危险进行控制。

（2）危险分析与关键控制点法的缺点包括：

① HACCP 较为复杂，它要求识别各业务的相关风险，界定它们代表的风险并认识它们作为输入数据的意义，也需要事先确定相应的控制措施。同时，还需要其他工具才能实现风险识别的目标，较为繁杂；

② HACCP 的风险控制过程中，只有当控制参数超过了规定的限值时才采取行动，这可能会错过某些风险控制的重要时机。

3.1.4　失效模式和效应分析

失效模式和效应分析法（Failure Mode and Effect Analysis，FMEA）是用来识别合规管理过程中各业务模块未能达到其业务要求的方法。FMEA 用于识别合规管理各业务模块所有潜在的失误、错误、缺失、丢失、操作不当行为，以及这些行为对合规管理的影响，并寻找原因，避免或减弱这些行为对合规管理

的影响。

1. 适用范围

失效模式和效应分析法可以用来查找错误、评估失误、计量延误，列出各业务因操作不当而引发的风险并识别其影响的严重性，也可以用来识别人为失效模式及影响。

2. 输入输出

（1）输入数据包括：FMEA 需要有关合规管理过程中各业务模块足够详细的信息，以便对其业务中潜在的风险进行有意义的分析。

（2）输出数据包括：FMEA 的主要输出结果是风险模式，失效机制及其对合规管理过程中各业务模块影响的清单（可能包括风险可能性的信息），也能提供有关引发风险的原因及其对整个合规管理影响方面的信息。

3. 优缺点

（1）FMEA 的优点包括：

① 通过在风险发生初期对相关风险的识别，从而避免或减弱这些风险对合规管理的影响；

② 识别风险或失效模式及其产生原因对合规管理的影响，同时用可读性较强的形式表现出来。

（2）FMEA 的缺点包括：

① 只能识别单个风险或失效模式，无法同时识别多个风险或失效模式；

② 耗时并开支较大；

③ 对于复杂的合规管理系统来说，这项工作可能既艰难又枯燥。

3.1.5　危险与可操作性分析法

危险与可操作性分析法（Hazard and Operability Study，HAZOP）是对一种规划或现有产品、过程、程序或体系的结构化及系统分析，它可以识别合规管理过程中所面临的各种风险。

HAZOP 在识别过程、系统或程序的风险的产生原因和后果方面与 FMEA 类似，不同在于 HAZOP 团队通过考虑不希望的结果、与预期的结果及条件之间的偏差来反查可能的原因，而 FMEA 则先确定风险，然后才开始评估。

2. 适用范围

这种方法可以用于合规管理过程的各种评审中。

3. 输入输出

（1）输入数据如下。

① 数据。与各个合规管理步骤有关的计划审批的系统、过程或程序，以及运行条件的现有信息。

② 专业团队成员。团队成员的组成通常是多部门、多业务、多专业的。

③ 引导者 / 主持人。应是在处理 HAZOP 研究方面接受过培训并具有丰富经验的人员。

（2）输出数据包括：输出包括 HAZOP 会议记录，记录每个评审点的偏差，具体包括使用的指导词、偏差、可能的产生偏差的原因、解决已识别出来的风险的措施及负责该行动的人。

4. 优缺点

（1）HAZOP 的优点包括：

① 涉及多专业团队，包括那些拥有实际操作经验的人员及那些必须采取处理行动的人员；

② 可以对人为错误的原因及结果进行清晰分析；

③ 形成了解决方案和风险应对行动方案；

（2）HAZOP 的缺点包括：

① 耗时且成本较高；

② 对文件或系统 / 过程及程序规范的要求较高；

③ 主要重视的是找到解决方案，而不是质疑基本假设；

④ 讨论可能会集中在识别风险细节上，而不是在更宽泛或外部问题上。

3.2 合规风险分析的方法

3.2.1 合规管理风险定性分析方法

1. 故障树分析法

故障树分析法（Fault Tree Analysis，FTA）是用来识别并分析造成违规事件因素的分析方法。风险分析人员通过归纳法等方法识别出导致违规事件的因素，然后以合乎逻辑的方式进行编排并用树形图进行表示，由此来描述原因因素及其与违规事件的逻辑关系。故障树分析法如表3-2所示。

表3-2 故障树分析法

故障树分析法	具体内容
适用范围	故障树分析法可以用来对违规事件的潜在原因及路径进行定性分析，也可以在掌握因果事项可能性的知识之后，定量计算违规事件的发生概率，由此实现对合规风险的精细化管理。这种分析方法对具有多个等级业务和相互作用的分析系统特别有用
输入	◆ 违规事件，要事先界定清楚，将该事件的各个要素描述清楚 ◆ 分析方法，如何寻找导致违规事件的因素要提前说明，方法可以较为灵活 ◆ 分析人，从相关专业人员中选定，选定方法需在相关制度中明确规范
输出	◆ 用故障树图形来表示违规事件发生的方式，以说明同时有两个或更多事项发生时那些相互影响的途径 ◆ 单个故障路径，说明每个路径发生的概率（如果有相关数据） ◆ 违规事件的发生概率
优点	◆ 它提供了一种系统、规范的方法，同时有较高的灵活性，可以对各种导致违规事件的因素进行分析，包括人际交往和客观现象等 ◆ 运用简单的"自上而下"方法，有助于理解系统行为及所包含的因素，风险分析人员可以清楚地关注那些与违规事件直接相关的因素及其影响 ◆ 对故障树的逻辑分析和对单个故障路径的识别，有利于识别高度复杂系统中的简单故障路径
缺点	◆ 计算出的违规事件的概率或频率有时并不很确定 ◆ 有时，因起因事件未得到限制，很难确定违规事件的所有重要途径是否都被包括在内 ◆ 故障树是一个静态模型，时间的相互依赖性没有解决 ◆ 故障树只能处于二进制状态

故障树分析法	具体内容
缺点	◆ 虽然定性故障树可以包括人为错误，但是一般来说，各种程度或性质的人为错误引起的故障很难被包括在内 ◆ 故障树无法将多米诺效应或条件故障包括在内

2. 情景分析法

情景分析法（Scenario Analysis）是指通过分析未来可能发生的各种情景，以及各种情景可能产生的影响来分析风险的一类方法。

合规管理的风险总是不确定的，而情景分析能够预测未来的风险，不仅能得到具体的预测结果，还能分析达到合规管理过程中各业务模块未来发展情景的可行性及提出需要采取的应对措施，为管理者决策提供依据。情景分析法如表 3-3 所示。

表 3-3　情景分析法

情景分析法	具体内容
适用范围	情景分析法可用来分析合规管理过程中潜在的风险及每种风险带来的后果，也可用来预计风险可能发生的方式。在周期较短及数据充分的情况下，可以从合规管理现有业务情景中推断出可能出现的情景。对于周期较长或数据不充分的情况，情景分析的有效性更依赖于合乎情景的想象力
输入	◆ 有关当前合规管理过程中各业务发展趋势和变化的数据 ◆ 对未来合规管理变化的设想 ◆ 与合规风险管理相关的法律法规、标准等文件
输出	◆ 对各种合理的未来政策或计划可能产生的影响的理解 ◆ 合规管理过程中各业务未来可能出现的风险清单 ◆ 在某些业务步骤中风险的领先指标清单
优点	情景分析考虑到各种可能的未来情况，而这种未来情况更适合于通过使用历史数据，运用基于"高级—中级—低级"的传统方式而进行的预测。这些预测假设未来的事件有可能延续过去的趋势，如果目前不甚了解预测的依据或现在探讨的风险会何时发生，那么这一点就很重要了
缺点	◆ 在存在较大不确定性的情况下，有些情景可能不够现实 ◆ 在运用情景分析时，主要的难点涉及数据的有效性及参与者开发现实情境的能力。所用的情景可能缺乏充分的基础，数据可能具有随机性，同时可能无法发现那些不切实际的风险及这些风险产生的后果

3. 业务影响分析法

业务影响分析法（Business Impact Analysis，BIA）是分析已识别出来的风险对合规管理业务运营的影响，并确定和量化管理这些风险所需的能力。业务影响分析法如表3-4所示。

表3-4 业务影响分析法

业务影响分析法	具体内容
适用范围	业务影响分析法用来确定危害性及合规管理过程和相关资源的恢复时间，以确保合规管理中各业务要求的持续实现，有助于确定合规管理过程、内外部各方及各业务连接处之间的相互依存关系
输入	◆ 承担分析并制订计划的小组 ◆ 关于合规管理中各部门、各岗位之间相互依存关系的信息 ◆ 有关合规管理过程中各业务模块运行的详情，包括流程、辅助资源、与其他业务的关系及运行相关者 ◆ 关键过程的缺失造成的运行结果 ◆ 事先准备的调查问卷表 ◆ 合规管理中相关部门的受访者或计划联系的运行相关者的名单
输出	◆ 关键过程及相关依存关系的优先性清单 ◆ 因关键过程缺失而带来的影响运行过程的记录 ◆ 用于被识别的关键过程的辅助资源 ◆ 关键过程的风险时间范围及相关业务恢复时间范围
优点	◆ 对关键过程的认识，使合规管理中各业务模块能够持续达成其业务要求 ◆ 对辅助资源的认识 ◆ 有机会重新界定合规管理各业务模块的运行过程，以增强其灵活性
缺点	◆ 那些参与完成调查问卷并开展访谈或讨论会的参与者缺乏某些知识 ◆ 小组气氛可能会影响到合规管理关键过程的全面分析 ◆ 对恢复要求有简单化或过于乐观的期望 ◆ 难以获得对合规管理整个运行的足够的认识

4. 人因可靠性分析法

人因可靠性分析法（Human Reliability Analysis，HRA）是通过分析可能出现的错误行为，以评估个人错误对合规管理造成的影响。

在合规管理中，很多业务模块在进行运作时都有可能出现人为错误，人为错误包括主观层面上的错误和客观层面上的错误，这些人为错误最终发展到严重地步的可能性或许不大，但是有时人的行为是唯一能避免最初的问题演变成风险的防卫。人因可靠性分析法如表3-5所示。

表 3-5　人因可靠性分析法

人因可靠性分析法	具体内容
适用范围	人因可靠性分析法主要用来分析合规管理中潜在的人为错误产生的原因、后果及这些后果发生的可能性,从而降低人为错误导致的风险发生的可能性
输入	◆ 关于已识别出的风险所处的环节的人为操作的相关信息,比如流程、参与人员等 ◆ 实际发生及有可能发生的各类错误的经验
输出	◆ 人为的错误模式、类型、原因和产生后果 ◆ 人为错误所造成风险的定性评估
优点	提供了一种正式机制,对于人在合规管理中扮演着重要角色的情况,可以将人为错误置于合规风险管理的分析中
缺点	◆ 人的复杂性及多变性导致很难确定那些简单的失效模式及概率 ◆ 很多人为活动缺乏简单的通过 / 失败模式

3.2.2　合规管理风险定量分析方法

1. 决策树分析法

考虑到不确定性结果,决策树(Decision Tree)以序列方式表示决策选择和结果,即用量化的方式来对合规风险进行评估,类似于事件树,决策树开始于合规管理系统中的初因事项或是最初决策,同时由于可能发生的事项及可能作出的决策,它需要对不同路径和结果进行建模。决策树分析法如表 3-6 所示。

表 3-6　决策树分析法

决策树分析法	具体内容
适用范围	◆ 决策树用于合规风险管理和其他环境中,以便在不确定的情况下选择最佳的行动步骤 ◆ 决策树运用了概率论的原理,并且利用一种树形图作为分析工具,其基本原理是用决策点代表决策问题 / 状态节点,用方案分枝代表可供选择的方案,用概率分枝代表方案可能出现的各种结果,经过对各种方案在各种结果条件下损益值的计算比较,为决策者提供决策依据
输入	◆ 将数据对应的属性按照一定的方式分类,然后建立一棵树,使得数据明了清晰 ◆ 把问题量化是用决策树进行合规风险评估中关键的一环 ◆ 决策树开始于最初决策,例如继续采购物资 A,而不是物资 B。随着两种假定项目的继续,不同的事项会发生,同时需要做出不同的可预见性决定。这用树形格式进行表示,类似于事件树。事项发生的可能性能够

企业合规师

续表

决策树分析法	具体内容
输入	与路径最终结果的成本或用途一起进行估算 ◆ 进行剪枝，比较各个方案的期望值，并标于方案枝上，将最后所剩的期望值小的方案作为最佳方案
输出	◆ 清晰显示了每种选择的具体情况，包括成本、预期回报等定量分析。决策树显示了当环境不确定时，如何再作出相对有利的决策 ◆ 在及时、准确掌握各种上下游企业供需要求的基础上，对合规管理其他环节中的每一个可能路径的预期值计算结果
优点	◆ 为合规风险管理中需决策的问题的细节提供了一种清楚的图解说明 ◆ 能够通过计算、比较得出最优的解决对策
缺点	◆ 大的决策树可能过于复杂，不容易与其他人交流 ◆ 无法适用于一些不能用数量表示的决策，对各种方案出现概率的确定有时受合规系统内各级管理人员的影响，主观性较大，可能导致决策失误

2. 交叉影响分析法

交叉影响分析法（Cross Impact Analysis，CIA）是一种系统预测技术，是在德尔菲法、主观概率法等的基础上发展起来的预测方法。这种方法首先要估计合规相关事件出现的概率，以及事件之间相互影响的概率，然后对合规相关事件的风险变化进行分析，预测其发展前景，从而作出风险决策。交叉影响分析法如表3-7所示。

表3-7 交叉影响分析法

交叉影响分析法	具体内容
适用范围	交叉影响分析法抓住了合规风险决策中最关键的问题，即相关事件在自然状态下出现的概率问题，通过概率的变化辨明决策方向，使决策目标更加清晰
输入	◆ 违规事件，要事先界定清楚，将事件的各个要素描述清楚 ◆ 各事件的初始出现概率，以主观概率法或主观调查法获得 ◆ 各事件的交叉影响矩阵，要请专家进行分析，得出各事件交叉影响的程度
输出	◆ 在交叉影响作用下各事件的最终发生概率估计值（校正概率） ◆ 合规管理相关业务的风险决策
优点	◆ 考虑合规管理业务各相关事件之间的相互影响及其影响程度、方向 ◆ 运用系统性的分析方法，把有大量可能结果的数据系统地进行整理，较为科学 ◆ 对各事件的初始概率和影响程度，通过向合规相关领域的专家进行咨询，具备一定的科学性和公信力
缺点	◆ 对数据的处理虽有一定的科学依据，但也有相当的主观任意性 ◆ 交叉影响因素的界定较难规范

3. 成本—收益分析法

成本—收益分析（Cost-Benefit Analysis）是通过比较合规管理业务的全部成本与收益来评估业务价值、风险的一种方法，寻求在风险决策上以最小的成本获得最大的收益。在实践中，针对合规管理过程中的某个目标，首先提出若干实现该目标的方案，然后运用成本—收益分析法计算出每种方案的成本和收益，通过比较，并依据事先确定的相关原则，选择出最优的决策方案。成本—收益分析法如表 3-8 所示。

表 3-8　成本—收益分析法

成本—收益分析法	具体内容
适用范围	成本—收益分析法常用于分析、评估有多个解决方案的合规管理项目及需要量化各种收益的合规管理项目的价值
输入	◆ 合规管理相关业务成本现状，要了解如果不行动的成本情况 ◆ 分析方法，成本—收益分析具体方法有净现值法、内含报酬率法、现值指数法等，风险分析人员可以根据合规管理的具体情况选定具体的分析方法
输出	◆ 各方案的成本/收益情况及对比 ◆ 合规管理项目的风险决策
优点	◆ 从成本、收益的角度来考虑风险情况，容易被利益相关者理解和接受 ◆ 分析方法通常都会考虑到时间、复利等多方面因素价值，较为科学、全面
缺点	◆ 某些收益因素难以量化，但确实存在且重要 ◆ 成本评估在经济不稳定的情况下会变得较为复杂，若资本市场的利率经常变化，往往会加大成本确定的难度

3.3　合规风险评价的方法

3.3.1　定量评估法

定量评估法是一种基于数学模型和统计学原理的合规风险评价方法，它将合规风险分析的各个环节量化，将分析结果表现为数值形式，以定量化的方式评估风险的大小和发生的概率。

1. 适用范围

定量评估法适用于合规风险可以量化的情况，尤其是高风险和高影响的行业。

2. 输入输出

（1）输入数据包括：危险源和合规风险因素的识别清单、事件描述和分类表、损失估计和损失表、概率评估和概率分布图、合规风险评价和合规风险等级表、合规风险控制措施和控制计划等。

（2）输出数据包括：合规风险分析和评价报告、合规风险控制计划和措施方案、合规风险控制效果评估报告。

3. 优缺点

（1）定量评估法的优点如下。

① 数据可比性强。定量评估法采用统一的评价标准和量化方法，使得不同评估结果可以被比较和分析。

② 评估结果客观。定量评估法依据数据和科学方法进行评估，减少了主观因素的干扰，评估结果更加客观和可信。

③ 风险评估全面。定量评估法可以考虑多个因素的影响，并且可以对不同因素的贡献进行量化分析。

④ 对决策支持有帮助。定量评估法提供了多种数据和分析结果，可以帮助决策者进行合规风险决策。

（2）定量评估法的缺点如下。

① 数据获取难度大。定量评估法需要大量的数据支持，如果数据不完整或者不准确，将会影响评估结果的准确性。

② 不适用于某些行业。定量评估法更适用于合规风险可以量化的行业，对于某些合规风险不可量化的行业可能不太适用。

③ 评估时间和成本高。定量评估法需要较长的评估时间和成本，需要专业人员和工具的支持，因此在一些紧急情况下不太适用。

④ 评估结果受限制。定量评估法评估结果仅受评估过程中考虑的因素影响，未考虑未知的合规风险因素的影响，因此评估结果可能存在局限性。

3.3.2 影响评估法

影响评估法是合规风险评价的一种方法，主要用于评估政策、项目、计划、活动等对环境和社会的影响。在合规风险评价中，影响评估法被广泛应用于评估合规风险管理措施的影响，以及评估合规风险事件的影响。

1. 适用范围

影响评估法适用于对企业进行定性风险评估和综合风险评估的场景，同时也可以作为其他定量风险评估方法的辅助工具，对风险评估结果进行定性分析和解释。

2. 输入输出

（1）输入数据如下。

① 政策、项目、计划、活动等相关资料。

② 影响因素，包括环境因素、社会因素、经济因素等。

③ 影响评估指标和评价标准。

（2）输出数据如下。

① 影响评估报告。描述政策、项目、计划、活动等对企业的影响。

② 影响评估结果。包括可能的负面影响和积极影响、评估的合规风险等级、建议的管理措施等。

③ 影响评估建议。包括改善影响、减轻负面影响和增加积极影响的措施、监测和评估。

3. 优缺点

（1）影响评估法的优点如下。

① 能有效评估合规风险事件的影响。影响评估法可以对可能发生的合规风险事件的影响进行预测和评估。

② 能评估管理措施的影响。影响评估法能评估管理措施实施可能发生的合规风险的影响，以便采取措施减轻负面影响并增加积极影响。

（2）影响评估法的缺点如下。

① 数据获取和处理困难。影响评估法需要大量的数据支持，数据获取和处理比较困难。

② 评估结果受主观因素影响。影响评估法的评估结果受评估人员的主观因素影响，存在评估结果不准确的风险。

③ 评估结果可能存在不确定性。影响评估法的评估结果可能存在不确定性，需要考虑不确定性因素对评估结果的影响。

3.3.3 综合评估法

综合评估法是将多种评估方法相结合，以综合评价合规风险。这种方法将合规风险的多个方面综合起来，包括可能的损失、发生的概率、持续时间、影响的范围等，以提供一个更全面的合规风险评估结果。

1. 适用范围

综合评估法作为一种综合性风险评价方法，适用于各种类型的风险评估，尤其是那些涉及多个方面和多种风险因素的复杂情况。

2. 输入输出

（1）输入数据如下。

① 风险信息。包括涉及的合规风险因素、可能的损失、发生的概率、持续时间、影响的范围等信息。

② 技术信息。评估中需要使用的技术和工具。

③ 可行性信息。评估的可行性，包括评估时间、预算、可行性研究等。

（2）输出数据如下。

① 评估报告。包括评估过程、评估结果的可靠性、评估结论等内容。

② 评估结果。包括合规风险的程度、发生的概率、可能的损失、持续时间、影响的范围等信息。

③ 建议。包括降低合规风险的措施、监控和管理建议等。

3. 优缺点

（1）综合评估法的优点如下。

① 综合性。它可以将多种评估方法相结合，综合评价合规风险，提供一个更全面的合规风险评估结果。

② 灵活性。它可以根据不同的需求和环境，采用不同的评估方法和工具。

（2）综合评估法的缺点如下。

① 评估结果的复杂性。由于综合使用了多种方法，评估结果的解释和表达可能比较复杂，难以被理解和应用。

② 数据的收集和处理难度大。由于综合使用了多种方法，综合评估法需要大量的数据支持，但数据的收集和处理可能比较困难。

3.3.4 概率评估法

概率评估法是一种常用的合规风险评价方法，通过量化合规风险发生的概率和损失的大小来评估合规风险程度。

1. 适用范围

概率评估法适用于需要量化合规风险程度的场景，特别是对于那些可能导致重大损失的合规风险事件，概率评估法能够帮助企业更全面、客观地评估合规风险，并制定相应的控制措施。

2. 输入输出

（1）输入数据包括：潜在的合规风险事件、发生的概率、损失量化数据等。

（2）输出数据包括：风险值、风险排名和控制措施建议等。

3. 优缺点

（1）概率评估法的优点如下。

① 可量化。通过量化概率和损失，能够客观、科学地评估合规风险。

② 明确合规风险程度。通过计算合规风险值，能够比较不同潜在合规风险事件的风险程度，有助于优先考虑合规风险更高的事件。

③ 提供控制措施。通过制定控制措施，能够减少或避免潜在合规风险事件的发生，保护企业的安全和利益。

（2）概率评估法的缺点如下。

① 专业性要求高。概率评估法需要相关人员具备一定的数学、统计和风险管理方面的专业知识和技能。

② 不确定性。概率评估法的结果受多种因素的影响，可能存在误差和不确定性。

3.3.5 矩阵评估法

矩阵评估法是一种常用的风险评估方法，将概率和影响两个因素综合考虑，通过构建风险矩阵对风险进行分类和排序，确定优先处理的风险。

1. 适用范围

矩阵评估法通常适用于合规风险较为复杂的场景，还可用于制定风险管控措施的优先级，以确定哪些合规风险应该优先被管控。

2. 输入输出

（1）输入数据如下。

① 风险清单。列出所有可能存在的合规风险。

② 风险可能性和影响程度评估标准。评估风险的可能性和影响程度的标准，通常是一个由数字或颜色表示的等级。

③ 风险评估矩阵。将风险可能性和影响程度评估标准用矩阵形式表示，每个单元格表示一个风险等级。

（2）输出数据如下。

① 风险评估矩阵。将风险可能性和影响程度评估标准用矩阵形式表示，每个单元格表示一个风险等级。

② 风险评估报告。包括每个风险的可能性和影响程度的评估结果，以及对每个风险的管控措施建议。

③ 风险管控措施优先级。根据风险可能性和影响程度的评估结果，确定实施风险管控措施的优先级。

3. 优缺点

（1）矩阵评估法的优点如下。

① 易于理解和应用。矩阵评估法的原理简单，易于掌握和应用。

② 可比较性强。使用矩阵评估法可以将不同的风险进行比较，以便识别哪些风险最为重要。

③ 可视化。使用矩阵评估法可以将评估结果用矩阵图表的形式进行展示，从而方便人们理解和共享评估结果。

（2）矩阵评估法的缺点如下。

① 不适用于复杂风险。矩阵评估法主要适用于对简单风险进行评估，对于复杂风险的评估，可能需要其他更为复杂的方法。

② 指标和标准难以制定。矩阵评估法需要制定指标和标准,这可能需要相当专业的知识和经验,否则制定指标和标准可能不够准确和合理。

4. 矩阵评估法举例

风险发生可能性的评价标准如表 3-9 所示。

表 3-9　风险发生可能性的评价标准

方法类型	风险发生的频率描述				
定性方法	一般情况下不会发生	极少情况下发生	某些情况下发生	较多情况下发生	常常会发生
半定量方法	10%（不含）以下	10%~30%（不含）	30%~60%（不含）	60%~90%（不含）	90% 以上

风险发生对合规管理影响程度的评价标准如表 3-10 所示。

表 3-10　风险发生对合规管理影响程度的评价标准

方法类型	影响程度的描述				
定性方法	不受影响	轻度影响	中度影响	严重影响	重大影响
半定量方法	1%（不含）以下	1%~10%（不含）	10%~15%（不含）	15%~20%（不含）	20% 以上

风险等级对应如表 3-11 所示。

表 3-11　风险等级对应

级别	1	2	3	4	5
级别描述	极低	低	中等	高	极高
颜色对应	灰色	绿色	蓝色	黄色	红色

风险矩阵图如图 3-1 所示。

可能性等级	5	IV	III	II	I	I
	4	IV	III	III	II	I
	3	V	IV	III	II	II
	2	V	IV	III	III	II
	1	V	V	IV	III	II
		1	2	3	4	5
		影响度等级				

图 3-1　风险矩阵

3.4　合规风险应对的方法

3.4.1　风险接受

　　风险接受是指在识别和评估合规风险后，企业认为合规风险的潜在损失或影响可以被承受或容忍，因此不采取控制措施，而是选择接受这种风险并继续进行经营活动。风险接受具体内容如表 3-12 所示。

表 3-12　风险接受

风险接受	具体内容
适用范围	◆ 合规风险成本过高。采取控制措施的成本比合规风险本身带来的损失还要高 ◆ 合规风险影响可以被承受。企业有足够的财务能力、技术能力或经验来应对潜在的合规风险影响 ◆ 合规风险影响较小，可以被接受
优点	◆ 节省成本。避免采取不必要或成本高昂的控制措施，节约成本 ◆ 增强创新性。采取风险接受策略，可使企业或个人更具创新性和探索性
缺点	可能会导致潜在的损失或影响，并可能会对企业的信誉和声誉造生负面影响

3.4.2 风险规避

风险规避是应对风险的一种策略，指通过采取措施避免或减少合规风险的发生概率或产生的影响，从而避免或减少潜在的损失或影响。风险规避具体内容如表 3-13 所示。

表 3–13 风险规避

风险规避	具体内容
适用范围	◆ 合规风险成本低。采取控制措施的成本相对较低，企业可以承担 ◆ 合规风险影响严重。合规风险的影响非常严重，需要采取控制措施避免或减少影响
优点	◆ 避免潜在的损失或影响。通过采取控制措施，可以避免或减少潜在的损失或影响 ◆ 增强信誉和声誉。采取控制措施可以表明企业具有责任感和可靠性，有助于增强企业的信誉和声誉 ◆ 提高安全性。通过控制措施，可以提高企业业务或活动的安全性，减少安全事故的发生
缺点	采取控制措施可能需要投入大量的时间、资源和资金，从而增加成本

3.4.3 风险分担

风险分担是指企业将合规风险分散到多个利益相关方之间，以减轻单个利益相关方承担的合规风险。风险分担具体内容如表 3-14 所示。

表 3–14 风险分担

风险分担	具体内容
适用范围	◆ 合规风险影响范围广泛。合规风险可能会对多个利益相关方产生影响，因此将风险分散到多个利益相关方之间，可以减少每个利益相关方所承担的风险 ◆ 风险承担能力不足。某些利益相关方可能无法承担特定风险的全部责任和损失
优点	◆ 减轻单个利益相关方的风险负担。通过将风险分散到多个利益相关方之间，可以减轻单个利益相关方的风险负担 ◆ 增加风险承担能力。利益相关方之间的风险分担可以增强每个参与方的风险承担能力，从而提高业务或活动的稳定性
缺点	◆ 利益相关方之间的风险分担需要进行有效的沟通和协调，以确保每个参与方都承担起责任和义务 ◆ 如果某些参与方的风险承担能力较弱，可能会影响整个业务或活动的稳定性

3.4.4　风险降低

风险降低是指采取措施降低合规风险的发生概率或风险事件对组织的影响程度，从而减少潜在的损失和影响。风险降低具体内容如表 3-15 所示。

表 3-15　风险降低

风险降低	具体内容
适用范围	◆ 高风险。某些合规风险可能会导致严重损失或影响，因此要采取风险降低措施 ◆ 企业风险承担能力有限。企业无法承受风险所导致的全部损失，因此采取风险降低措施来减少风险对组织的负面影响
优点	◆ 降低风险发生概率。采取风险降低措施可以降低风险发生的概率，减少潜在的损失和影响 ◆ 减轻风险影响。风险降低措施可以减轻风险事件对组织的影响程度，减少潜在的损失和影响 ◆ 提高组织抵御风险的能力。风险降低措施可以提高组织抵御风险的能力，增加企业的稳定性和可持续性
缺点	采取风险降低措施需要投入一定的资源和资金，可能会增加企业的成本负担。此外，一些风险可能无法被完全消除，仍需要进行风险应对和管理

第4章
合规管理体系的策划与运行机制设计

4.1 合规管理体系的策划

4.1.1 框架、流程、方针

合规管理体系主要策划合规管理体系的框架、流程、方针，具体内容如下。

1. 合规管理体系的框架

合规管理体系框架是指企业为了满足法律法规和行业规范的要求，建立的一个完整的管理体系框架。其主要目的是规范企业的经营行为，降低违法违规风险，保障企业的可持续发展。合规管理体系主要包含 7 大模块，具体包括组织环境、领导作用、策划、支持、运行、绩效评价、改进。

2. 合规管理体系的流程

合规管理体系的流程根据具体的业务和企业特点进行设计，合规管理体系的流程如图 4-1 所示。

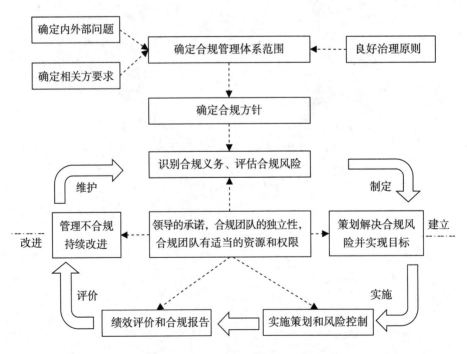

图 4-1 合规管理体系的流程

3. 合规管理体系的方针

合规管理体系方针是指企业制定的合规管理体系的总体目标和方向，是企业合规管理的核心之一，它需得到企业领导层的批准和支持，并进行广泛宣传、贯彻和执行。

（1）在制定企业的合规管理体系方针时应注意如表 4-1 所示的 5 大内容。

表 4-1　合规管理体系方针制定的注意事项

序号	注意事项
1	考虑企业的战略、目标、文化和治理方法
2	考虑组织结构
3	考虑与不合规相关的风险的性质和等级
4	考虑采用的标准、准则、内部方针和程序
5	考虑行业标准

（2）合规管理体系的方针主要包括 5 大内容，如表 4-2 所示。

表 4-2　合规管理体系方针内容

序号	方针内容
1	使命宣言
2	总体方针声明
3	管理战略及责任和资源的分配
4	标准合规程序
5	审计、机制尽责和合规

4.1.2　合规管理体系框架设计

合规管理体系框架如图 4-2 所示。

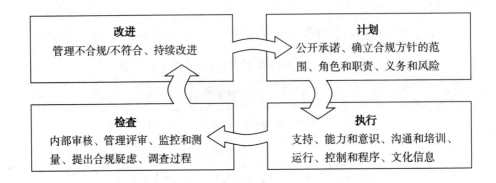

目标：诚信、文化、符合、声誉、价值、道德规范

原则：完整性、良好治理、匹配、透明、问责、可持续

改进
管理不合规/不符合、持续改进

计划
公开承诺、确立合规方针的范围、角色和职责、义务和风险

检查
内部审核、管理评审、监控和测量、提出合规疑虑、调查过程

执行
支持、能力和意识、沟通和培训、运行、控制和程序、文化信息

组织及其环境：法律、社会、文化、数字化、金融、结构、环境、利益相关方

图 4-2　合规管理体系框架

4.1.3　合规管理体系指南设计

合规管理体系指南能帮助企业建立合规管理体系，企业可以根据自身的实际情况进行具体化和完善，以满足企业的合规管理需求。下面是一则合规管理体系指南框架，仅供参考。

合规管理体系指南框架

一、组织环境

（1）理解组织及其环境。

（2）理解相关方的需求和期望。

（3）确定合规管理体系的范围。

（4）合规管理体系。

（5）合规义务。

（6）合规风险评估。

二、领导作用

（1）领导作用和承诺。

（2）合规方针。

（3）岗位、职责和权限。

三、策划

（1）应对风险和机会的措施。

（2）合规目标及其实现的策划。

（3）针对变更的策划。

四、支持

（1）资源。

（2）能力。

（3）意识。

（4）沟通。

（5）文件化信息。

五、运行

（1）运行的策划和控制。

（2）确立控制和程序。

（3）提出疑虑。

（4）调查过程。

六、绩效评价

（1）监视、测量、分析和评价。

（2）内部审核。

（3）管理评审。

七、改进

（1）持续改进。

（2）不符合与纠正措施。

4.2 合规管理体系运行机制设计

4.2.1 合规风险识别评估预警机制设计

合规风险识别评估预警机制能帮助企业在日常经营管理中发现和识别合规风险，进而评估和预警，以采取相应的合规措施，确保企业的合规性。合规风险识别评估预警机制的设计程序如图 4-3 所示。

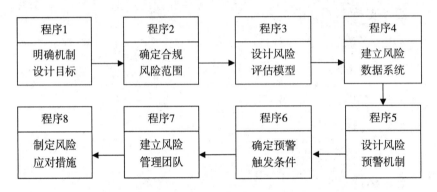

图 4-3 合规风险识别评估预警机制的设计程序

程序 1：明确机制设计目标

合规部首先要明确合规风险识别评估预警机制的目标和预期效果，如降低风险发生的概率、风险影响的程度等。

程序 2：确定合规风险范围

合规部要明确合规风险识别评估预警机制所要覆盖的风险范围，包括政策法规、行业准则、企业内部制度和流程等。

程序 3：设计风险评估模型

合规部要制定一套科学的风险评估模型，用于识别和评估潜在的合规风险。评估模型应该考虑合规风险发生的概率、影响程度、紧急性等。

程序 4：建立风险数据系统

合规部要建立一个完善的数据收集和处理系统，以收集和整理相关的信息和数据，用于进行风险评估和预警。

程序 5：设计风险预警机制

合规部要基于风险评估模型，建立一套风险预警机制和流程，用于监测合规风险的变化和趋势，及时预警合规风险的发生和变化。

程序 6：确定预警触发条件

合规部要确定预警指标和触发条件，如合规风险指标达到一定的阈值或者变化幅度超过一定的范围等，触发预警机制。

程序 7：建立风险管理团队

企业要建立一个专门的合规风险管理团队，负责制定合规风险管理策略，制订合规工作计划，对合规风险进行监测和预警，并及时采取措施降低合规风险的发生概率和影响程度。

程序 8：制定风险应对措施

合规部及合规风险管理团队要制定合规风险应对措施和预案，以降低合规风险的发生概率和影响程度。应注意的一点是应对措施应该基于合规风险评估结果和预警机制的结果进行制定。

4.2.2　合规审查机制设计

合规审查机制是指通过对企业运营活动进行审查，发现并纠正违反国家法律法规有关规定和企业内部规定的行为，保障企业合规经营的机制。合规审查机制的设计程序如图 4-4 所示。

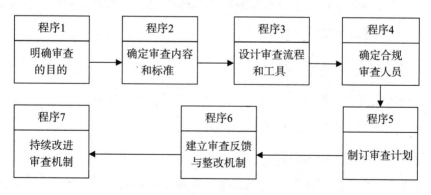

图 4-4　合规审查机制的设计程序

程序 1：明确审查的目的

合规部要明确审查的目的，确保企业的各项业务遵守国家法律法规的有关规定和企业内部规定，保证企业经营的合规性和合法性。

程序 2：确定审查内容和标准

合规部确定审查的内容和标准，以便为审查活动提供指导和标准，确保审查符合相关的法律法规和内部规定。

程序 3：设计审查流程和工具

合规部要设计合规审查的流程和工具，通过制订审查计划、审查表和审查报告模板等，指导审查人员进行审查和记录审查结果，以确保审查的效率和准确性。

程序 4：确定合规审查人员

企业要合理确定合规审查人员，通过设立内部审查部门，或者聘请外部审计公司进行审查，以确保审查的独立性和客观性。

程序 5：制订审查计划

合规部制订审查计划，按照一定的时间周期和范围进行审查，例如每季度、每年或每两年进行一次审查，以确保审查的及时性和全面性。

程序 6：建立审查反馈与整改机制

合规部建立审查反馈与整改机制，可要求各部门在接收到审查报告后立即采取行动，并在下一次审查中说明处理结果，以及时处理审查结果和问题。

程序 7：持续改进审查机制

合规部定期评估合规审查机制的有效性和可持续性，收集用户反馈和建议，并根据反馈和建议调整审查流程和工具，以提高审查的质量和效果。

4.2.3　合规风险报告机制设计

合规风险报告机制是指在企业内部建立起对合规风险有效监测和及时上报的机制。合规风险报告机制的设计程序如图 4-5 所示。

程序 1：确定报告的内容和形式

合规部在设计合规风险报告机制时需要确定报告的内容和形式，合规风险报告内容应当包含：合规风险的分类、描述、产生原因、影响、风险程度评估等，形式可以采用表格、图表、文字等展示。

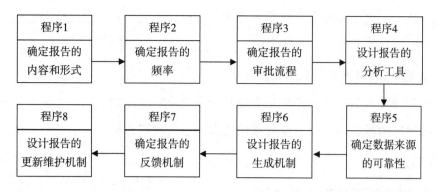

图 4-5　合规风险报告机制的设计程序

程序 2：确定报告的频率

合规部确定报告的频率，报告的频率可以根据合规风险的严重性和变化频率来决定，一般情况下，合规风险越高或变化越频繁，需要报告的频率就越高。通常建议每季度或半年进行一次合规风险评估报告。

程序 3：确定报告的审批流程

合规部要确定报告的管理和审批流程。合规风险报告应当设立审批流程，包括报告编制人员、审核人员、主管领导等。在报告编制完成后，需要由相应的审核人员进行审核，并最终由主管领导进行审批。

程序 4：设计报告的分析工具

合规部可考虑使用可视化的分析工具来更好地呈现合规风险信息和趋势，如利用风险评估模型从多个角度评估合规风险的影响和发生的可能性。

程序 5：确定数据来源的可靠性

合规部要确定报告数据来源的可靠性，不得出现虚假、失实或误导性的信息，数据可以来自企业内部的合规检查、调查和自我评估，也可以来自外部的监管机构、顾问公司或市场研究机构，对于外部数据应当进行验证和分析。

程序 6：设计报告的生成机制

合规风险报告可以采用手动编制和自动化生成相结合的方式。对于手动编制的报告，需要指定负责人进行数据收集、整理和分析。对于自动化生成的报告，需要选择相应的工具和系统进行生成和维护。

程序 7：确定报告的反馈机制

合规部要确定报告的接收和反馈机制，包括报告的接收、分析和反馈。可通过会议或会议纪要等方式让企业领导了解报告内容，并收集反馈和建议，以便在下一次报告中进行调整和完善。

程序8：设计报告的更新维护机制

合规风险报告应当定期更新和维护，及时反映企业合规管理的最新状况。对于已解决的风险问题，需要对相应的报告进行删除或标记，避免对后续报告造成的影响。

4.2.4 违规问题整改机制设计

违规问题整改机制是在企业内部建立起对违规问题的有效监测、快速发现、及时整改和跟踪的机制。违规问题整改机制的设计程序如图4-6所示。

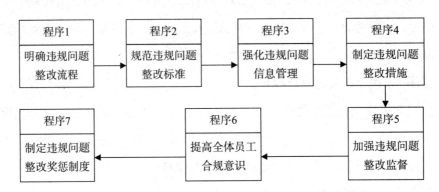

图4-6 违规问题整改机制的设计程序

程序1：明确违规问题整改流程

合规部制定明确的违规问题整改流程，包括违规问题的发现、评估，整改方案的制定和实施，整改效果的监测等。

程序2：规范违规问题整改标准

合规部建立明确的违规问题整改标准，以确保整改措施的有效性和可行性，并规定具体的整改期限和进度。

程序3：强化违规问题信息管理

（1）合规部建立完善的违规问题信息收集和分析机制，对违规问题的来源、频率、影响等进行分析，以便更好地解决问题，避免同类问题再次发生。

（2）合规部建立完善的违规问题管理办法，包括违规问题的登记、分类、统计、分析等，以便更好地识别违规问题，并制定针对性的整改措施。

（3）合规部要充分利用科技手段建立信息化系统，利用人工智能和大数据分析等科技手段对违规问题进行自动化管理和监测，提高整改效率和质量。

程序 4：制定违规问题整改措施

合规部针对不同的违规问题制订相应的整改计划和措施，并确保整改措施的可行性和有效性。

程序 5：加强违规问题整改监督

合规部加强违规问题整改监督，确保整改措施的执行效果，及时跟进整改工作进展，并对整改成效进行评估和监测。

程序 6：增强全体员工合规意识

企业加强对全体员工的合规意识和能力的培训，提高员工对于违规问题的认识和处理能力，提高整个企业的整改效率和管理水平。

程序 7：制定违规问题整改奖惩制度

合规部建立明确的违规问题整改奖惩制度，对于整改有效的部门和个人进行表彰，对于没有按期整改或者整改效果不佳的部门和个人进行惩处。

4.2.5 违规举报机制设计

违规举报机制是指企业内部建立起一种机制，使员工和其他利益相关者可以自由举报企业内部存在的违规行为，以保障企业的合规经营和维护公平竞争的市场环境。违规举报机制的设计程序如图 4-7 所示。

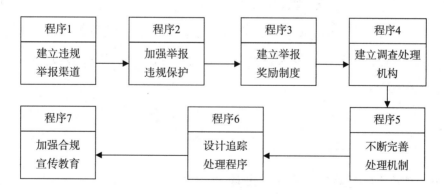

图 4-7 违规举报机制的设计程序

程序 1：建立违规举报渠道

（1）合规部建立多种多样的违规举报渠道，包括电话、邮件、网站、信函、热线等，以便举报者举报违规行为。

（2）合规部制定明确的政策和程序，明确违规行为、举报机制的流程和职责，以及处理举报事项的标准和程序等。

程序2：加强举报违规保护

合规部要建立举报违规保护制度，对举报者的个人信息和举报事项进行严格保密，保护举报者的合法权益，以鼓励更多人举报违规行为。

程序3：建立举报奖励制度

合规部为鼓励举报行为，可以设置相应的举报奖励制度，对于有效举报的举报者进行奖励，以提高举报者的积极性和参与度。

程序4：建立调查处理机构

合规部建立专业的调查和处理机构，为处理举报事项提供专业的技术支持和法律保障，以便有效地解决问题。

程序5：不断完善处理机制

合规部及时调查和处理违规行为，总结经验和教训，不断完善违规举报机制，提高机制的适应性和实效性。

程序6：设计追踪处理程序

合规部建立完善的追踪和处理机制，对举报事项进行跟踪和处理，确保能够及时处理涉及的问题，并保证举报者的知情权和参与权。

程序7：加强合规宣传教育

（1）合规部通过各种方式加强合规宣传和教育，让员工充分了解违规举报机制的存在和作用，同时提高员工的法律意识并规范他们的行为，减少违规行为的产生。

（2）加强内部培训，为员工提供有关法规、伦理道德和企业文化等方面的培训，提高员工的道德素质并增强他们的责任意识。

4.2.6　违规行为追责问责机制设计

违规行为追责问责机制是企业对于违反合规要求的员工或管理层成员进行追责和问责的机制。违规行为追责问责机制的设计程序如图 4-8 所示。

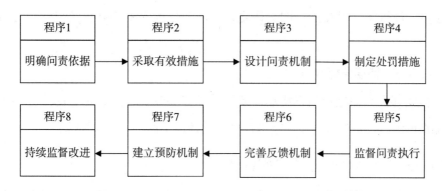

图 4-8 违规行为追责问责机制的设计程序

程序 1：明确问责依据

合规部建立明确的问责依据和规定，明确违规行为的定义和标准，规范追责问责的程序和标准，并对不同类型的违规行为和责任人制定相应的处罚措施和处罚标准。

程序 2：采取有效措施

合规部发现违规行为要采取相应的措施，包括调查、取证、审查等，通过证据收集和事实查明，确定责任人和责任程度，并进行相应的处理。

程序 3：设计问责机制

合规部设计公正、公平的问责机制，确保处罚决策的公正性和公开性，避免因个人或部门利益等因素而出现不公平和歧视的情况。

程序 4：制定处罚措施

合规部根据违规行为的性质和后果制定相应的处罚措施，如可以采取警告、停职、降职、辞退等措施，同时应根据实际情况考虑是否追究责任人刑事责任。

程序 5：监督问责执行

合规部设计执行机制，确保处罚措施得到有效执行，避免因处罚执行不力而导致违规行为再次出现。

程序 6：完善反馈机制

合规部设计反馈机制，及时向有关部门和受影响的人员反馈处理结果和成效，提高企业的管理水平和社会信任度。

程序 7：建立预防机制

合规部设计预防机制，包括教育和培训、制定规章制度和流程、建立内部

监管和审计机制，提高员工的法律意识和职业道德水平，避免违规行为的再次发生。

程序 8：持续监督改进

合规部设计的追责问责机制需要持续监督和改进，随着企业的业务和组织结构的变化，需要不断调整和改进机制，以适应不同的环境和需求。

4.2.7　合规管理协同运作机制设计

合规管理协同运作机制是一种企业内部协同合作的管理方式，旨在确保企业在各个领域都能够遵守法律法规和行业规范，以及内部的规章制度和管理要求。合规管理协同运作机制的设计程序如图 4-9 所示。

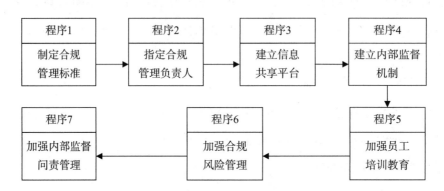

图 4-9　合规管理协同运作机制的设计程序

程序 1：制定合规管理标准

合规部制定全面、具体的合规管理政策和标准，并在企业内部进行广泛宣传和培训，以确保所有员工都了解和遵守政策和标准。

程序 2：指定合规管理负责人

合规部明确各部门的合规管理职责，指定专门的合规管理负责人在企业内部协调、联络和沟通，以确保合规管理的协同运作。

程序 3：建立信息共享平台

合规部建立信息共享平台和合规管理的信息数据库，记录合规管理信息，实现不同部门之间的信息共享和交流。

程序 4：建立内部监督机制

合规部建立内部监督机制，包括内部审计、风险评估、合规审核等，及时发现违规行为和合规风险，以采取措施加以防范和控制。

程序 5：加强员工培训教育

合规部加强对员工的培训和教育，按照合规管理培训课程安排定期开展合规管理宣传和教育活动，以增强员工的合规意识和责任感。

程序 6：加强合规风险管理

合规管理协同运作机制的设计也需要考虑风险管理，企业应该对各部门的风险进行评估，并建立相应的预警机制，及早识别潜在的合规风险，并采取相应的措施加以避免。

程序 7：加强内部监督问责管理

合规管理协同运作机制的设计还应该包括加强内部监督问责管理，可定期开展合规管理审计和检查，以及建立投诉举报机制等。

4.2.8　合规管理体系评价机制设计

合规管理体系评价机制是对企业的合规管理体系进行全面的评估，主要评估政策制定、组织架构、流程设计、监督控制等方面，通过评估发现问题，改进合规管理体系，提高企业的合规性水平。合规管理体系评价机制的设计程序如图 4-10 所示。

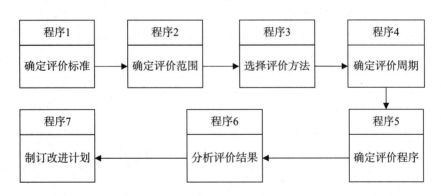

图 4-10　合规管理体系评价机制的设计程序

程序 1：确定评价标准

合规部根据企业实际情况和行业特点制定合规管理体系评价标准。合规管理体系评价标准应该能够全面、系统地评估企业的合规管理体系，包括政策、制度、流程、培训、监督等方面。

程序 2：确定评价范围

合规管理体系评价范围应该包括企业所有相关部门和业务活动,确保全面、准确地评估合规管理体系的有效性和可靠性。

程序 3：选择评价方法

合规部根据评价标准的要求,选择合适的合规管理体系评价方法,如审查、面谈、调查问卷、现场检查等。

程序 4：确定评价周期

合规部根据企业的规模、业务、风险等情况确定合规管理体系评价周期,其不应该超过 ___ 年,以确保企业合规管理体系的持续改进。

程序 5：确定评价程序

合规管理体系评价程序应该包括评价前、评价中、评价后三个环节,评价前应该做好评价准备工作,评价中要利用好评价方法,评价后要进行评价报告撰写和改进计划制订。

程序 6：分析评价结果

合规部对合规管理体系评价结果进行综合分析,涉及风险评估、成本效益分析、管理措施等,确定评价结果的准确性和可靠性。

程序 7：制订改进计划

合规部通过合规管理体系评价结果确定需要改进的方面,制订相应的改进计划。需要注意,改进计划应该具有可行性,包括改进目标、改进措施、责任人和时间计划等。

第5章

合规管理制度、业务流程的设计

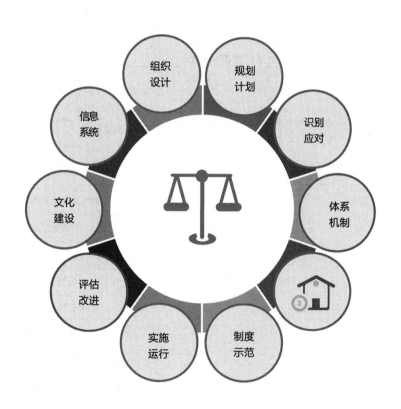

5.1 合规管理制度设计

5.1.1 构建分级分类的合规管理制度体系

分级分类的合规管理制度体系建设是企业进行合规管理的基础，它以一定的标准和规范来调整企业的合规管理工作，完善合规管理程序，指导企业合规管理工作顺利开展。合规管理制度体系应包含的内容如图 5-1 所示。

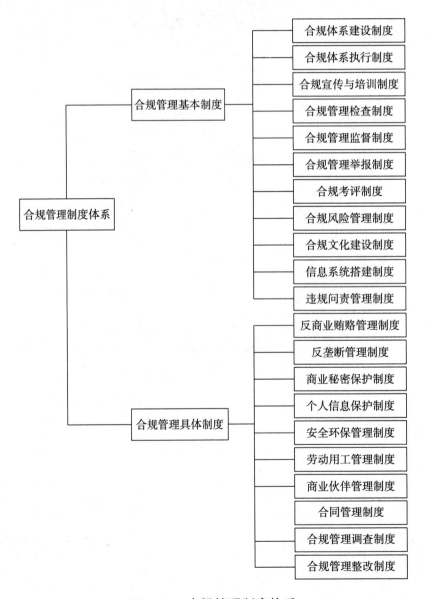

图 5-1 合规管理制度体系

5.1.2 合规管理基本制度设计

合规管理基本制度是企业防范经营风险的制度性措施，是健全企业合规治理，确保企业良好运行、稳步发展的必要保障。因此，合规管理员应掌握合规管理基本制度设计的有关原则、步骤等，具体内容如下。

1. 合规管理基本制度设计原则

为保证合规管理基本制度的有效性、合理性、可操作性，合规管理员在设计合规管理基本制度时应遵循一定原则，具体原则要求如图 5-2 所示。

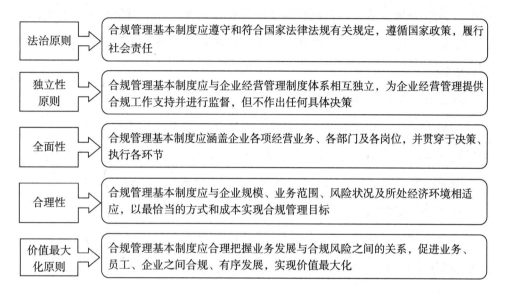

图 5-2　合规管理基本制度设计原则

2. 合规管理基本制度设计步骤

为规范合规管理基本制度设计行为，提高工作效率，合规管理员应按照合规管理基本制度设计步骤进行工作。合规管理基本制度设计步骤如图 5-3 所示。

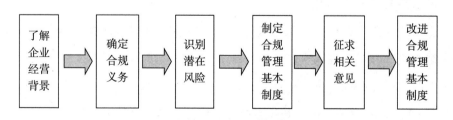

图 5-3　合规管理基本制度设计步骤

第 1 步：了解企业经营背景

为建立合理、有效的企业合规管理基本制度，合规管理员必须先对企业的经营背景、企业的日常经营业务范围、业务开展方式、企业战略、企业内部规章制度等涉及日常经营的方方面面进行了解。

第 2 步：确定合规义务

合规义务既包括合规要求，也包括合规承诺，合规要求即为法律法规、规章等具有强制性的要求，合规承诺即为企业根据自身所处行业及自身特点自愿接受的约束。合规管理员应当建立合规义务清单，并及时更新。

第 3 步：识别潜在风险

在明确合规义务后，合规管理员应对日常经营过程中可能发生的合规风险进行识别、分析、评估，并结合企业自身情况确定合规风险的优先级及不同的响应措施。

第 4 步：制定合规管理基本制度

合规管理员确定合规潜在风险后，要及时制定合规管理基本制度。企业的合规管理基本制度应体现企业为了防范合规风险采取的措施及策略，除此之外，还应体现合规管理基本制度的适用范围，明确合规管理岗位职责及违规责任等。

第 5 步：征求相关意见

合规管理员采取走访、调查问卷、访问等方式向有关部门、企业领导、相关专家等征求意见，对现有合规管理基本制度进行有效性和合理性评估，并提出改进意见。

第 6 步：改进合规管理基本制度

合规管理员根据收集到的意见对现有合规管理基本制度进行调整、优化，尽量消除合规管理基本制度的缺陷。

3. 合规管理基本制度示例

合规管理基本制度中包括合规体系建设制度、合规管理监督制度、合规管理举报制度、合规管理调查制度、合规管理整改制度等，下面是五则合规管理基本制度的相关实例，仅供参考。

（1）下面是某企业的合规体系建设制度仅供参考。

合规体系建设制度

第 1 章 总则

第 1 条 目的

为了进一步加强企业规章制度体系建设，逐步实现企业管理的合规化，结合企业实际经营情况及现有管理制度，特制定本制度。

第 2 条 适用范围

本制度适用于企业合规体系建设工作的管理。

第 3 条 职责权限

合规部负责合规体系建设工作。

（1）合规经理负责统筹合规体系建设工作。

（2）合规管理员负责具体的合规体系建设工作。

第 2 章 合规体系建设准备

第 4 条 了解企业经营背景

合规管理员应先对企业经营业务进行全面了解，包括企业业务范围、业务发展战略、业务交易模式等。

第 5 条 收集相关资料、文件

合规管理员根据企业实际发展需要与经营情况，收集合规体系建设所需的相关资料及文件，包括国家有关法律法规、国家合规政策、合规管理指南、企业现有管理制度等。

第 6 条 征求专家意见

合规管理员通过走访、调查、实地调查等方式向有关专家征求合规体系建设意见，以备不时之需。

第 7 条 同有关部门探讨

合规管理员与有关部门人员进行探讨，了解内部运行情况，商议合规体系建设事宜，征集内部人员意见。

第 3 章 合规体系建设步骤

第 8 条 了解现行相关制度

合规管理员与各部门直接交流，全面了解实际工作程序、流程、规范，了解现行的管理制度。

第 9 条 识别合规风险

合规管理员应对可预期的合规风险进行识别、分析、评估，确定合规风险优先级及其不同的响应措施等。

第 10 条 建立合规体系目录

合规管理员根据企业实际与未来发展需要，结合国家法律法规及相关政策，利用文字和图标等形式制定合规体系目录，并交由合规经理审批。

第 11 条 补充制度目录内容

合规管理员对合规经理审批通过的制度目录进行填充，包括各种合规基础制度、合规行为准则、合规操作流程等，并将其交由合规经理审批。

第 12 条 合规体系试运行

合规经理将审批通过的合规体系在一定范围和时限内试运行，并安排合规管理员对运行状态进行实时动态监测，随时反馈运行效果。

第 13 条 修订补充合规体系

合规经理对合规体系试运行的效果进行评估，并召开总结评定会议，征集改进意见及措施，对合规体系进行补充修订。

第 14 条 合规体系正式运行

合规经理在企业内部推广修订后的合规体系，以规范企业经营活动和员工工作行为。

第 4 章 合规体系建设要求

第 15 条 明确部门及岗位职责

合规体系中必须清晰明确地写明不同部门及岗位的职责要求、行为准则、操作流程等内容，合规要求要贯穿其中。

第 16 条　合规体系建设要规范

合规体系内涉及的规章制度、行为准则、操作流程等均应使用恰当、准确、简洁的语言，最终确定后，要以企业正式行文下发，并在下发后整理成册。

第 17 条　保证内容一致

合规体系的所有内容应保持纸质、电子、宣传手册及汇编在册都一致，以免造成混淆，失去约束。

第 5 章　附则

第 18 条　编制单位

本制度由合规部负责编制、解释与修订。

第 19 条　生效时间

本制度自 ×××× 年 ×× 月 ×× 日起生效。

（2）下面是某企业的合规管理监督制度，仅供参考。

合规管理监督制度

第 1 章　总则

第 1 条　目的

为了贯彻企业的合规管理方针，规范企业合规行为，提前发现企业生产经营存在的合规风险，预防合规风险发生，特制定本制度。

第 2 条　适用范围

本制度适用于企业内部合规管理监督工作。

第 3 条　职责要求

（1）合规经理负责统筹合规管理监督工作。

（2）合规管理员负责具体的合规管理监督工作。

（3）其他相关部门及人员配合合规部的工作。

第 2 章 合规管理监督内容

第 4 条 企业的合规管理是否按照国家法律法规有关规定与规章制度执行

（1）监督企业合规管理工作是否贯彻了国家相关法律法规、方针政策。

（2）监督企业合规管理工作是否按照企业内部规章制度执行。

（3）监督企业合规管理的组织与责任制度划分是否清晰，同时监督其完善与执行情况。

第 5 条 企业的合规管理工作需要监督的重点领域

（1）企业的经营决策是否按照合规要求进行。

（2）企业的市场交易是否按照合规要求进行。

（3）企业的劳动用工是否按照合规要求进行。

（4）企业的知识产权保护是否按照合规要求进行。

（5）企业的产品质量是否按照合规要求进行。

（6）企业的数据保护是否按照合规要求进行。

（7）企业的安全生产是否按照合规要求进行。

（8）企业的反垄断管理是否按照合规要求进行。

（9）企业的其他重点领域是否按照合规要求进行。

第 6 条 企业的合规管理工作需要监督的重点环节

（1）企业的制度制定是否按照合规要求进行。

（2）企业的生产运营是否按照合规要求进行。

（3）企业的研究开发是否按照合规要求进行。

（4）企业的工程项目是否按照合规要求进行。

（5）企业的项目投资是否按照合规要求进行。

（6）其他需要关注的重点环节。

第 7 条 企业的合规事故处理

企业的合规事故是否具有一定的处理方式，是否按照既定处理方式处理合规事故。

第 3 章 合规管理监督方式

合规管理监督可采用定期督查、突击督查、连续督查、专项督查
四种方式进行。

第 8 条 定期督查

（1）确定好合规管理督查的时间与参与人员，按照事先既定的督
查计划进行合规管理监督工作。

（2）定期的合规管理督查项目为综合性质的合规管理监督。

第 9 条 突击督查

针对合规管理的突击督查可在重要项目开展、重大决策执行或者
特殊时期进行。

第 10 条 连续督查

安排固定的合规管理员进行长时间的观察与监督，尽量避免人员
的更换，如确实需要更换人员则应做好交接手续。

第 11 条 专项督查

针对某一项工作或者某一位员工进行专门合规监督，最终得出合
规监督结果。

第 4 章 合规管理监督记录

第 12 条 定期上交

合规管理员进行合规管理监督时必须填写详尽的合规管理监督记
录并定期上交。

第 13 条 专人收集

合规经理安排专人收集并将合规管理监督记录整理成册。

第 14 条 定期整改

合规经理根据合规管理监督工作及其记录，制定相应的预防措施，
下达"整改通知书"并监督执行。

第5章 附则

第15条 编制单位

本制度由合规部负责编制、解释与修订。

第16条 生效时间

本制度自××××年××月××日起生效。

（3）以下是某企业的合规管理举报制度，仅供参考。

合规管理举报制度

第1章 总则

第1条 目的

为了规范企业员工的职业行为，维护企业经济效益与社会效益，确保合规管理信息准确，充分发挥员工监督作用，杜绝违规行为，特制定本制度。

第2条 适用范围

本制度适用于企业内部合规管理举报工作。

第3条 职责要求

（1）合规经理负责统筹合规管理举报工作。

（2）合规管理员负责具体的合规管理举报处理工作。

（3）其他相关部门及人员配合合规部的工作。

第2章 合规管理举报范围

第4条 财务违规行为

（1）财务人员的虚假记账行为。

（2）财务人员的财务造假行为。

（3）财务人员或有关人员私自挪用资金的行为。

（4）其他违反财务合规管理的行为。

第 5 条　腐败行为

（1）企业内部有关人员行贿、受贿等行为

（2）企业内部人员滥用职权等行为。

（3）其他违反反腐败管理的行为。

第 6 条　生产违规行为

（1）生产相关人员违反合规要求进行操作等行为。

（2）生产相关人员违反合规安全操作规程等行为。

（3）生产相关人员其他违反合规生产的行为。

第 7 条　劳动用工违规行为

（1）未与劳动者签订劳动合同的行为。

（2）未按照劳动合同约定支付劳动报酬或保障劳动条件的行为。

（3）企业违规指挥、强制劳动者冒险作业危及劳动者人身安全的行为。

（4）其他违反劳动用工合规要求的行为。

第 8 条　其他违法违规行为

（1）企业侵犯知识产权等违规行为。

（2）企业侵犯个人隐私等违规行为。

（3）企业其他涉及违法违规的行为。

第 3 章　合规管理举报渠道

第 9 条　举报邮件

企业可设置专门的举报邮箱，并将其公告在企业官方网站上，相关人员可通过邮件进行匿名举报。

第 10 条　举报信函

举报人可采用邮寄信函的方式进行举报。

第 11 条　举报网站

企业可设置专用网站区域，用以接收举报信息。

第 12 条　热线电话

企业可设置专用举报电话，举报人可通过热线电话进行举报。

第4章 合规管理举报处理流程

第 13 条 接受举报

（1）举报人可通过举报渠道向企业提交举报，并留下相应联系方式。

（2）企业派遣合规管理员收集举报信息，并进行处理。

第 14 条 调查核实

合规管理员对举报内容进行调查核实，并告知举报人调查核实结果。

第 15 条 处理结果

对于调查属实的合规举报，合规经理按照企业规章制度进行处理，并保护举报人的隐私。对于不属实的合规举报，合规经理将保护相关人员的合法权益。

第 16 条 举报保护

（1）企业将对提供真实、有效信息的举报人给予保护，保障其合法权益，并根据实际情况，给予适当奖励。

（2）对恶意捏造事实或虚假举报的举报人，企业将依法追究其责任。

第 17 条 公开透明

企业定期公开举报处理情况，接受内外部监督。

第5章 合规管理举报保护措施

第 18 条 妥善处理举报材料

合规管理员应妥善保管与使用举报材料，不得私自摘抄、复制、挪用、公开、销毁。

第 19 条 信息保密

合规管理员不得泄露举报人的姓名、部门、住址等信息，严禁将举报情况泄露给被举报人或有可能对举报人产生不良后果的其他部门和员工。

第 20 条 举报材料保护

（1）合规管理员调查核实情况时不得出示举报材料原件或复印件，

不得暴露举报人的身份。

（2）合规管理员不得鉴定匿名举报书信材料的笔迹及电话录音的声音等。

第 6 章 附则

第 21 条 编制单位

本制度由合规部负责编制、解释与修订。

第 22 条 生效时间

本制度自××××年××月××日起生效。

（4）下面是某企业的合规管理调查制度，仅供参考。

合规管理调查制度

第 1 章 总则

第 1 条 目的

为了保证合规管理调查工作的顺利实施，准确、及时地了解合规管理执行情况，规范合规管理调查操作执行，特制定本制度。

第 2 条 适用范围

本制度适用于企业内部合规管理调查工作。

第 3 条 职责要求

（1）合规经理负责统筹合规管理调查工作。

（2）合规管理员负责具体的合规管理调查工作。

（3）其他相关部门及人员配合合规部的工作。

第 2 章 合规管理调查原则与内容

第 4 条 合规管理调查原则

（1）合规管理调查必须坚持及时、准确、客观、公正的原则。

（2）合规管理调查必须坚持保守秘密的原则。

（3）合规管理调查必须遵循合法性原则。

第5条 合规管理调查内容

（1）企业的合规管理体系是否得以具体执行。

（2）企业员工是否遵循合规管理要求。

（3）企业违规行为是否已被处理、处理方式是否合理。

（4）企业合规管理重点区域及重点环节的实际管理情况。

（5）其他合规管理有关内容等。

第3章 合规管理调查工作流程

第6条 确定调查的目的与内容

合规经理针对合规管理调查工作实际情况,明确调查目的与内容,事先确定好调查范围、调查报告的提交日期等。

第7条 制订合规管理调查计划

合规管理员根据合规管理调查目标制订合规管理调查计划,详细列出各种可能需要的资料文件,并列出调查费用与成本,交由合规经理审批。

第8条 收集资料

合规管理员通过调查、走访、询问等方式,向合规部人员及其他部门人员,收集各种有价值的资料及文件。

第9条 整理合规资料

（1）合规管理员对有价值的合规资料进行评估,必要时做摘要,同时检查资料中存在的错误,找出资料的原始出处或原始资料。

（2）合规管理员将有效的合规资料整理成统一的形式,以便进一步分析使用。

第10条 分析合规资料

合规管理员运用图表形式结合计算机技术,对合规资料进行分析,找出合规资料反映的问题并进行原因分析。

第11条 编制调查报告

合规管理员按照分析结论的重要程度编制合规管理调查报告,并交由合规经理审批。

第4章 合规管理调查方式

第12条 问卷调查法

（1）合规管理员设计合规管理调查问卷，包括调查目的、调查用途、调查事项等内容。

（2）合规管理调查问卷的设计尽量采用选择题形式，便于员工回答及后续的收集、整理。

（3）合规管理员应及时收回合规管理调查问卷，并做好保密工作。

第13条 工作面谈法

（1）合规管理员选择与被调查员工面谈的方式了解合规管理有关事项。

（2）面谈地点一般选在轻松、安静的场所，以营造良好的面谈氛围。

（3）合规管理员在面谈过程中要注意留存记录，以备后续查看。

第14条 员工意见箱

（1）合规管理员可在固定地点设置员工意见箱，并告知企业员工。

（2）合规管理员应定期打开员工意见箱，仔细阅读员工意见或建议，并进行整理。

（3）合规管理员将整理后的员工意见上交给合规经理，并在3个工作日内予以员工回复。

第15条 员工座谈会

（1）合规管理员在合规经理的指导下召开员工座谈会，并对会上员工提出的合规管理意见及建议进行记录。

（2）合规管理员对收集到的意见及建议进行整理，形成合规管理改善措施，经合规经理审批通过后实施，确保落实到位。

第5章 附则

第16条 编制单位

本制度由合规部负责编制、解释与修订。

第17条 生效时间

本制度自×××年××月××日起生效。

（5）下面是某企业的合规管理整改制度，仅供参考。

合规管理整改制度

第1章 总则

第1条 目的

为了规范企业内部合规管理整改工作，保证企业经济效益与社会效益，防范合规风险发生，特制定本制度。

第2条 适用范围

本制度适用于企业内部合规管理整改工作。

第3条 职责要求

（1）合规经理负责统筹合规管理整改工作。

（2）合规管理员负责具体的合规管理整改工作。

（3）其他相关部门及人员配合合规部的合规管理整改工作。

第2章 合规管理整改程序

第4条 提出合规管理整改方案

（1）合规管理员针对合规管理存在的问题制定合规管理整改方案。

（2）合规管理整改方案必须包括以下内容。

①合规管理整改的期限。

②合规管理整改的目标和详细措施。

③落实各项整改措施所需的资金预算和物资保障。

④落实各项整改措施的责任划分。

（3）合规管理员将合规管理整改方案交由合规经理审批。

第5条 审批合规管理整改方案

合规经理根据企业实际情况，结合合规管理整改方案的适用性、可操作性、有效性，对其进行审批。

第6条 落实合规管理整改方案

（1）合规经理根据合规管理整改方案确定合规管理整改项目的

负责人，并确定合规管理整改小组。

（2）合规管理整改小组按照既定合规管理整改措施，落实合规管理整改方案。

（3）合规经理及合规管理整改项目负责人定期监督检查合规管理整改工作。

第 7 条 验收合规管理整改情况

（1）合规经理依据合规相关法律、法规、规章制度等，对合规管理整改情况进行验收，并出具验收意见。

（2）若有合规管理整改措施落实不到位的情况，则需重新整改。

第 3 章 合规管理整改措施

第 8 条 建立健全合规管理制度

（1）合规经理建立健全合规管理制度，对内部员工及外部合作伙伴进行合规培训和监管。

（2）合规管理制度中应制定合规措施，包括腐败行为处理措施、知识产权保护措施、个人隐私保护措施、洗钱行为处理措施等。

第 9 条 建立健全合规管理责任制

（1）合规经理建立健全合规管理责任制，明确各部门和个人的合规管理职责和任务，并落实到位。

（2）企业管理层应当以身作则，遵守合规管理制度，并对发现的合规问题及时进行整改。

第 10 条 加强对外部环境和市场的监测

合规经理应加强对外部环境和市场的监测和研究，并据此及时调整企业经营战略和合规风险应对策略，防范和规避违法违规风险。

第 11 条 完善问题反馈与举报渠道

合规经理对问题反馈与举报渠道进行完善，及时发现、收集、整理员工所反映的合规问题，采取相应措施，并建立合规管理整改方案和记录。

第12条 组织开展全体员工合规培训

合规经理应定期聘请专业人员对企业全体员工进行合规意识与法律知识的培训，确保员工知法懂法，不违法、不违规。

第13条 补充合规管理技术与手段

合规经理可向外界优秀企业进行学习，丰富现有合规管理技术，补充现有合规管理手段，及时发现与预警合规风险。

第4章 合规管理整改的奖惩

第14条 奖励条件

企业对符合下列条件之一的有关人员，给予适当奖励。

（1）及时发现合规风险，避免企业承受损失的。

（2）举报合规管理整改措施落实不到位，并经合规部审核后属实的。

（3）对合规管理整改工作作出特殊贡献的。

第15条 惩罚条件

企业对符合下列条件之一的相关人员，做出一定处罚。

（1）对企业合规管理整改措施落实不到位且严重懈怠者。

（2）因个人因素失职导致企业遭受合规风险损失者。

（3）其他对企业合规管理整改工作造成重大阻碍者。

第5章 附则

第16条 编制单位

本制度由合规部负责编制、解释与修订。

第17条 生效时间

本制度自××××年××月××日起生效。

5.2 合规管理业务流程设计

5.2.1 合规管理业务流程风险点梳理

合规管理业务流程是指为了遵守国家相关法律法规规定和企业内部规定，制定的一系列流程和制度。为确保企业的经营活动符合法律要求，降低企业面临的法律风险和经营风险，合规管理员应掌握合规管理业务流程风险点梳理的内容、方法及步骤，具体内容如下。

1. 合规管理业务流程风险点梳理内容

为及时采取风险应对措施，避免企业因合规管理业务流程中的风险点而产生损失，合规管理员应对合规管理业务流程中的风险点进行梳理，梳理内容如表 5-1 所示。

表 5-1　合规管理业务流程风险点常见类型

梳理内容	具体解释
法律法规风险	企业在合规管理过程中未遵循国家法律法规及相关政策，可能会面临法律诉讼和经济处罚等风险
内部控制风险	企业需要建立健全完善的内部控制制度，包括制定合规制度、程序、流程等，如果企业的内部控制制度不完善或执行不到位，可能会面临经营风险与法律风险
数据安全风险	企业若未建立信息管理系统，或未能保护好重要数据，可能会面临数据安全风险
外部合作风险	企业会在合规管理过程中与外部产生很多交流与沟通，如供应商、客户等，若企业未能合规地处理与外部合作伙伴的关系，可能会面临经营与合作风险
员工管理风险	企业需要对员工进行合规管理，包括制定规范的招聘、培训和绩效考核制度，防范员工违法违规行为。如果企业未能管理好员工，可能会面临劳动用工风险
诚信风险	企业需要保持诚信经营，包括履行合同、遵守法律法规、维护客户利益等。如果企业失信，可能会面临经营与生产风险

2 合规管理业务流程风险点梳理方法

为提升合规管理业务流程风险点梳理效率，降低合规管理员工作失误率，合规管理员应按照一定的合规管理业务流程风险点梳理方法展开工作。具体方法如表 5-2 所示。

表 5-2　合规管理业务流程风险点梳理方法

方法名称	具体解释
列表法	通过分析企业内部的所有合规管理业务流程，对其中的每个过程及步骤进行梳理，将每个过程及步骤可能带来的风险点用表格的方式列举出来，然后对其进行评估与分类
头脑风暴法	企业组织召集与合规管理业务流程有关的部门、员工、专家等参与头脑风暴，设置时间与规则，鼓励发散性思维，开拓各种思路与渠道进行讨论，然后将参与者提出的各种建议和想法进行梳理、筛选和分类
流程图法	对企业内部的所有合规管理业务流程进行绘图，然后对每个步骤所涉及的相关风险点进行标注，并将标注后的流程图梳理出来
专家访谈法	邀请合规管理专家或合规管理领域内的从业者进行风险点访谈，通过专家的分析与思考，找出合规管理业务流程中潜在的风险点，并进行整理、分类及概率分析，这种方法通常需要支付一定的费用
案例分析法	参考已发生的合规管理业务流程风险事件，梳理出其中的共性和风险点，通过分析已有的案例，识别潜在的合规管理业务流程风险点，从而为企业制定有针对性的合规管理业务流程风险管理措施
结构化访谈法	企业安排专人事先准备好一系列与合规管理业务流程风险相关的问题，然后与被访谈者进行面对面交流，以获取被访谈者对合规管理业务流程风险点的看法，由此从被访谈者的角度识别相关风险
调查问卷法	企业安排专人设计合规管理业务流程风险点调查问卷，问卷内容要包括调查目的、调查对象、调查时间、合规管理业务流程风险点相关问题等，问卷题型最好以主观题形式出现，以便提高工作效率

5.2.2　合规管理业务流程设计示例

为提高合规管理工作效率，规范企业员工工作行为，降低合规管理业务流程中的风险发生概率，合规部应对合规管理业务流程进行设计，便于合规管理员及相关人员操作执行。合规管理业务包括合规审查、合规监测、合规报告等，下面以合规风险评估业务、合规审计业务、合规尽职调查业务为例进行流程设计，仅供参考。

1. 合规风险评估业务流程及其执行关键点

（1）合规风险评估业务流程如图 5-4 所示。

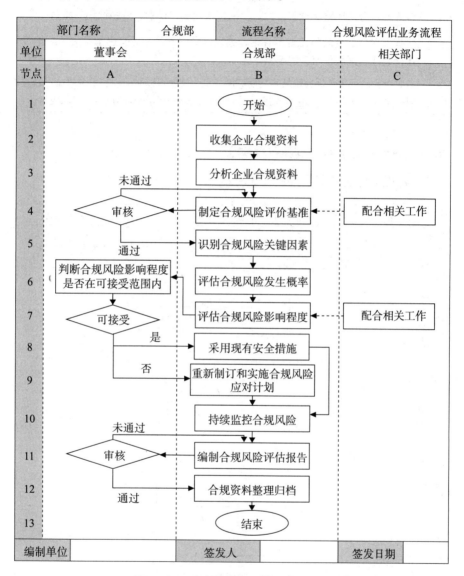

图 5-4　合规风险评估业务流程

（2）合规风险评估业务流程执行关键点如表 5-3 所示。

表 5-3　合规风险评估业务流程执行关键点

关键节点	细化执行
B4	合规部根据企业合规资料分析结果及企业经营实际情况制定合规风险评价基准

续表

关键节点	细化执行
B4	合规部制定合规风险评价基准以后，交由董事会审核，审核通过后，合规管理员据此开展合规风险评估工作
B5	合规部对合规风险关键因素进行识别，包括资产识别、威胁识别、脆弱性识别
B7	合规部对此次合规风险进行评估，确定其影响程度，并交由董事会判断是否可以接受此次合规风险带来的影响
A7	若董事会对此次合规风险持可接受态度，则合规部可以采用现有安全措施；若董事会对此次合规风险持不可接受态度，则合规部需要重新制订与实施合规风险应对计划

2. 合规审计业务流程及其执行关键点

（1）合规审计业务流程如图 5-5 所示。

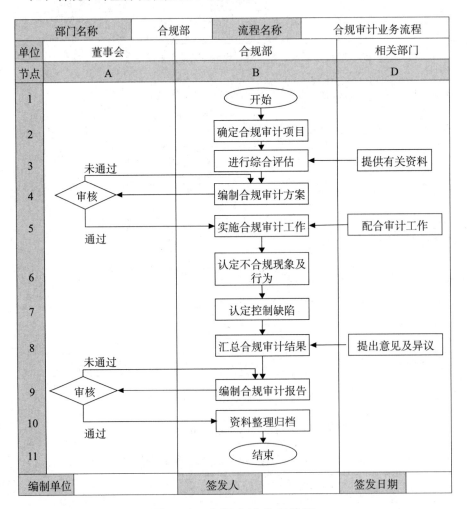

图 5-5　合规审计业务流程

（2）合规审计业务流程执行关键点如表 5-4 所示。

表 5-4 合规审计业务流程执行关键点

关键节点	细化执行
B4	合规部根据合规审计项目实际情况与综合评估结果编制合规审计方案，交由董事会审核
B5	合规部在合规审计方案审核通过后，迅速开展合规审计工作，进行合规现场调查，相关部门配合其工作
B6	合规部对现场合规审计结果进行判断，认定不合规现象及行为
B9	合规部在汇总合规审计结果之后，将其编制成合规审计报告，并交由董事会审核

3. 合规尽职调查业务流程及其执行关键点

（1）合规尽职调查业务流程如图 5-6 所示。

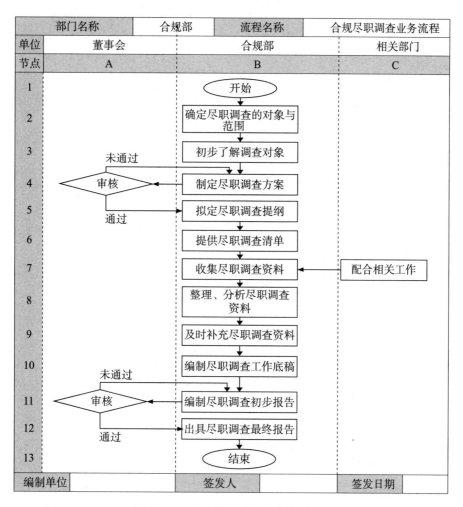

图 5-6　合规尽职调查业务流程

（2）合规尽职调查业务流程执行关键点如表 5-5 所示。

表 5-5 合规尽职调查业务流程执行关键点

关键节点	细化执行
B4	合规部根据实际情况制定尽职调查方案，其包括尽职调查的基本原则、工作程序、调查方法、工作团队、工作计划等
B6	合规部要向被调查部门提供详细的、具有可操作性的尽职调查清单，以便被调查部门按照清单提供相应资料
B10	合规部将被调查部门提供的文件资料按照一定的逻辑分门别类地进行补充，并在初步分析的基础上得出初步结论，编制尽职调查工作底稿
B11	合规部根据尽职调查工作底稿编制尽职调查初步报告，该报告应当保证结构清晰、层次分明、体系完整，能充分反映尽职调查的过程及结果
	合规部在完成尽职调查初步报告之后，交由董事会审批

第6章
专项合规管理制度、指南设计示范

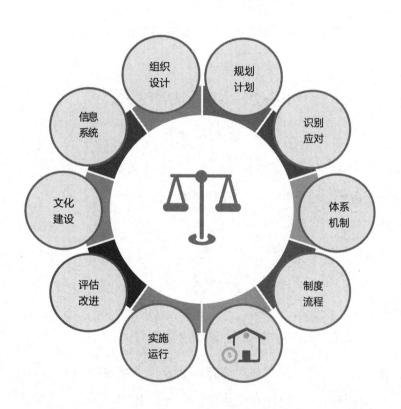

6.1 重点关注领域制度、指南设计示范

6.1.1 市场交易

市场交易专项合规管理制度是指企业为规范市场交易行为，保障企业的合法权益，促进市场交易公平、有序进行而制定的管理制度。其目的是确保企业市场交易活动的合规性，保障市场交易的公平、公正、诚信原则，维护企业和市场的稳定发展。

下面是某企业制定的市场交易专项合规管理制度，仅供参考。

市场交易专项合规管理制度

第1章 总则

第1条 为了规范市场交易行为，防范违规操作，避免引发纠纷，本企业依据行业标准和法规，特制定本制度。

第2条 本制度适用于本企业的市场交易活动。

第3条 企业设立市场交易人员，负责与客户进行购销合同的签订、履行、变更和解除等事宜，严格遵守合同约定，保证货物质量和数量符合客户要求。

第2章 购销合同签订

第4条 市场交易人员在签订购销合同前需要进行市场调查和评估，了解市场行情，制定合理的价格和交货期限。

第5条 市场交易人员必须从多个渠道获取市场信息，包括但不限于询价、询盘、参加展会了解竞争对手情况等方式。

第6条 市场交易人员在签订购销合同时应当明确货物名称、数量、质量、价格、交货期限、付款方式、违约责任等具体条款，双方合法

代表人或授权代表人应签字或盖章。务必尽量避免使用含混不清或不明确的条款，以免引起纠纷。

第 7 条　市场交易人员对于合同履行过程中的重要事项，如货物的检验、运输方式、保险等，应当书面确认并签署补充协议或确认单，避免因未明确约定而引发纠纷。

第 3 章　履行、变更和解除合同

第 8 条　市场交易人员在履行购销合同过程中应严格按照合同约定的时间、方式和标准履行合同义务，不得拖延交货期限或以低质低价货物代替原合同货物。如果由于不可抗力无法按照约定履行合同，应及时通知对方，并尽力协商解决。

第 9 条　如需变更或解除合同，应在双方协商一致的情况下，书面确认并签署变更或解除协议。如有争议，应及时协商解决；若协商不成，则应通过法律途径解决。应当注意，市场交易人员不得具有未经对方同意擅自变更或解除合同的行为，以免引起法律纠纷，给企业造成损失。

第 4 章　价格谈判

第 10 条　市场交易人员在价格谈判过程中应遵守公平、公正、诚信的原则，不得通过虚假宣传、欺诈、强迫等不正当手段来干扰对方议价。应当尊重市场规律，避免过度倾斜或恶性竞争，维护市场的健康和稳定。

第 11 条　对于价格敏感信息，市场交易人员必须采取保密措施，防止信息泄露或被不法分子利用，同时不得参与价格垄断等不正当行为。相关人员应当尊重竞争对手的知识产权，不得抄袭、盗用对方的商业机密。

第 5 章　货物交付

第 12 条　在货物交付过程中，市场交易人员应确保货物的数量、质量、包装符合合同约定，不得私自更改货物品质、数量、包装等信息，防止违规操作导致货物出现质量问题。

第 13 条 在运输过程中，应当采取适当的措施保护货物的安全和完整。

第 14 条 如需进行货物检验，市场交易人员应严格按照合同约定的方式和标准进行检验，确保检验结果真实、可靠。

第 15 条 市场交易人员应在货物到达目的地后及时进行检验，如有问题应当及时通知对方，并尽力协商解决。

第 6 章 结算

第 16 条 在结算过程中，市场交易人员应按照合同约定的方式和期限进行结算，不得拖延结算时间或拒绝结算。

第 17 条 市场交易人员应当注意结算方式的选择，避免因不当的结算方式引起纠纷。如需开具发票，应当按照税务部门的规定办理。

第 18 条 市场交易人员如发现对方存在欺诈等不诚信行为，应及时采取合法措施，保护本企业的合法权益。在处理不诚信行为时，应当遵守法律法规有关规定和市场规则，不得采取过激手段，以免引起不必要的法律纠纷。

第 7 章 市场信息收集

第 19 条 市场交易人员需要定期收集、分析市场信息和竞争对手情况，并及时调整营销策略和产品结构。

第 20 条 市场交易人员应当及时向企业汇报市场信息和客户需求，为企业的市场决策提供参考依据。

第 21 条 市场交易人员在收集市场信息时应遵守市场规则和法律法规有关规定，不得通过不正当手段获取市场信息或对竞争对手进行不正当竞争。

第 22 条 市场交易人员收集市场信息时应注意保护商业机密和个人隐私，不得泄露或者滥用收集到的信息，应当建立信息安全保障机制，加强对信息的管理和保护，防止信息泄露或被不法分子利用。

第 8 章 信息披露与报告

第 23 条 市场交易人员须按照法律法规和企业要求，及时、准确、完整地披露市场交易活动相关信息，包括但不限于市场交易活动情况，如交易额、交易品种和交易对手，以及与市场交易活动相关的重大事项，如并购、重组、关联交易等。

第 24 条 市场交易人员应定期向董事会及高级管理层报告市场交易合规情况，包括但不限于合规风险识别、评估和监控结果、发现的违规行为及其处理情况，以及合规管理制度的执行情况和改进建议。

第 9 章 违规处理

第 25 条 一发现违规行为，合规部将对相关市场交易人员立即展开调查，查明事实并收集相关证据。调查过程中，合规部将保持公正、独立，确保调查结果的客观性。

第 26 条 对于涉及法律法规、行业规定或企业政策的违规行为，合规部会根据事实和证据，依据相应的处罚规定或程序，提出处理建议并上报高级管理层及董事会批准。

第 27 条 企业将根据违规行为的性质、情节和影响，对相关市场交易人员采取相应的处理措施，包括但不限于警告、罚款、停职、解除劳动合同等。

第 28 条 对于严重违规行为，企业将按照法律法规的要求，向监管部门报告，相关市场交易人员必须配合监管部门的调查和处理。

第 10 章 附则

第 29 条 本制度由合规部负责编制、解释与修订。

第 30 条 本制度自××××年××月××日起生效。

6.1.2 生态环保

生态环保专项合规管理是指企业或组织在开展经营活动时必须遵守国家和地方政府的相关环保法规和标准，保护环境，减少对自然生态的破坏。其目的是促进可持续发展，实现环保、经济和社会的协同发展。下面是生态环保专项合规管理的主要内容。

1. 环保政策制定和实施

企业需要遵守《中华人民共和国环境保护法》《中华人民共和国大气污染防治法》《中华人民共和国水污染防治法》《中华人民共和国固体废物污染环境防治法》等国家和地方政府的环境保护法规和标准。同时，企业也需要制定符合实际情况的环保政策，并采取相应的环保措施来确保环境合规。企业应该明确环保目标，制订环保计划，并制定实施方案。

2. 环境影响评价

企业在新建或改扩建生产设施时，需要进行环境影响评价，评估环境影响，并采取相应的环保措施来减轻环境影响。环境影响评价主要包括项目环境影响评价和区域环境影响评价。企业需要对环境影响评价的结论和措施进行公示和公开。

3. 废物管理

企业必须妥善处理和处置废弃物，包括工业废物、固体废物、危险废物等，防止对环境造成污染。废物管理主要包括废物的减量、资源化利用、安全储存、有效处理和终端处置。企业需要建立废物管理制度，并定期开展对废物的检测和监测。

4. 污染物排放管理

企业需要对污染物的排放进行监控，确保污染物的排放不超过国家和地方政府规定的标准，减少对环境的污染。企业需要建立相应的监测和管理系统，实时监测污染物的排放情况，对违法排放的行为进行严肃处理。

5. 资源节约与利用

企业需要尽可能地节约水资源等自然资源，并采取相应的措施来利用可再生能源，以减少对环境的影响。资源节约与利用主要包括能源的节约与利用、水资源的节约与利用、材料的循环利用等。企业需要建立节能减排制度，通过技术手段和管理手段实现资源的节约和利用。

6. 环保信息公开

企业需要及时公开环保信息，接受社会监督。企业需要公开环保政策、环境影响评价报告、环保措施、环境监测数据等信息，让公众了解企业的环保情况，以此促进企业的环保工作。

污染物排放管理是企业生态环保专项合规管理的重要组成部分，下面是某家企业污染物排放合规管理指南，仅供参考。

污染物排放合规管理指南

一、简介

本指南旨在为企业提供污染物排放合规管理的规范和标准。

二、适用范围

本指南适用于企业所有涉及污染物排放的管理工作。

三、确定排放物种类和排放量

环保专员需要定期对每个污染物排放源点进行实时在线监测和采样，获取排放数据，然后计算每个污染物的年度排放量。如果监测数据不足，可以根据生产过程和污染物特征进行估算。此外，本企业具备相应的管理系统，环保专员应及时查看排放数据和变化趋势。

本企业主要排放二氧化硫、氮氧化物和颗粒物。根据当地政府的规定，二氧化硫、氮氧化物和颗粒物的排放标准分别为 100 毫克 / 立方米、100 毫克 / 立方米和 20 毫克 / 立方米。本企业排放量为每年 1000 吨二氧化硫、800 吨氮氧化物和 500 吨颗粒物。

四、排放操作相关规范

1. 操作设备时注意安全

环保专员应在操作设备时注意安全，工作时间应规范佩戴个人防护用品，如手套、口罩、护目镜等，避免接触污染物质和化学品。另外，还应该注意设备周围的安全环境，确保设备的正常运行和个人的安全。

2. 按规定使用化学品和原材料

环保专员必须按照企业规定使用化学品和原材料，不得擅自更改或混合使用。环保专员需要了解化学品的性质和用途，避免使用不合适的化学品，同时在使用化学品时应规范佩戴个人防护用品，如手套、口罩、护目镜等，避免接触化学品。

3.控制物料和废料的流量

环保专员要严格控制物料和废料的流量，确保其在规定范围内，不得超标排放。在控制流量时，应该使用流量计等相关设备，确保数据的准确性。

五、定期检测和监测

环保专员需要定期对污染物排放量进行检测和监测，以确保排放量符合法规和标准。具体的操作步骤包括：

（1）安装在线监测设备和仪器，对每个污染物排放源点进行实时在线监测和采样。

（2）根据监测数据进行分析和比对，及时发现污染物排放存在的问题，并采取相应的控制措施。

（3）按照法规和标准要求，制订排放监测计划和程序，确保监测数据的准确性和可靠性。

（4）定期对监测设备和仪器进行维护和校准，保证监测设备和仪器的准确性和稳定性。

六、实施污染物控制措施

环保专员需要按照企业的污染物排放规定，采取相应的措施减少或控制污染物排放。具体的操作步骤包括：

（1）对每个污染物的排放特点和影响因素进行分析和评估，制定相应的控制措施和控制目标。

（2）采用合适的技术和方法，对污染物进行控制。

（3）对于氮氧化物和二氧化硫的排放，采用低氮燃烧技术和脱硫脱硝技术进行控制；对于颗粒物的排放，对粉尘进行密封、湿化处理和收集。

（4）按照控制措施的要求进行设备改造和升级，或采用新的设备和技术控制污染物排放。

（5）对控制措施进行效果评估和监测，及时调整和改进措施，确保其有效性和可持续性。

七、建立排放档案和记录

环保专员需要按照企业的要求建立排放档案和记录，记录每个排放源的排放量和监测结果。具体的操作步骤包括：

（1）对每个排放源点进行标记和编号，以便进行统计和管理。

（2）对每个污染物的排放量和监测结果进行记录和归档，包括监测数据、采样记录、监测设备信息等。

（3）定期对排放档案和记录进行整理和归类，保证其可读性和易于查阅。

八、学习污染物排放标准和法规

环保专员必须通过多种途径了解国家和地方政府的污染物排放标准和法规。具体包括：

（1）定期关注国家和地方政府发布的污染物排放标准和法规。

（2）加入行业协会或相关组织，获取最新的行业标准和规范。

（3）参加相关的培训和学习，如参加环保、安全等方面的课程和培训。

九、培训环保专员

企业需要建立相应的培训机制，定期对员工进行污染物排放管理的培训。具体的培训内容和方法包括：

（1）向环保专员介绍污染物排放标准和法规、污染物控制措施和监测方法等，让他们了解相关知识和技能。

（2）通过实际操作和案例分析等方式，让环保专员掌握污染物排放管理的具体方法和技巧。

（3）建立在线学习平台和知识库，让环保专员能随时随地学习并掌握相关知识和技能。

（4）定期开展污染物排放管理的实践培训和演练，让环保专员掌握应急处理和污染物事故处置的技能和方法。

6.1.3 产品质量

产品质量专项合规管理制度是指企业为确保产品质量和安全，根据相关法规和标准制定的一系列规章制度、流程和标准化操作程序等管理措施。

下面是某企业制定的产品质量专项合规管理制度，仅供参考。

产品质量专项合规管理制度

第1章 总则

第1条 为了确保企业产品的质量和安全管理，保证产品符合相关法律法规和标准要求，提高客户满意度和企业竞争力，本企业依据《中华人民共和国产品质量法》《中华人民共和国标准化法》《中华人民共和国计量法》《中华人民共和国消费者权益保护法》等法律法规，特制定本制度。

第2条 本制度适用于企业生产的所有产品，包括但不限于硬件、软件和服务等。

第3条 本制度相关部门职责如下。

（1）合规部负责制定本制度提交审批，并确保执行。

（2）产品部负责产品的设计，确保产品的质量安全和合规性。

（3）生产部负责根据本制度要求生产符合质量、安全和合规要求的产品。

（4）质量管理部负责监督、检测产品的质量、产品售后及文档管理工作。

第2章 产品设计和开发

第4条 产品部设计人员在设计和开发产品时应考虑用户的需求和安全性能，以确保设计和开发的产品符合用户期望和安全要求。

第5条 产品部设计人员应严格遵守设计规范，确保设计符合产品要求，并进行相关的模拟分析和测试。

第 6 条　产品部设计人员应制定产品设计规范并进行产品测试，相关规范应及时更新并通知本部门人员和生产部。

第 3 章　原材料采购

第 7 条　市场部采购人员应认真核实供应商的证照和资质，并对采购到货的原材料进行检测，确保原材料符合质量和安全要求。

第 8 条　应按照要求将原材料分类存储，防止交叉污染。

第 4 章　生产控制

第 9 条　生产部应按照产品设计和开发的要求进行生产，以确保生产的产品符合质量和安全要求。

第 10 条　生产部相关人员在生产前应进行可行性分析、可行性研究和风险评估，识别可能存在的安全和质量风险，以确保生产过程的可行性和生产的产品符合质量和安全要求。

第 11 条　生产部生产前应进行样品确认，确保样品符合产品设计和开发的要求。

第 12 条　生产部生产人员在生产过程中应进行相应的检测和测试，以确保生产的产品符合规定要求。

第 13 条　在生产过程中，生产人员应认真操作，严格把控生产工序。生产线必须经过有效的质量管理体系认证，并严格按照标准操作程序进行操作。

第 14 条　在生产过程中，生产人员应根据相应的工艺和作业规范进行操作，保证产品生产过程的稳定性和一致性。

第 15 条　生产人员在产品生产过程中应做好相关记录，包括但不限于生产批次号、生产时间、原材料使用记录、生产人员姓名等，以方便追溯和整改。

第 5 章　检测和评估

第 16 条　质量管理部应对产品进行检测和评估，以确保产品符合质量和安全要求。

第 17 条 对产品的检测和评估应涵盖产品生命周期，包括但不限于设计验证、原材料采购、生产过程控制、成品检测等。

第 18 条 及时记录产品检测和评估结果，若发现产品不符合质量和安全要求，应及时进行整改并展开追溯。

第 6 章 产品存储和运输

第 19 条 产品的存储应符合产品要求，避免污染和损坏。

第 20 条 在运输过程中应对产品进行必要防护，确保产品不被损坏和污染。

第 21 条 在运输过程中应记录相关信息，包括但不限于运输批次号、运输时间、运输人员等，以便进行追溯和整改。

第 7 章 产品售后服务

第 22 条 质量管理部必须提供优质的售后服务，解决客户的问题和投诉。对于存在质量问题的产品应及时采取措施进行召回和处理，并进行相关的质量分析和改进。

第 23 条 售后服务应符合企业的质量管理要求，包括但不限于客户投诉处理、产品质量问题处理等。

第 24 条 售后服务过程中质量管理部相关人员应记录相关信息，包括但不限于客户姓名、联系方式、投诉原因和处理结果等，以便进行追溯和整改。

第 8 章 文档管理

第 25 条 质量管理部应妥善保管与产品相关的所有文件和记录，确保其完整性和可追溯性。

第 26 条 制定产品质量合规性评估报告用于记录对产品的抽检结果和评估结果，包括产品质量标准、检测方法、检验标准等。

第 27 条 所有相关人员应确保记录的准确性和真实性。

第 28 条 所有文件和记录的保存期限必须符合企业的规定和相关法律法规的要求。

第 9 章 员工培训

第 29 条 企业应对所有员工进行产品质量合规管理方面的培训。

第 30 条 不同岗位的员工应接受不同程度的培训，确保其了解产品质量合规管理的相关要求和操作规范。

第 31 条 培训内容应包括但不限于本制度的要求、产品质量管理和安全要求、质量控制和检测等。

第 32 条 培训应根据员工实际工作情况和要求进行安排，并建立相应的培训记录。

第 10 章 违规处理

第 33 条 对于违反本制度、相关法律法规和标准要求的行为应采取相应的处理措施，并记录处理结果。

第 34 条 员工如存在未按照产品规格书进行设计、设计文件造假、未按照工艺流程进行生产、操作不规范等行为，可以对其进行口头警告或书面警告，要求其整改违规行为，并接受相应的培训，提高对产品质量的认识和重视程度。

第 35 条 员工违规行为如果造成较大影响，可以采取罚款、停职等措施进行惩戒，同时进行监督和跟踪，确保其行为整改工作得到落实。

第 36 条 对于多次违规或情节严重的员工应采取停职、降职、解除劳动合同等处罚措施进行惩戒，并对其进行教育和培训，提高其对产品质量的认识，规范其行为。

第 37 条 在对违规行为进行处理后，应对员工进行跟踪和监督，确保其行为整改得到落实，避免类似违规行为再次出现。

第 11 章 附则

第 38 条 对于本制度的任何变更，应经过审查、批准和发布，并进行版本控制和备份，以确保变更的准确性和可追溯性。

第 39 条 本制度由合规部负责编制、解释与修订。

第 40 条 本制度自××××年××月××日起生效。

6.1.4 劳动用工

劳动用工专项合规管理是指企业为确保遵守国家和地方性法规和政策，以及保障员工的合法权益和安全，对员工的招聘、培训、薪酬、福利、劳动保护等方面进行全面的规范和管理。下面是劳动用工专项合规管理主要内容。

1. 招聘合规

企业需要遵守《中华人民共和国劳动法》等法律法规，公正、合理地进行招聘，并制定招聘流程和标准化的面试评价体系，杜绝就业歧视和不公平待遇。

2. 合同管理

企业需要依据法律规定与员工签订劳动合同，明确双方的权利和义务，并保障劳动者的合法权益。在解除劳动合同时，需要按照法定程序和标准进行处理。

3. 薪酬福利管理

企业需要按照国家和地方的法律法规及规章制度，制定合理的薪酬和福利体系，确保员工的薪资和福利待遇符合法律要求。

4. 培训管理

企业需要为员工提供必要的培训，以提高员工的工作技能和职业素质，确保员工的安全和健康，同时也能提高企业的竞争力。

5. 劳动保护管理

企业需要根据法律要求，建立健全劳动保护制度和安全生产管理体系，防止工伤事故的发生，保障员工的人身安全。

6. 劳动纠纷处理

企业需要及时处理员工的投诉和纠纷，依法维护员工的合法权益，同时也需要自我约束，杜绝违法违规行为的发生。

7. 法律法规宣传

企业需要定期开展法律法规宣传和培训，提高员工的法律意识，确保企业的合规管理工作有效开展。

下面是某家企业制定的劳动用工专项合规管理指南，仅供参考。

劳动用工专项合规管理指南

一、简介

为确保企业用工合法合规，维护员工合法权益，降低企业用工风险，本企业特制定劳动用工专项合规管理指南。

二、适用范围

本指南适用于企业劳动用工相关工作。

三、招聘流程

1. 招聘需求确定

依据企业发展需要和人力资源规划确定各部门招聘需求，明确招聘岗位名称、人数、薪酬标准等，并加强与相关部门的协调配合。

2. 招聘方式选择

依据不同岗位的特点和招聘需求选择合适的招聘方式，如内部推荐、网络招聘、校园招聘等，并对不同招聘渠道进行评估和筛选。

3. 职位发布

发布招聘信息，明确招聘岗位名称、职责、薪酬待遇、工作地点、工作要求等。要符合相关法律法规和行业标准，同时要确保广告内容真实、准确。

4. 简历筛选

按照预设标准和招聘岗位要求，对应聘者的简历进行筛选和评估，初步确定候选人，并通过电话或电子邮件等方式通知候选人进行面试。

5. 面试安排

依据预设标准和岗位要求安排面试官对候选人进行面试，在面试前应明确面试时间、地点、流程等，并告知候选人所需携带的材料，如身份证、学历证书、工作证明等。

6. 面试评估

面试官对候选人的工作经历、专业技能、人际沟通能力等基本情况进行综合评估，并填写面试评估表，同时要确保评估结果公正、客观。

7. 录用决策

依据绩效表现、背景调查和面试评估结果，对候选人进行评估，确定录用决策，并通过电话或电子邮件等方式通知被录用人员，告知入职手续和注意事项。

8. 发放录用通知书

人力资源部向被录用人员发放录用通知书，告知入职时间、地点、工作职责等内容，同时要确保录用程序规范、合法。

四、劳动合同签订

1. 确认录用人员意向

在签订劳动合同之前，人力资源部应当与被录用人员进行确认，了解其身份证明、学历证书、工作经历等基本情况，并核实相关信息。

2. 制定劳动合同

依据企业的用工政策和相关法律法规，制定符合标准和规范的劳动合同，明确双方的权利和义务，包括岗位名称、工作内容、工作地点、工作时间、薪酬待遇、保险福利等内容，同时要确保劳动合同的合法性和有效性。

3. 签订劳动合同

被录用人员和人力资源部代表在劳动合同上签名并加盖公章后，企业须将劳动合同备案，同时要确保劳动合同签订程序规范、合法。

五、用工合法权益保障

1. 工资管理

依据《中华人民共和国劳动法》等法律法规和行业标准制定合理的工资标准和管理制度，确保员工工资准确、及时发放，并定期对员工工资进行核算和调整，同时要遵守个人信息保护相关法律法规和行业标准。

2. 福利待遇管理

依法为员工缴纳社会保险、住房公积金等，同时制定并执行完善的带薪休假、病假、产假等福利待遇政策，确保员工的合法权益得到保障，同时要遵守相关的法律法规和行业标准。

3. 职业健康管理

制定职业病防治方案，加强职业健康管理，规范化管理员工健康档案，定期开展职业健康检查和宣传教育等工作，并遵守相关的法律法规和行业标准。

4. 安全生产管理

制定安全生产制度，加强对员工的安全教育和培训工作，定期组织安全生产演练和事故应急演练等，确保员工安全，同时要遵守相关的法律法规和行业标准。

六、用工纪律

1. 考勤管理

建立完善的考勤管理制度，制定员工上下班打卡制度，加强考勤管理，定期对员工考勤情况进行审核和调整，同时要确保考勤程序规范合法。

2. 纪律处分

对员工违反企业规章制度或劳动合同的行为进行纪律处分，如口头警告、书面警告、停职、降职、辞退等，同时要遵守相关的法律法规和行业标准，确保处分程序规范、合法。

3. 劳动仲裁

对劳动争议进行调解或仲裁，维护员工合法权益，同时要遵守相关的法律法规和行业标准，确保仲裁程序规范合法。

6.1.5 财务税收

财务税收专项合规管理制度是企业为了规范财务和税务管理行为，提高财务和税务合规水平而制定的一套系统性的管理制度，旨在确保企业在财务和税务方面遵守国家相关法规和政策，规避财务和税务风险，加强内部控制。

下面是某企业制定的财务税收专项合规管理制度，仅供参考。

财务税收专项合规管理制度

第1章 总则

第1条 为了规范企业财务税收管理行为，遵守国家法律法规，防范税收风险，保障企业合法权益，本企业依据《中华人民共和国税收征收管理法》《中华人民共和国公司法》《中华人民共和国会计法》等相关法律法规，特制定本制度。

第2条 本制度适用于企业内部所有财务税收管理相关部门及财税人员。其中，财税人员主要包括财务人员和税务人员，涵盖财务管理和税收管理两个方面。

第3条 财税人员应具备高度的职业道德和专业素养，遵守国家法律法规和职业道德规范，保护企业的合法权益。

第2章 财务税收管理规范

第4条 财务管理规范有关内容和要求如下。

（1）财务人员必须遵守企业的财务管理制度和规章制度，确保财务数据真实、准确、完整。

（2）财务人员要严格按照会计相关准则和税收法律法规进行会计核算，编制财务报表，并按照规定公示，加强对财务数据的审计，及时纠正数据异常情况。

（3）财务人员应该按照审计规范和程序进行财务报表审计，发现问题及时整改。

（4）财务人员需要加强财务内部审计工作，发现问题及时整改，并将整改情况上报财务主管领导。

第5条 税收管理规范有关内容和要求如下。

（1）税务人员必须按规定进行纳税申报，不得虚报、误报、漏报，定期进行税务稽查，遵守税务机关的调查和审计程序。

（2）税务人员应密切关注国家税收政策，了解企业的税收优惠政策，确保企业享受到相应的税收优惠政策。

（3）税务人员应该及时缴纳各项税费，避免税收滞纳金的产生，并充分利用税收优惠政策，降低企业税负。

（4）税务人员需要加强税务稽查工作，对企业的税收情况进行全面、详尽的审核和监督，避免企业因税务问题面临风险。

第 3 章 财税人员行为规范

第 6 条 财税人员应该遵循诚实守信的原则。

（1）财税人员应该遵守诚实守信原则，保持真实、诚实的工作态度，不得有虚报、误报、隐瞒、故意造假等行为。

（2）财税人员在工作中需要保持高度的敬业精神和职业道德，对企业财务税收数据进行真实、准确的记录和披露，做到公正、客观、透明。

（3）财税人员应该保守企业财务税收机密，不得泄露企业机密，不得利用职务之便谋取私利。

（4）财税人员需要加强对企业重要数据的保护，如财务报表、财务预算等，不得私自将数据泄露给第三方，严防数据被窃取、篡改、泄露等。

第 7 条 财税人员应该认真履行相关职责。

（1）财税人员应该认真履行相关职责，严格按照企业财务税收管理制度、规章制度、工作流程开展工作。

（2）财税人员需要按照企业的要求按时完成所负责的工作任务，确保财务税收管理工作的顺利进行。

（3）财税人员应及时向上级报告工作进展情况，确保工作顺利进行。

（4）财税人员需要积极与其他部门进行沟通协作，及时向上级领导汇报工作进展情况，发现问题及时协调解决，确保企业财务税收管理工作的高效运转。

第 8 条 财税人员应该秉持客观、中立的原则。

（1）财税人员需要客观公正地处理企业的财务税收事务，不得有任何歧视、偏袒等行为,不得与相关当事人建立利益关系。

(2)财税人员在处理财务税收事务时需要充分了解问题并进行客观分析,提出合理的财务税收建议,不受个人情绪影响,确保企业的财务税收管理工作得到专业的指导和支持。

第4章 财务人员具体职责

第9条 财务人员应根据企业的实际情况制定合适的财务管理制度,明确财务管理目标、职责和流程,并及时修订和完善制度。

第10条 财务人员应按照企业的经营计划和发展需要制订年度预算计划,明确预算编制、审核、执行和监控等流程,及时发现和处理预算执行中的问题。

第11条 财务人员应根据企业的资金流动情况制定相应的资金管理制度,明确资金调拨、使用和监控等流程,保证企业资金的安全,以及合理和高效使用。

第12条 财务人员应按照国家法律法规和会计相关准则,规范企业的会计核算工作,包括财务报表编制、账务处理、成本核算、固定资产管理等,确保企业的财务信息真实、准确和完整。

第13条 财务人员应对企业的财务状况进行深入分析和评估,包括利润分析、成本分析、财务风险分析等,提供合理的财务决策支持。

第5章 税务人员具体职责

第14条 税务人员应结合企业的经营计划和税收政策制定合理的税务筹划方案,包括税收优惠申报、税收争议处理、税务合规评估等,降低企业的税负和税务风险。

第15条 税务人员应按照税务部门的规定和要求及时、准确地申报企业的税务信息,包括纳税申报、税务申报表的填写和提交等流程,确保企业在税务方面的合法合规。

第16条 税务人员应对企业的税务数据和税务报表进行审核和检查,及时发现并纠正税务数据的错误和相关人员的不规范行为,防范税务风险，避免税务纠纷的发生。

第 17 条 税务人员应为企业提供税务咨询服务，包括税法咨询、税务筹划咨询等，并提供专业的税务意见和建议，帮助企业规避税收风险，提高税收收益。

第 18 条 税务人员应协助企业解决税务纠纷问题，包括向税务部门提交申诉、代表企业参加税务行政复议和诉讼等，保障企业的合法权益。

第 19 条 财税人员应保守企业和客户的商业机密和隐私信息，严格遵守保密规定和要求，防范信息泄露和商业损失。

第 6 章 违规处理

第 20 条 根据不同的违规行为性质和情节，将违规行为划分为轻微违规、一般违规、严重违规三种类型。

第 21 条 对于不同类型的违规行为，采取相应的处理措施，包括口头警告、书面警告、记过处分、降职或调整职务、解除职务或解聘等。

第 22 条 涉及违规行为的处理，应按照规定的程序和流程进行，包括调查核实、听取申辩意见、作出处理决定等流程，确保处理的公正、公开和透明。

第 23 条 对于被处理的违规行为要及时记录并通报相关部门和人员，以保障违规行为的查处和惩处效果，防范违规行为的再次发生。

第 7 章 附则

第 24 条 本制度由合规部负责编制、解释与修订。

第 25 条 本制度自××××年××月××日起生效。

6.1.6 知识产权

知识产权专项合规管理是企业为保护自身知识产权、规范知识产权管理行为、避免侵犯他人知识产权而采取的管理行为。制定并实施知识产权专项合规管理指南，有助于企业建立规范的知识产权管理制度，促进企业的创新和发展，

提高企业的知识产权保护能力和市场竞争力。下面是知识产权专项合规管理的主要内容。

1. 法律法规合规

企业应建立知识产权法律法规合规制度，明确企业知识产权的权利与义务，确保企业的知识产权行为符合国家法律法规的要求。

2. 知识产权管理制度

企业应建立知识产权管理制度，包括知识产权申请、维护、保护等环节的规范，确保知识产权的有效性和权益。

3. 知识产权风险评估

企业应对知识产权相关风险进行评估，建立风险防范机制，及时识别和解决可能存在的知识产权侵权、诉讼等问题。

4. 知识产权合作管理

企业应建立知识产权合作管理制度，规范与合作伙伴之间的知识产权合作行为，确保合作产生的知识产权得到妥善管理和保护。

5. 知识产权保护策略

企业应根据自身特点和行业特点制定合适的知识产权保护措施和策略，从而更好地保护企业的知识产权。

6. 知识产权价值评估

企业应对自身的知识产权进行评估，包括知识产权的价值、潜力和风险等，以便制定更科学的知识产权管理策略。

7. 知识产权交易管理

企业应建立知识产权交易管理制度，规范知识产权交易行为，防止知识产权侵权和交易纠纷，从而促进知识产权交易的顺利进行。

知识产权合作管理是知识产权合规管理的重要环节，下面是某家企业制定的知识产权合作管理合规指南，仅供参考。

知识产权合作管理合规指南

一、简介

为规范企业知识产权合作行为，促进对知识产权的保护和创新利用，特制定本指南。

二、适用范围

本指南适用于企业内涉及知识产权的合作行为，包括但不限于技术研发、合作开发、授权许可等活动。

三、合作前期管理

1. 知识产权尽职调查

在与合作伙伴开展合作前，企业的知识产权部门应对合作伙伴的知识产权进行尽职调查，了解合作伙伴的知识产权状况是否符合《中华人民共和国反不正当竞争法》《中华人民共和国商标法》等法律法规和行业标准的要求。

2. 合作协议的制定

在与合作伙伴进行合作时，企业的法务部门应明确双方在知识产权方面的权利和义务，包括但不限于知识产权的转让、许可、使用等内容，并制定详细的合作协议。

四、合作过程管理

1. 知识产权保护措施

在合作过程中，企业的知识产权部门应采取必要的措施保护本企业的知识产权，包括但不限于签署保密协议、加强知识产权监管等。

2. 知识产权权属确认

企业的相关合同和协议应明确规定知识产权的所有者，以及员工、合作伙伴或供应商在知识产权方面的权利和义务。企业要妥善保存相关文件、合同和知识产权注册证明，以确保在需要时可以证明知识产权的权属。

3. 知识产权纠纷处理

企业要先聘请专业的知识产权律师分析案情，提供法律建议，再尝试协商解决，寻求和解或调解，以减少成本和时间。如果协商失败，可考虑提起诉讼，将争端提交法院解决。

五、合作后期管理

1. 知识产权维护和保护

合作结束后，企业的知识产权部门应及时维护和保护自己的知识产权，确保其合法有效。

2. 知识产权归属确认

在合作结束后，企业的知识产权部门应及时确认合作产生的知识产权的归属，防止出现知识产权权属纠纷。

六、部门员工操作指南

1. 知识产权部门员工

知识产权部门员工应熟悉相关法律法规和行业标准，掌握知识产权管理的基本理论和实践技能，能够独立完成知识产权合作管理工作，具体包括但不限于以下5点。

（1）进行知识产权尽职调查，收集和整理相关信息，并形成调查报告。

（2）制定合作协议，并与法务部门进行沟通和协作，确保合作协议符合相关法律法规和行业标准的要求。

（3）对合作过程中的知识产权进行有效的保护和维护，采取必要的措施防止知识产权被侵权和泄露。

（4）及时确认知识产权的权属，并对其进行维护和保护。

（5）采取有效的措施处理知识产权纠纷，并在合作协议中约定相关的纠纷解决方式。

2. 法务部门员工

法务部门员工应熟悉相关法律法规和行业标准，掌握知识产权管理的基本理论和实践技能，能够独立完成合作协议的制定和纠纷解决工作，具体包括但不限于以下4点。

（1）制定合作协议，并与知识产权部门进行沟通和协作，确保合作协议符合相关法律法规和行业标准的要求。

（2）采取有效的措施处理知识产权纠纷，并在合作协议中约定相关的纠纷解决方式。

（3）提供法律咨询和建议，协助知识产权部门制定合规的知识产权管理方案。

（4）对合作伙伴的知识产权进行调查，了解其知识产权状况，防止合作产生知识产权纠纷和侵权风险。

3.其他部门员工

其他部门员工应熟悉相关法律法规和行业标准，了解企业的知识产权管理政策和程序，并严格遵守相关规定，具体包括但不限于以下3点。

（1）不得泄露企业的商业秘密和知识产权信息。

（2）不得侵犯他人的知识产权，包括但不限于专利、商标、著作权等。

（3）如发现知识产权问题，应及时向知识产权部门或法务部门报告，并协助解决问题。

七、监督检查与责任追究

1.监督检查

企业应定期开展知识产权合作管理的监督检查工作，确保合作活动的合规性和有效性。

2.责任追究

如发现企业内部存在违反相关法律法规和行业标准的行为，企业应按照相关规定进行责任追究，包括但不限于纪律处分、行政处罚、民事赔偿等。

6.1.7　广告宣传

广告宣传专项合规管理制度是指一套由企业制定和执行的规范广告宣传活动的制度，旨在确保广告宣传活动合法合规，同时保护消费者的合法权益，维护企业形象和社会公共利益。

下面是某企业制定的广告宣传专项合规管理制度，仅供参考。

广告宣传专项合规管理制度

第1章 总则

第1条 为规范企业广告宣传行为，使之符合相关法律法规和规范要求，维护企业形象和消费者合法权益，本企业依据《中华人民共和国广告法》《中华人民共和国反不正当竞争法》等法律法规，特制定本制度。

第2条 本制度适用于企业内所有员工、广告代理商及其委托的第三方广告服务机构，对企业在所有媒体上发布的广告宣传活动实施管理。

第3条 相关部门岗位职责如下。

（1）企业领导对广告宣传行为负主要责任，应对广告宣传行为进行监督和管理。

（2）广告宣传部门负责广告宣传的策划、制作、审核、投放和效果监测，对广告宣传行为承担直接责任。

（3）广告宣传行为中涉及的其他部门和人员，应根据各自的职责和岗位责任承担相应的责任。

第2章 广告宣传制作流程

第4条 广告宣传制作流程有关要求如下。

（1）广告宣传制作前应由广告宣传部门根据广告宣传计划制定广告宣传策划方案，并交由企业领导审批。

（2）广告宣传策划方案内容应包括对广告宣传的目的、主题、内容、宣传对象、宣传方式、宣传效果等方面的详细说明。

（3）广告宣传制作过程中应严格遵循国家法律法规和相关规范性文件的要求，制作出合法、真实、公正、有效、规范的广告宣传内容。

（4）广告宣传制作人员应进行素材的真实性和准确性审核，确保广告宣传所使用的图片、文字、视频等内容真实、准确。

（5）广告宣传制作完成后，应由广告宣传部门组织相关部门和人员进行审核。

第5条 广告宣传审核流程有关要求如下。

（1）广告宣传审核人员应包括企业内相关部门的专业人士和独立第三方机构的专业人士，审核人员应具备相关的法律、行业和产品知识。

（2）审核人员应对广告宣传内容进行全面、严格的审核，确认广告宣传内容是否符合国家法律法规和相关规范性文件的要求。

（3）审核人员对广告宣传内容进行审核时应重点关注以下7个方面。

①广告宣传的真实性、准确性和完整性是否符合实际情况。

②广告宣传中不得存在夸大、误导、歧义等情况。

③广告宣传不得涉及敏感信息，如医疗、药品、保健品等。

④广告宣传不得损害竞争对手的合法权益。

⑤广告宣传不得涉及性别歧视、种族歧视、地域歧视等。

⑥广告宣传不得违反国家法律法规和规范性文件的要求。

⑦如果广告宣传内容涉及科学、医疗、保健、食品等领域，需要提供权威机构或专家的证明或支持，避免误导消费者。

（4）审核人员对广告宣传内容进行审核后应出具审核报告，并交由企业领导审批。

第6条 企业应定期组织开展对广告宣传审核的内部培训和外部专业机构审核，不断提高审核质量和水平。

第3章 广告宣传投放和效果监测

第7条 广告宣传投放流程有关要求如下。

（1）广告宣传投放前，应由广告宣传部门向企业领导提交广告宣传计划及投放方案，并获得企业领导的批准。

（2）在广告发布前，广告宣传部门需要进行审查，确保广告内容不违反法律法规和行业自律规范。审查主要包括对广告文案、图片、音频、视频等内容的核查和审核，以及对广告宣传方式和媒介的审核。

需要注意，审查应确保其客观公正性和专业性。

（3）广告宣传投放时应选择合适的宣传媒介，如电视、广播、网络、报刊等，并按照投放方案进行投放。

（4）广告宣传投放期间应加强对广告宣传内容的监控，及时发现和处理可能存在的问题。

（5）广告宣传投放期间，企业应关注广告宣传投放效果和投放成本，及时调整和优化广告宣传策略。

第8条 广告宣传效果监测流程有关要求如下。

（1）广告宣传投放结束后，广告宣传部门应进行广告宣传效果的监测和分析。

（2）监测和分析的内容包括广告宣传的覆盖率、曝光率、关注度、认知度、形象提升度等方面的指标。

（3）监测和分析结果应形成报告，并及时反馈给相关部门和人员，为下一步广告宣传提供参考依据。

第9条 广告宣传人员应严格按照广告宣传预算开展活动，不得超支或挪用经费。同时，广告宣传活动的费用应与活动效果相匹配，确保费用的合理性和经济效益。

第10条 广告宣传人员应确保广告宣传活动的时间、地点、方式等符合法律法规和行业自律规范的要求，不得对公共安全、社会秩序等造成不良影响，特别是不得在涉及公共利益、社会稳定的重要场所和重要时刻进行广告宣传活动。

第4章 风险防范

第11条 对于违反国家法律法规和行业自律规范的广告宣传行为，广告宣传部门应及时采取整改措施，并承担相应的法律责任和经济责任。具体而言，广告宣传部门应当积极配合相关部门的调查工作，不得故意隐瞒、转移、销毁有关证据。

第12条 广告宣传部门应建立健全风险防范机制，制定应急预案和危机管理方案，及时应对和处置风险事件，减少损失和影响，特别是在广告宣传活动涉及重大风险、社会关注度较高时应提前做好相关预案和措施，确保应对灵活、迅速。

第 13 条 广告宣传部门应建立投诉受理和处理机制，及时处理消费者的投诉和意见反馈，维护消费者合法权益和企业形象。具体而言，广告宣传部门应当设立专门的投诉受理人员，对消费者的投诉和意见进行记录、分析和处理，并及时反馈给消费者。

第 5 章 违规处理和问责制度

第 14 条 违规处理和问责制度如下。

（1）对于违反国家法律法规和规范性文件的广告宣传行为，广告宣传部门应及时采取相应措施，包括但不限于立即停止广告宣传、公开道歉、赔偿受害者损失等。

（2）对于存在违反企业广告宣传管理制度行为的人员，广告宣传部门应根据实际情况采取相应的纪律处分和经济处罚措施。

（3）广告宣传部门应建立广告宣传违规处理的跟踪和监督机制，对违规处理情况进行统计和分析，不断优化违规处理机制。

第 6 章 附则

第 15 条 本制度由合规部负责编制、解释与修订。

第 16 条 本制度自××××年××月××日起生效。

6.1.8 资本市场

资本市场专项合规管理制度是企业为了遵守资本市场相关规定和相关法律法规，建立的一系列制度和管理措施。其目的是规范企业在资本市场中的行为，防范和化解法律风险和经营风险，保证企业的合法性和稳定性。

下面是某企业制定的资本市场专项合规管理制度，仅供参考。

资本市场专项合规管理制度

第1章 总则

第1条 为了规范企业在资本市场中的行为，加强对企业资本市场人员的监管，保护客户合法权益，特制定本制度。

第2条 本制度适用于企业从事证券、期货、基金等资本市场业务的所有员工。

第3条 本企业所有资本市场人员应当遵守相关法律法规，遵循诚信、公正、勤勉、审慎的原则，保护客户合法权益，维护市场秩序。

第2章 职业行为规范

第4条 所有资本市场人员应当遵守职业道德，不得出现欺诈、误导、操纵市场等违法违规行为。严重违规行为如下。

（1）利用虚假信息或夸大宣传来引诱客户投资。

（2）利用内幕信息或其他非公开信息进行交易。

（3）组织或参与股价操纵。

（4）利用其他手段来破坏市场秩序或损害客户利益。

第5条 所有资本市场人员应当以客户利益为重，对客户进行真实、准确、完整的信息披露，不得隐瞒、虚假宣传或夸大承诺。

（1）在提供服务前，应当充分了解客户的需求、投资目的、风险偏好等信息。

（2）提供服务时，应当真实、准确地向客户披露风险提示、投资建议、产品信息等相关内容。

（3）在产品销售过程中，应当以客户需求和利益为导向，不得将客户资金导向与其需求不符的投资产品。

（4）不得将客户资产用于自己或他人的私人用途。

第6条 所有资本市场人员应当遵守交易规则，不得利用内幕信息或操纵市场行为获取非法利益。

（1）不得使用或泄露任何内幕信息，也不得利用自己的职务或信息优势进行交易。

（2）不得参与或组织利用任何手段操纵市场价格、交易量等市场活动。

（3）在进行交易时应当遵守交易规则，不得违反市场交易规则或破坏市场秩序。

（4）在向客户提供服务或操作时，应当尽可能提供客观、真实的信息，并避免出现误导、虚假宣传等行为。

第 7 条　所有资本市场人员应当保守商业机密和个人隐私，不得泄露客户或企业的机密信息。

（1）不得利用职务之便获取、利用客户资料等商业机密信息。

（2）不得将客户资料等商业机密信息泄露给未经授权的第三方。

（3）不得泄露企业内部信息或同事的个人隐私。

第 3 章　业务操作规范

第 8 条　所有资本市场人员应当了解客户的投资目的、风险承受能力、投资期限等基本信息，并根据客户的投资目的和风险偏好为其提供合适的投资建议或服务。

（1）在提供服务前，应当充分了解客户的基本信息，包括客户的投资经验、投资目的、投资期限、风险承受能力等。

（2）在提供服务时，应当根据客户的投资目的和风险偏好，为其提供合适的投资建议或服务。

（3）在进行交易时，应当充分告知客户有关交易产品的基本信息和风险提示。

第 9 条　所有资本市场人员应当遵守交易流程，进行必要的风险披露和警示，并严格按照客户授权操作。

（1）在进行交易前，应当向客户进行必要的风险披露和警示，告知交易风险等相关信息。

（2）在接受客户授权时，应当在客户充分理解相关风险和产品特性的前提下，明确征得客户的书面授权。

（3）在进行交易时，应当严格按照客户的授权操作，不得超出授权范围或违反交易规则。

第10条 所有资本市场人员应当保持客户资产独立性，不得挪动客户资产用于自己或他人的私人用途。

（1）不得将客户资产与自己或他人的资产混淆或挂钩。

（2）不得将客户资产用于自己或他人的私人用途，包括但不限于以客户名义进行虚假交易、转移客户资产等。

（3）在进行客户资产管理时，应当严格遵守相关规定，不得超越自己的职权范围。

第11条 所有资本市场人员应当严格遵守企业内部管理规定，不得利用职权谋取私利或以任何形式接受客户贿赂。

（1）不得利用企业资源、职务之便等优势谋取个人私利。

（2）不得收受客户贿赂或其他不当利益，也不得以任何形式向客户索要财物或其他不当利益。

（3）在提供服务时，应当以客户的需求和利益为导向，不得将客户利益转移或用于个人或他人的私利。

第4章 管理与监督

第12条 企业资本市场部门应当建立健全内部控制体系，明确管理层职责和人员职责，规范业务操作流程，加强对资本市场人员的管理和监督。

第13条 合规部负责制定合规政策和制度，开展内部培训和宣传，及时识别和处理违规行为。

第14条 合规部应当定期进行内部审计和合规检查，发现问题及时纠正，并报告监管部门。

第15条 监管部门有权对企业和资本市场人员进行监管和检查，

资本市场人员应当积极配合，提供必要的信息和协助。

第 5 章 处罚与申诉

第 16 条 对于违反本制度规定的资本市场人员，相关部门应当按照相应的纪律处分规定进行处理，并报告监管部门。该员工应积极配合监管部门进行相关调查和处理。

第 17 条 被处分的资本市场人员有权依法提出申诉，并要求公正、公开地处理。

第 18 条 监管部门有权对违规人员进行行政处罚，并有权移送司法机关追究其刑事责任。对于涉嫌犯罪的情况，应当及时报案并配合司法机关进行调查和处理。

第 6 章 附则

第 19 条 本制度由合规部负责编制、解释与修订。
第 20 条 本制度自 ×××× 年 ×× 月 ×× 日起生效。

6.1.9 数据保护

数据保护专项合规管理制度是指为确保个人信息安全、遵守相关法律法规、规范数据处理流程，企业或组织所制定的一套系统化、规范化、可操作化的管理制度。该制度全面规范企业或组织的个人信息处理，旨在保护个人信息主体的权益。

下面是某企业制定的数据保护专项合规管理制度，仅供参考。

数据保护专项合规管理制度

第 1 章 总则

第 1 条 为确保企业遵守相关法律法规，保护客户和员工的个人信息安全，并规范个人信息的收集、使用、储存、传输、销毁等全过程，本企业依据《中华人民共和国个人信息保护法》等相关法律法规，特制定本制度。

第2条 本制度适用于本企业所有涉及数据信息处理的业务活动。

第3条 数据保护人员需要承担责任，建立和维护适当的数据保护管理制度和程序，以确保企业合法、合规地处理、使用和保护个人数据，减少数据和隐私泄露的风险，维护企业的声誉和信誉。

第2章 数据保护人员具体职责

第4条 监督和管理企业的个人数据处理、使用和保护活动，确保企业遵守适用的数据保护法律法规和标准。

第5条 数据保护人员需要了解适用的法律法规和标准，指导企业合法、合规地处理、使用和保护个人数据。

第6条 对员工进行数据保护培训，并定期审查和更新企业的数据保护政策和程序。数据保护人员需要确保员工了解企业的数据保护政策和程序，以便员工能够遵守规定的标准和程序。

第7条 建立和维护数据保护管理制度，包括数据处理程序和数据保护政策，以确保企业遵守适用的数据保护法律法规和标准。数据保护人员需要根据企业的业务和数据处理需求，建立和维护适当的数据处理程序和数据保护政策。

第8条 及时响应和处理员工和客户的数据保护问题和投诉，并向监管机构报告数据泄露情况或违规行为。数据保护人员需要及时处理数据保护问题和投诉，并在发生数据泄露或违规行为时及时向监管机构报告。

第3章 数据处理程序

第9条 数据保护人员应确保企业的数据处理程序符合适用的数据保护法律法规和标准，包括但不限于采取适当的安全措施、限制数据使用和保留期限等。

第10条 数据处理程序应根据不同类型的数据和处理方式而有所不同，应符合适用的法律法规和标准，以确保个人数据的安全性和保密性。

第 11 条 为了保护个人数据的安全，数据保护人员需要对数据处理程序进行定期审查和更新。

第 12 条 对于任何数据泄露或违规行为，数据保护人员应立即采取措施，包括但不限于通知相关方、限制数据访问和使用、恢复数据安全等。

第 4 章 数据保护方法

第 13 条 数据保护人员应建立和维护企业的数据保护政策，并确保员工和其他相关方遵守该政策。

第 14 条 数据保护政策应根据不同类型的数据和处理方式而有所不同，应包括但不限于个人数据的使用目的、数据保护措施、数据使用和存储期限等内容。

第 15 条 数据保护人员应定期审查和更新数据保护政策，以确保其符合适用的数据保护法律法规和标准。

第 16 条 数据保护人员需要确保数据保护政策与企业的业务活动相符，以便为企业的数据处理活动提供适当的指导和规范。

第 5 章 数据保护培训

第 17 条 数据保护人员应为所有员工提供数据保护培训，并确保员工了解企业的数据保护政策和程序。

第 18 条 数据保护培训应包括但不限于个人数据的保护措施、数据使用和存储期限、数据保护政策的内容等。

第 19 条 数据保护人员应定期开展数据保护培训，以确保员工了解和遵守企业的数据保护政策和程序。

第 20 条 数据保护人员应积极参与数据保护培训，并提供相应的培训资源和支持。

第 6 章 数据销毁

第 21 条 数据保护人员建立和实施数据销毁规定，对于不再需要的个人信息应当及时采取必要的措施进行删除或销毁，以避免数据被不当利用。删除或销毁时应当使用专业设备,防止信息被恢复。

第 22 条　数据保护人员要严格遵照个人信息销毁流程,对于不再需要的个人信息应当按照规定的程序进行销毁,销毁的方式应当符合国家相关法律法规的规定。销毁记录应当保存至少五年。

第 7 章　数据跨境传输

第 23 条　数据保护人员应该严格遵守《中华人民共和国个人信息保护法》等相关法律法规的规定,跨境传输的个人信息应当符合国家相关法律法规的规定,取得必要的授权和同意。

第 24 条　数据保护人员应该采取必要的技术和组织措施,确保跨境传输的个人信息安全。在跨境传输前,应当评估目的地国家或地区的数据保护水平,并选择符合要求的安全保护措施。

第 8 章　数据保护审查和更新

第 25 条　数据保护人员应定期审查和更新本管理制度、数据处理程序和数据保护政策,以确保其符合适用的数据保护法律法规和标准。

第 26 条　数据保护人员应定期审查企业的数据保护实践,并采取必要的纠正措施,防止再次发生同样的问题。

第 27 条　数据保护人员必须定期向企业管理层报告数据保护实践情况和问题,以确保企业的数据保护合规性。

第 28 条　数据保护人员应将数据保护合规性纳入企业的绩效评估和报告体系,确保企业的数据保护工作得到充分关注和支持。

第 9 章　数据保护投诉和违规行为处理

第 29 条　数据保护人员应建立投诉处理程序,并在规定的时间内处理投诉,并采取必要的纠正措施,防止再次发生同样的问题。

第 30 条　对于发现的数据泄露情况或违规行为,数据保护人员应立即采取措施,包括但不限于通知相关方、限制数据访问和使用、恢复数据安全等。

第 31 条　数据保护人员需要及时响应和处理员工和客户的数据保

护问题和投诉，并向监管机构报告任何数据泄露或违规行为。

第 32 条 数据保护人员需要建立有效的投诉处理程序，包括收集、审核、调查、纠正和记录投诉，并根据投诉的性质和严重程度采取适当的行动。

第 10 章 其他必要说明

第 33 条 数据保护人员在收集、使用、储存、传输、销毁个人信息时应当以最小化的方式进行，仅收集和使用必要的信息，不得收集超出必要范围的信息。

第 34 条 数据保护人员应当尊重个人信息主体的权利，尊重其知情权、参与权、决定权、访问权、更正权、删除权等权利。在个人信息处理过程中，企业应当保护个人信息主体的合法权益，不得损害其利益。

第 11 章 附则

第 35 条 本制度由合规部负责编制、解释与修订。

第 36 条 本制度自 ×××× 年 ×× 月 ×× 日起生效。

6.1.10 反垄断

反垄断专项合规管理是指企业为遵守反垄断法律法规，加强对自身经营活动的监督和管理，预防和化解潜在的反垄断风险，建立和完善反垄断合规体系的一系列措施和行动。反垄断专项合规管理的目的是防范企业在市场竞争中出现违反反垄断法律法规的行为，维护市场公平竞争秩序，保护消费者和社会公共利益。反垄断专项合规管理包括但不限于下面这些内容。

1. 明确反垄断合规责任人和组织架构

企业需要明确反垄断合规的责任人和组织架构，建立相应的管理机制，确保反垄断合规工作得到有效落实。一般来说，企业需要设立反垄断合规部门或专人负责反垄断合规工作，并与其他部门协同配合，共同推动反垄断合规管理工作的开展。

2. 制定反垄断合规制度和相关规章制度

企业需要制定反垄断合规制度和相关规章制度,包括反垄断内部控制制度、反垄断经营行为准则、反垄断风险评估制度、反垄断合规监督机制等,明确反垄断合规要求和规范。此外,企业还需要定期修订和完善反垄断合规制度,以适应市场环境和反垄断法律法规的变化。

3. 开展反垄断培训

企业需要开展反垄断培训,增强员工的反垄断意识和法律素养。反垄断培训应当覆盖企业所有员工,包括高管、业务人员、法务人员等,培训内容应当包括反垄断法律法规、反垄断合规制度和相关规章制度等,使员工对反垄断合规管理有深入的理解和掌握。

4. 审查和规范企业市场活动

企业需要审查和规范企业市场活动,防止出现价格垄断、限制竞争等行为。企业需要制定价格策略、促销策略等内部审核机制,避免存在不公平竞争行为。

5. 审查和规范企业并购、联合经营等经营行为

企业需要审查和规范企业并购、联合经营等经营行为,防止出现垄断市场的情况。企业需要在进行并购、联合经营等交易前进行垄断风险评估,并严格遵守国家反垄断法律法规的规定,以避免出现垄断行为或被指控垄断。

6. 建立并完善投诉处理机制和内部监察机制

企业需要建立并完善投诉处理机制和内部监察机制,及时发现和规避反垄断风险。企业应当建立投诉渠道,对收到的反垄断举报和投诉进行及时核实和处理,同时建立内部监察机制,对企业反垄断合规管理的实施情况进行定期检查和评估。

下面是某家企业制定的反垄断专项合规管理指南,仅供参考。

反垄断专项合规管理指南

一、简介

本指南是为了帮助企业制定反垄断合规管理制度、提高员工反垄断意识、规范市场行为、降低反垄断风险而编制的。

二、适用范围

本指南适用于企业所有业务及经营活动，特别是在经营活动中存在反垄断风险的业务。

三、组织结构

1. 反垄断合规团队

本企业建立了反垄断合规团队，由专业的合规人员领导，该团队主要负责制定反垄断合规政策和相关制度，对企业反垄断合规事务进行管理和监督，并定期向高级管理层和合规委员会汇报。

2. 合规委员会

合规委员会由公司高层管理人员、法务部门人员、审计部门人员组成。公司高层管理人员担任合规委员会主席。

四、合规政策和程序

1. 反垄断制度

本企业制定了反垄断制度，明确规定了企业员工在开展业务时必须遵守的反垄断法律和规定。该政策包括以下 5 个方面内容。

（1）禁止搭售、差别待遇、限制交易对象、独占经营等行为。

（2）禁止与竞争对手达成任何形式的垄断协议。

（3）禁止虚假宣传和误导消费者。

（4）禁止使用滥用市场支配地位的手段打压竞争对手。

（5）建立企业内部检查和举报机制，并对违规行为进行严肃处理。

2. 反垄断合规程序

本企业制定了反垄断合规程序，包括以下 5 个方面的内容。

（1）建立反垄断合规档案，保存相关记录和证据，确保反垄断合规工作的可追溯性。

（2）对重要业务活动、合并、收购等进行反垄断风险评估和审查，并在必要时向相关部门和管理层报告。

（3）定期开展反垄断培训和教育活动，增强员工反垄断意识和法律素养。

（4）建立反垄断举报渠道和处理机制，对涉及反垄断违规行为的举报进行调查和处理。

（5）定期开展反垄断检查和自查，发现问题及时纠正并制定改进措施。

五、部门和个人的行为规范

1.销售部和市场部

（1）禁止价格协议、限制交易对象、独占经营等垄断行为，严禁搭售、差别待遇等价格歧视行为。

（2）禁止泄露竞争对手的商业机密，尊重知识产权，禁止侵犯他人的专利、商标、著作权等知识产权。

（3）在进行促销活动时必须遵守反垄断法律和规定，避免滥用市场支配地位压低价格、垄断渠道等不正当竞争行为。

（4）未经企业合规团队批准，禁止与竞争对手协商或达成任何形式的垄断协议。

2.采购部

（1）禁止在招标过程中与竞争对手协商或达成任何形式的垄断协议，不得针对特定供应商或品牌进行歧视或限制。

（2）采购过程中应遵守公平竞争原则，不得接受或提供任何形式的贿赂或回扣。

（3）采购部应加强对供应商的管理和监督，确保供应商遵守反垄断法律和规定，防止合作过程中出现反垄断违规行为。

3.研发部

（1）禁止通过垄断行为获得技术专利或其他不正当竞争优势，保护知识产权和技术创新。

（2）遵守知识产权法律和规定，不得侵犯他人的知识产权，对自己的知识产权进行有效保护。

（3）研发部要根据反垄断政策和合规要求，明确研发过程中可能存在的反垄断风险，并采取适当措施予以防范和控制。

4.高管和管理人员

（1）禁止在经营决策中违反反垄断法律法规有关规定，以及企业反垄断政策和合规要求。

（2）要根据反垄断政策和合规要求，明确企业业务活动中可能存在的反垄断风险，并采取适当措施予以防范和控制。

（3）高管和管理人员要树立反垄断合规的意识，积极引导员工树立反垄断合规的理念，促进企业反垄断合规文化的建设。

六、反垄断合规监督

反垄断合规团队应定期监督企业各部门的反垄断合规情况，对反垄断合规工作进行检查、评估和分析，并提出相应的改进建议。监督内容包括但不限于：

（1）反垄断政策的落实情况；

（2）反垄断风险的评估和控制；

（3）对员工反垄断法律和规定的宣传和培训；

（4）反垄断检查和自查情况；

（5）反垄断违规举报和处理情况。

七、禁止垄断集中

禁止垄断集中是反垄断法的又一重要内容。垄断集中行为可能导致市场竞争的减少、垄断行为的形成，因此企业需要了解反垄断法律法规，规避垄断集中的风险。

1.禁止垄断集中的企业行为

（1）企业不得进行可能导致市场份额过度集中的垄断集中行为。

（2）企业在进行合并、收购、联合经营等行为时应当认真评估可能产生的市场影响，遵守反垄断法律法规的相关规定，及时向相关主管部门报告，接受监督和审查。

2.禁止垄断集中的应对措施

（1）企业应当加强对垄断集中的监测和评估，及时发现并消除可能产生的反垄断风险。

（2）企业应当加强与其他企业之间的合作与交流，加强与竞争对手的沟通和协调，建立长期、稳定的合作关系。

6.1.11 反商业贿赂

反商业贿赂专项合规管理制度是企业为规范商业活动、防范商业贿赂行为、提高企业的声誉和公信力，特别针对高风险业务、高风险地区、高风险供应商和客户等开展的一系列管理措施和制度。

下面是某企业制定的反商业贿赂专项合规管理制度，仅供参考。

反商业贿赂专项合规管理制度

第1章 总则

第1条 为了规范企业商业活动，防范商业贿赂行为，提高企业的声誉和公信力，本企业依据《中华人民共和国反不正当竞争法》《中华人民共和国刑法》等法律法规，特制定本制度。

第2条 本制度适用于企业全体人员和代理人。

第3条 本制度相关人员岗位职责如下。

（1）全体人员应当遵守本制度及企业其他反腐败和合规政策、程序和准则，了解和掌握反商业贿赂的基本知识和技能，参加企业组织的相关培训和教育，提高反商业贿赂意识和能力。

（2）各部门负责人应当负责向直属下级宣传和解释本制度，并加强对直属下级的管理和监督，确保直属下级的行为符合本制度的要求。

（3）合规部应当负责制订、实施、监督和更新反商业贿赂计划，并定期向上级管理人员和全体人员报告反商业贿赂工作进展情况。合规部门负责人还应当为其他人员提供支持和帮助，解答企业人员的疑问，提供必要的培训和教育。

（4）相关部门应当根据本制度的要求制定相应的内部管理制度和流程，并确保其有效执行。

第2章 企业人员行为规范

第4条 企业人员应该了解并遵守本制度及企业的其他反腐败和合规政策、程序和准则。

第5条 企业人员应当参加企业组织的相关培训和教育，提高反商业贿赂意识和能力。

第6条 企业人员不得向关联方或其他人员支付或提供任何不当利益，以获取或保持业务或其他利益。

第7条 企业人员不得与关联方或其他人员进行私下交易，或以任何方式逃避企业的业务审批程序。

第8条 企业人员不得以任何形式接受超过礼节和商业惯例的礼品等。

第9条 企业人员应该保持良好的商业道德和职业操守，不得参与任何违反法律法规和道德标准的活动。

第10条 企业人员应该及时向企业报告任何涉嫌商业贿赂的行为，并积极配合企业的调查。

第3章 企业外部贿赂行为禁止

第11条 严禁企业人员向政府官员、政治团体、商业竞争对手、客户、供应商、中介机构等任何组织或个人行贿。

第12条 企业人员不得以任何形式向政府官员、政治团体、商业竞争对手、客户、供应商、中介机构等任何组织或个人索贿。

第13条 企业人员在与政府机构、政治团体、商业竞争对手、客户、供应商、中介机构等任何组织或个人进行商业活动时应当遵守国家法律法规、行业规范和商业道德准则，不得违反反贿赂法律法规。

第14条 企业人员必须遵守对供应商和业务合作伙伴的管理制度，

对供应商和业务合作伙伴的资质、信誉、反贿赂能力等进行审核评估，并定期对供应商和业务合作伙伴的合规情况进行检查和监督。

第15条 企业应当对政府采购等与政府有关的商业活动进行特别管理，确保企业在商业活动中遵守国家法律法规和商业道德准则，不得有任何形式的贿赂和其他违法行为。

第16条 严禁企业人员将企业资源或利益转移给与业务无关的私人方。

第4章 礼品、请客和商务招待的管理

第17条 禁止企业人员向任何关联方或其他人员支付或提供任何超过礼节和商业惯例的礼品等。

第18条 企业人员和代理人不得以任何形式接受超过礼节和商业惯例的礼品等。

第19条 企业人员在接受礼品、请客和商务招待时应当遵守企业制定的标准和程序，并及时向企业进行申报和记录，确保公开、透明。

第20条 如果企业人员或代理人需要接受礼品等，则必须以书面形式向企业申请，并获得企业的书面批准。申请时应当详细说明礼品价值等相关信息。

第5章 严格审批与支付制度规范

第21条 所有付款都必须经过严格的审批程序，并由经过授权的人员进行支付。

第22条 审批程序包括但不限于以下流程。

（1）付款申请：申请人提交付款申请，并提供与该付款相关的所有必要材料和证明。

（2）审批：申请人提交付款申请后，相关部门负责人将对申请进行审批，确保付款事项符合相关规定和要求。

（3）支付：经过审批的付款申请将由被授权的财务人员进行支付，并妥善保存付款记录。

第 23 条 企业应该建立付款记录管理系统，记录所有与企业业务有关的付款记录，包括付款日期、金额、对象、付款原因等信息，并保存至少 5 年。

第 24 条 所有涉及供应商和客户的付款都应该通过正规的银行账户进行，以确保资金流转的透明性和合法性。

第 6 章 违规处理

第 25 条 对违反本制度的企业人员，企业将视情况采取相应的处理措施，包括口头警告、书面警告、罚款、停职、解雇等。

第 26 条 对于严重违反反贿赂法律法规的企业人员，企业将按照国家有关法律法规和企业内部规定严肃处理，并保留追究其刑事责任的权利。

第 27 条 对于存在反贿赂行为的供应商和业务合作伙伴，企业将依据合同和法律法规有关规定采取相应的措施，包括暂停或终止合作等。

第 28 条 企业应当对处理违规行为的企业人员和供应商、业务合作伙伴进行记录和归档，以便于后续的监督和评估。

第 7 章 附则

第 29 条 本制度由合规部负责编制、解释与修订。

第 30 条 本制度自 ××××年××月××日起生效。

6.1.12 安全生产

安全生产专项合规管理是一个复杂的系统工程，需要从多个方面入手，确保生产过程中的人员和设备安全。下面是一些具体的措施和要求。

1. 制定安全生产管理制度和规章制度

企业应该制定符合国家法律法规和行业标准的安全生产管理制度和规章制度，明确各级管理人员和生产人员的安全生产责任和职责，并在全员中宣传和培训相关内容，确保制度的有效执行。

2. 完善安全生产管理体系

企业应该建立完善的安全生产管理体系，包括风险评估、安全防范、应急管理、事故调查等内容。在风险评估方面，要对生产过程中的危险因素进行分析和评估，制定相应的防范措施。在应急管理方面，要制订应急预案和演练计划，提高企业应对突发事件的能力。

3. 加强安全生产教育和培训

企业应该加强对生产人员安全生产意识和技能的培训，通过定期的安全教育、培训和演练，增强生产人员的安全意识和技能，增强其应对突发事件的能力。

4. 加强现场管理

企业应该加强现场管理，落实各项安全生产措施，确保设备、设施、物料的安全运行。如在设备管理方面，要对设备进行定期检查、维护和保养，确保设备的安全性和可靠性。在物料管理方面，要对危险物品的存储和运输进行严格管理，防止物料泄漏和事故发生。

5. 定期开展安全生产检查和评估

企业应该定期开展安全生产检查和评估，及时发现和排除安全隐患，确保生产过程中的安全。检查和评估的内容应该包括生产设备的安全性、人员的安全意识和技能、应急预案的完善程度等方面。

6. 建立安全生产档案

企业应该建立安全生产档案，做好事故记录和调查工作，总结经验教训，不断完善安全生产管理工作。档案应包括生产设备的维修和保养记录、生产人员的安全培训记录、事故调查和处理情况等内容，以备查阅和管理。

7. 引进安全生产技术装备

企业需要增加对安全生产技术装备的投入，引进先进的安全生产技术装备，提高生产过程的安全性和自动化程度。同时，要对生产设备进行定期检查和维护，确保生产设备的安全性和可靠性。

8. 推行安全生产文化建设

企业需要推行安全生产文化建设，加强对生产人员的安全教育和培训，提高生产人员安全意识和责任感。同时，通过各种形式和渠道宣传安全生产知识和经验，提高生产人员的安全素养和自我保护能力。

9. 强化社会责任和环保工作

企业需要强化社会责任和环保工作，确保生产过程不对环境造成污染和破坏。同时，要充分考虑生产人员的生产环境和劳动条件，确保生产人员的身体健康和安全。

下面是某企业制定的安全生产现场管理合规指南，仅供参考。

安全生产现场管理合规指南

一、简介

本指南旨在为企业提供一套全面、系统的安全生产现场管理方案，确保企业在生产经营现场遵守国家法律法规、规范操作，以预防事故发生和保障企业人员生命安全和财产安全。

二、适用范围

本指南适用于企业所有生产业务。

三、安全标志

1. 标识明显

应根据企业的安全管理规定和生产现场的实际情况设置明显、清晰的安全标志和标识，确保生产人员能够迅速识别和理解。

2. 禁止标志

对于危险化学品生产而言，禁止标志必须严格按照规定进行安放，如"禁止吸烟""禁止闲杂人员进入"等，用于警示生产人员注意现场的安全风险和安全操作规程。

3. 指示标志

除禁止标志外，还应根据不同危险化学品的特性和危险性设置相应的指示标志。

四、安全设施

1. 自动报警系统

应根据危险化学品生产的实际情况和要求设置自动火灾报警系统、

泄漏报警系统、燃气报警系统等安全设施，确保一旦发生火灾、泄漏等安全事故时，能及时报警并采取相应的紧急措施。

2. 安全出口

生产现场应设置足够数量和规格的安全出口，并标明明显的出口标识，保障生产人员在紧急情况下能够及时、安全地疏散。

3. 防护设施

生产部应根据危险化学品的特性和危险性设置相应的防护设施和防护用品，如防火墙、防爆门、防护面罩、防护服等，确保生产人员能够安全地进行作业。

五、现场作业规程

1. 系统规范

应制定明确的现场作业规程，包括作业流程、安全操作规程、紧急处理措施等，明确生产人员的作业职责和操作方法，确保作业安全和高效。

2. 责任明确

对于危险化学品的生产，生产现场的作业流程需要细化到具体步骤和操作流程，严格执行现场作业规程，确保生产人员的作业职责和操作方法落实到位。

3. 防护措施

作业流程中应包含防护措施和设备的使用方法和注意事项，如何佩戴、使用、保养、维护和存放等细节要求，以确保生产人员能够安全地作业。

六、安全检查和隐患排查

1. 定期检查

危险化学品生产部门必须定期开展安全检查和隐患排查工作，及时发现和排除安全隐患，保障生产现场的安全。

2. 工艺检查

除对设备、安全设施等进行检查外，还应对危险化学品生产的工艺流程进行检查，确保生产过程中不存在不合理的环节和安全隐患。

3. 隐患排查

应及时采取措施消除发现的安全隐患，并建立安全隐患台账，记录和跟踪隐患的排查、整改及复查情况，确保彻底解决安全隐患。

七、应急管理

1. 应急预案

危险化学品生产部门应制定应急预案和演练方案，明确应急组织机构、应急处置流程和措施，加强应急物资的储备和更新，确保应急处理措施的快速、准确、有序实施。

2. 应急演练

应定期组织应急演练，提高生产人员的应急处理能力和反应速度，确保安全生产事故得到快速、有效处理。企业还应定期对应急预案和演练方案进行评估和更新，保证应急措施的适应性和有效性。

3. 应急物资和装备储备

（1）安全部应该储备必要的应急物资和装备，如灭火器、呼吸器等，以备突发事件发生时使用。

（2）安全部应该定期检查和维护应急物资和装备，确保其完好有效。

八、安全管理人员和安全教育

1. 安全管理人员

对于危险化学品生产或者高风险生产设备，必须配备专业的安全管理人员，按照法律法规和企业标准要求，对生产人员进行安全教育、安全培训和安全考核。

2. 安全教育

在现场管理过程中，对生产人员进行安全教育和培训，让生产人员了解生产现场的危险性和防范措施，增强生产人员的安全意识和防范意识。

3. 安全考核

对生产人员进行定期安全考核和技能培训，以提高生产人员的安全意识和防范意识，确保生产人员能够熟练掌握安全操作规程和应急处理措施。

6.2 重点关注环节制度、指南设计示范

6.2.1 制度制定

制度制定专项合规管理是指企业或组织为确保制度制定过程的合规性，遵循相关法律法规和规范要求，采取的一系列措施和管理活动。下面是制度制定专项合规管理的主要内容。

1. 制度制定过程合规性管理

制定制度的过程应该遵循明确的流程和程序，以确保制度制定过程的合规性。具体包括明确制度制定的目的和依据，确保制定的制度符合国家法律法规有关规定和企业内部规定；确定制定流程和程序，包括制定、审批、发布和修订等过程；制定制度制定人员的职责和要求，包括起草、审批、发布和修订人员的权限和责任；制定制度的起草标准和要求，包括文本格式、文字要求和审批流程等。

2. 制度内容合规性管理

制度内容的合规性是制度制定的核心要求，也是企业或组织保证制度合规性的关键环节。制度内容的合规性管理包括：核对制度是否符合国家法律法规和规范要求，是否存在风险和合规问题；制定制度内容标准和规范，确保制度内容的准确性、规范性和合规性；制定制度修改和审批程序，确保制度修改和审批过程的合规性和风险控制。

3. 制度实施合规性管理

制度实施是制度制定的最终目的，对于确保制度合规性和实施效果至关重

要。制度实施合规性管理包括：制订实施计划和方案，确保实施程序的合规性和效果；设立实施责任人和部门，确保实施责任的明确和执行；建立实施监督机制和评估体系，定期监督和评估制度实施情况，确保实施效果的达成和合规性的维护。

4. 制度修订合规性管理

制度修订是制度实施过程中的常规性工作，也是制度合规性的维护和提高的重要环节。制度修订合规性管理包括：核对修订内容是否符合国家法律法规和规范要求，避免因修订导致风险和不合规情况发生；制定修订流程和程序，确保修订过程的合规性和风险控制；建立修订审批机制和流程，确保修订审批程序的合规性和风险控制；建立修订记录和文档管理制度，确保修订记录的准确性和完整性，为制度的追溯提供依据。

下面是某企业制定的制度制定过程合规管理指南，仅供参考。

制度制定过程合规管理指南

一、简介

为了确保《收银操作规范》制度制定过程合规、可控，避免潜在的经济风险，特制定本指南。

二、适用范围

本指南适用于所有与收银相关制度的制定过程。

三、明确制度制定的目的和范围

收银部在制定《收银操作规范》时，需要明确制度制定目的和适用范围。制度目的是规范收银操作流程、提高工作效率、减少错误操作和避免潜在的经济风险。适用范围为收银部所有收银员。

四、收集相关信息和意见

为了制定出更为科学、合理的《收银操作规范》，收银部需要收集相关信息和意见。收集的信息包括企业的管理制度、行业标准和相关法律法规等，以了解零售行业收银工作的一般流程和规范要求。同时，

也应征求收银员的实际操作意见和建议，了解他们在实际工作中遇到的问题和难点。

五、确定制度的内容和要求

根据制度制定目的和适用范围，收银部制定《收银操作规范》的具体内容和要求，包括操作流程、付款方式、退换货流程、补差价规定等。

1. 操作流程

收银部规定收银员的操作流程，包括开机前的准备工作、交接班的规定、验货、开票、接待顾客、结算等步骤，特别是在结算环节，要求收银员准确核对货品数量、品牌、型号、价格等信息，确保没有漏收或错收现象。

2. 付款方式

收银部制定各种付款方式的操作规范，如现金、银行卡、支付宝等，要求收银员掌握各种付款方式的操作流程和规范，并对其有足够的了解，避免因操作失误导致的经济风险。

3. 退换货流程

收银部规定退换货的流程，包括顾客要求退换货的处理、退货清单的填写、退款的流程等，要求收银员能够准确识别货品的瑕疵、质量问题或不符合顾客需求的情况，做到及时退换。

4. 补差价规定

收银部制定补差价的规定，包括差价原因的审核、差价单的填写和核对等，要求收银员能够熟悉掌握各种补差价的规定和流程，避免差错。

六、草拟制度

依据确定的内容和要求，收银部草拟《收银操作规范》。在草拟过程中，应尽量明确详细的流程和操作规范，避免留下不清晰的条款。同时，收银部应注重规范条款的可操作性，充分考虑实际操作中的各种情况和变化。

七、内部审批和修改

草拟完成《收银操作规范》后，收银部应将其提交给相关领导进行审批，以审查规范条款的合法性和实际可行性，保证规范的全面性和完整性。如果存在问题，应及时进行修改和完善。

八、公示和征求意见

经过内部审批和修改后，收银部应将《收银操作规范》进行公示，并征求收银员的意见。收银部可以通过开展内部培训、座谈会、问卷调查等形式，了解收银员对规范条款的理解情况和实际操作中的问题，并进行修改和完善。

九、正式发布和宣传

经过公示和意见征集后，收银部应根据收银员意见进行修改和完善，再报审批后正式发布《收银操作规范》。同时，收银部要在企业内部宣传规范条款，以确保所有收银员都能理解和执行规范。具体可以通过制定内部文件、邮件通知、会议宣传等多种方式来宣传规范。

十、执行和监督

为了确保《收银操作规范》能够得到有效实施，收银部应设立专门的规范执行小组，对规范进行执行和监督。规范执行小组可以对收银员进行实地检查，及时解决规范条款不清晰或无法执行的问题。同时，收银部应对规范进行定期评估和更新，以保证规范的实际效果符合预期。

十一、制度修订

企业要对制度进行修订，使之适应企业的实际情况。制度修订程序应符合相关规定，修订后的制度应重新进行审批和公示。

（1）制度修订应当由相关部门或人员提出，并应注明修订原因、内容和范围等。

（2）制度修订应按照企业内部规章制度及程序审批，并应将重大修订或涉及企业重大利益的制度交由企业领导层审批。

（3）制度修订公示应当在修订完成后及时进行，且公示时长不得少于3天。

（4）对于涉及员工合法权益和利益保护的制度，应当通过多种渠道向员工通报修订情况，并对员工进行相应的培训和辅导工作。

6.2.2 经营决策

经营决策专项合规管理制度是企业为规范和控制专项决策行为、防范风险、保护企业和利益相关方的合法权益而建立的一套管理制度，主要针对企业在特定的经营活动中所做的决策，如投资、合作、并购、股权激励、债务融资、资产处置、涉外业务等。

下面是某企业制定的经营决策专项合规管理制度，仅供参考。

经营决策专项合规管理制度

第1章 总则

第1条 为规范企业的经营决策行为，保障企业的经营效益和股东利益，根据国家法律法规和企业内部规定，特制定本制度。

第2条 本制度适用于企业的各项经营决策活动。

第3条 企业应当建立健全经营决策程序和管理制度，明确决策流程、责任和权限，保证决策的合规性和有效性。

第2章 投资决策

第4条 投资决策应当符合企业的战略规划和发展目标，并进行全面风险评估和实施方案评估。

第5条 在进行投资决策时应当严格遵守相关的法律法规和企业内部规定，不得违反企业的投资政策和超过企业的风险承受能力。

第6条 对于重大投资决策，应当进行专业评估和审查，并报请董事会审批。

第7条 投资过程中应当注意保护投资方和被投资方的合法权益，

严格遵守相关法律法规和合同约定。

第 3 章 合作决策

第 8 条 与合作方进行合作前，应当全面了解其基本情况、信誉度和经营状况等信息，然后签订合作协议。

第 9 条 在合作过程中，应当按照协议规定履行各自的义务和责任，并及时解决合作中出现的问题。

第 10 条 合作中涉及的重大事项应当及时报告董事会，并获得董事会的批准。

第 4 章 并购决策

第 11 条 在进行并购决策时应当进行充分的尽职调查和风险评估，并进行方案比较和综合评估。

第 12 条 并购过程中，应当遵守相关法律法规和企业内部规定，如《中华人民共和国反垄断法》《中华人民共和国证券法》等，并进行全面的信息披露。

第 13 条 并购涉及的重大事项应当及时报告董事会，并获得董事会的批准。

第 5 章 股权激励决策

第 14 条 股权激励应当符合企业的战略规划和发展目标，并进行全面风险评估和实施方案评估。

第 15 条 应当合理设计股权激励计划，对于管理层和核心骨干员工给予适当的激励，激励目标应当与企业的长期发展目标一致。

第 16 条 股权激励计划应当严格按照相关法律法规和企业内部规定实施，若要对股权激励计划进行调整或变更应当及时报告董事会并获得批准。

第 6 章 债务融资决策

第 17 条 在进行债务融资决策时应先开展风险评估和资金需求

评估，确定合理的债务融资计划。

第18条 债务融资应当遵守相关法律法规和企业内部规定，如《中华人民共和国公司法》《中华人民共和国证券法》等，并进行全面的信息披露。

第19条 债务融资涉及的重大事项应当及时报告董事会，并获得董事会的批准。同时，应当注重债务的还款能力和风险控制，避免债务负担过重。

第7章 资产处置决策

第20条 在进行资产处置决策时应先开展资产评估和风险评估，确定合理的处置方案。

第21条 资产处置应当遵守相关法律法规和企业内部规定，如《中华人民共和国公司法》《中华人民共和国资产评估法》等，并进行全面的信息披露。

第22条 资产处置涉及的重大事项应当及时报告董事会，并获得董事会的批准。同时，应当注重资产处置的合规性和合理性，避免违规操作和损害企业利益。

第8章 涉外业务决策

第23条 在进行涉外业务决策时应先全面了解当地的法律法规和市场环境，进行全面风险评估和实施方案评估。

第24条 涉外业务应当遵守相关法律法规和企业内部规定，如《中华人民共和国外汇管理条例》及相关进出口管理条例等，并进行全面的信息披露。

第25条 涉外业务涉及的重大事项应当及时报告董事会，并获得董事会的批准。同时，应当注重涉外业务的合规性和风险控制，避免违规操作和损害企业利益。

第9章 经营决策程序

第26条 企业应当建立健全经营决策程序和管理制度，包括决策流程、责任和权限等方面。

第 27 条 经营决策程序应当分别适用于不同类型的决策，严格按照程序和规定执行，确保决策的合规性和有效性。

第 28 条 对于重大决策，应当进行专业评估和审查，形成决策建议，并报请董事会审批。

第 10 章 决策执行和监督

第 29 条 经营决策应当严格按照决策方案和规定执行，保障决策的顺利实施和效果的实现。

第 30 条 企业应当建立健全内部控制和监督机制，加强对决策执行过程中的风险控制和监督，防范风险和损失。

第 11 章 管理制度的执行和监督

第 31 条 企业应当建立健全管理制度和流程，保证决策的合规性和有效性。

第 32 条 应当定期对管理制度进行评估和更新，及时完善不足之处，保证制度的适应性和有效性。

第 33 条 企业应当建立健全内部审计机制，对管理制度的执行情况进行审计和监督，及时发现和解决问题。

第 12 章 附则

第 34 条 本制度由合规部负责编制、解释与修订。

第 35 条 本制度自××××年××月××日起生效。

6.2.3 生产运营

生产运营专项合规管理是企业为了满足相关法规、标准和客户要求，对生产运营过程中的各个环节进行规范、监管和控制的管理工作，其具体内容如下。

1. 法律合规管理

企业需要了解并遵守相关的法律法规，制定相应的管理制度和标准，确保生产运营活动符合法律要求。例如，在产品设计、生产、销售过程中需要考虑相关的法律法规，如知识产权、质量标准、环保、税收等。

2. 质量管理

企业需要建立和完善质量管理体系，确保生产过程中每一个环节都符合国家法律法规和行业标准，产品质量达到客户要求。质量管理包括质量控制、质量保证、质量改进等环节，其中质量控制是指生产过程中对产品进行检验、测试、监测等；质量保证是指确保生产过程符合质量要求，产品能够达到质量标准；质量改进是指通过不断地改进和优化生产过程，提高产品质量和生产效率。

3. 安全环保管理

企业需要建立和完善安全环保管理体系，确保生产过程中的安全和环保工作得到有效实施。安全环保管理包括危险化学品管理、事故预防和应急处理、环保治理等方面，需要制定相应的标准和措施，定期进行安全和环保检查和评估。

4. 成本管理

企业需要通过合理的成本控制和优化，提高生产运营效率，降低成本，提高企业盈利能力。成本管理包括成本核算、成本控制、成本优化等环节，需要通过定期的成本分析和管理，确保企业能够有效控制成本，提高生产效率和盈利能力。

5. 信息化管理

企业需要通过信息化手段实现对生产运营数据的实时监测、分析和管理，提高决策效率和精度，优化生产运营流程。信息化管理包括数据采集、数据分析、数据可视化等环节，需要建立相应的信息系统和技术平台，实现信息化管理的目标。

6. 生产过程管理

生产过程管理是生产运营合规管理的核心。企业需要建立和完善生产过程管理体系，对生产过程中的各个环节进行规范、监管和控制。生产过程管理包括生产计划管理、生产控制、生产现场管理、生产设备管理等方面，需要建立相应的管理制度、标准和流程。

7. 供应链管理

企业的供应链包括原材料采购、产品配送和售后服务等环节。企业需要建立和完善供应链管理体系，确保供应链中各个环节都符合国家法律法规和相关标准。供应链管理包括供应商管理、采购管理、库存管理、物流管理等方面，需要建立相应的管理流程和标准。

下面是某企业制定的生产运营中的供应链管理合规指南，仅供参考。

供应链管理合规指南

一、简介

本指南旨在帮助企业实施生产运营合规管理，确保企业的供应链管理方面的合规性。

二、适用范围

本指南适用于企业所有供应链相关活动的合规管理。

三、供应商选择和审核

（1）确认每个供应商是否已经进行 GMP 审核，并且是否持有证书和其他必要的合规文件。如果供应商没有通过 GMP 审核或缺乏必要的合规文件，应该考虑选择其他的供应商。

（2）制定明确的质量标准和验收标准，并且在供应商的合同中加以明确，以确保所有材料和中间体符合质量要求。

（3）确保供应商能够提供所有必要的质量文档，包括审批记录、质量证书和质量控制报告等。因此，应该制定文件管理制度，以记录和跟踪每个供应商提供的材料和中间体。

（4）审核供应商的生产能力和质量管理体系，以确保其能够在需要时保证生产的质量和可靠性。因此，应该对每个供应商进行评估，并建立供应商库，以便对供应商的表现进行监测和评估。

（5）确保有明确的采购协议，阐述质量标准、检查要求、收货验收等要求。因此，应该制定供应商审核和管理流程，确保采购的所有材料和中间体都符合 GMP 标准和企业的质量要求。

四、材料和中间体的接收

（1）所有材料和中间体都应该通过质量控制测试和审查，以确保符合 GMP 标准和企业要求。因此，应该制定明确的验收标准和测试流程，以确保所有材料和中间体都符合质量要求。

（2）所有材料和中间体都应该被追溯，以便能够在需要时进行追溯和调查。因此，应该制定追溯机制和文件管理制度，确保所有材料和中间体都能够被追溯和调查。

（3）确保所有材料和中间体都有适当的存储和处理方式，以确保其质量和纯度不会受到损害。因此，应该制定明确的针对材料和中间体的存储和处理流程，并定期进行检查和维护，以确保材料和中间体的质量和纯度。

（4）制定明确的记录和文件管理制度，记录每批材料和中间体的批次号、生产日期、生产厂家、产地、质量检验结果等信息，以便跟踪每个供应商提供的材料和中间体，并进行文件管理。

五、生产和加工

（1）所有生产和加工工艺都应该符合 GMP 标准和企业要求，故应该制定明确的生产和加工流程，确保符合 GMP 标准和企业的质量要求。

（2）所有操作和工艺都应该进行记录，以便跟踪并证明其符合 GMP 标准和企业要求。因此，应该制定明确的文件管理制度，记录和跟踪每批生产和加工过程，并进行文档管理。

（3）所有员工都应该受过适当的培训，并且都知道并遵守 GMP 标准和企业的质量要求。根据培训计划和考核制度，确保员工了解和遵守 GMP 标准和企业的质量要求。

（4）确保所有机器、设备和仪器都进行了适当的维护和校准，以确保其能够正常工作并满足 GMP 标准和企业的质量要求。因此，应该制定明确的维护和校准流程，并定期进行维护和校准，以确保机器、设备和仪器的可靠性和质量。

六、产品质量控制

（1）对生产的每个产品都应该进行质量控制测试和审查，以确保符合 GMP 标准和企业的质量要求。因此，应该制定明确的质量控制流程和测试方法，确保产品符合质量要求。

（2）每批产品都应该进行记录和文档管理，以便进行追溯和跟踪。根据相关记录和文件管理制度，记录每批产品的批次号、生产日期、生产厂家、产地、质量检验结果等信息，并进行文件管理。

（3）对质量问题和异常情况应该立即进行调查，并记录和报告相关情况。因此，应该建立明确的质量问题处理和报告流程，及时发现和解决质量问题，并进行记录和报告。

（4）根据数据管理和文件管理制度，确保所有质量数据都被记录和管理，并进行文档管理。

七、产品发货和物流

（1）所有产品都应该符合 GMP 标准和企业要求，才能发货给客户。因此，应该建立明确的发货标准和流程，确保产品质量和安全。

（2）确保有文件记录和管理，包括批次记录、质量证书和质量控制报告等，以便跟踪和追溯产品质量。根据文件管理制度，记录每批产品的批次号、生产日期、生产厂家、产地、质量检验结果等信息，并进行文件管理。

（3）确保运输方式和环境符合产品的质量要求，符合 GMP 标准和企业要求。因此，应该制定明确的运输标准和流程，确保产品在运输过程中符合质量要求。

（4）对所有发货情况进行文件记录和管理，以便跟踪和追溯产品质量。根据文件管理制度，记录每批产品的发货日期、发货数量、运输方式、收货单位、收货人等信息，并进行文档管理。

八、监测和评估

（1）建立供应链监测和评估制度，对供应链的合规性和有效性进行监测和评估。

（2）对供应商的表现进行评估和监测，并根据需要采取相应的措施，如提供培训、制订改进计划等。

（3）对供应链的绩效进行评估和监测，以确定存在的风险和潜在问题，并采取适当的措施加以处理。

（4）根据供应链合规审查制度，定期对供应链合规性进行审查，以确保企业符合 GMP 标准和其他法规要求。

6.2.4 发展战略

发展战略专项合规管理是指在企业制定和实施发展战略的过程中，在遵守相关法规和政策的基础上，制定合适的合规管理体系，保持合规性的一系列建议和指导。下面是发展战略专项合规管理的主要内容。

1. 定位战略

企业需要了解市场需求和市场趋势，因此需要进行市场调研，分析市场需求和目标市场；研究竞争对手的战略和市场表现，制定相应的应对措施；确定企业的核心竞争力和品牌价值观。

2. 市场营销战略

制定市场营销战略需要企业从顾客的角度出发，了解他们的需求和行为模式，以及市场趋势和竞争环境。企业要制定促销策略，包括线上线下推广、销售活动和客户服务等；制定渠道策略，包括线上线下销售渠道的选择和管理。

3. 产品开发战略

企业需要不断开发新产品或改进现有产品，以满足市场需求和顾客要求。企业要进行市场调研，分析市场需求和趋势；确定产品研发团队，包括技术人员、设计人员和市场人员等；确定产品研发的流程和标准；保护知识产权，包括申请专利、商标和著作权等。

4. 人力资源战略

人力资源是企业重要资源之一，企业需要制定合适的人力资源战略来吸引、培养和留住人才。企业制订招聘计划和招聘标准，根据发展需求招聘合适的人才，提供员工培训和发展机会，确定员工绩效考核标准和制度，确定员工福利和待遇标准等。

5. 成本控制战略

成本控制战略是企业维持盈利和竞争力的重要手段，企业需要通过控制成本来提高效率和降低成本。企业要加强财务管理，掌握企业的财务状况和成本结构；优化采购和物流管理，降低采购成本和物流成本；提高生产效率，降低生产成本。

6. 创新和研发战略

企业需要不断创新和研发新产品、新技术和新模式，以保持竞争力和行业领先地位。企业要建立创新研发团队，加强技术研发和创新能力；加强市场调研和顾客需求分析，确定创新研发方向和重点；提高知识产权保护和利用效率，确保创新研发成果的合法性和权益等。

7. 国际化战略

国际化战略是企业扩大市场份额和获得更高利润率的一种方式，需要企业充分了解国际市场的情况和国际贸易的法规政策；进行市场调研，了解目标国家的市场的需求和趋势；制定适合国际市场的营销策略，包括品牌推广、渠道选择、价格策略等；关注国际贸易法规政策，确保企业的国际贸易行为符合相关法规和标准。

下面是某企业制定的市场营销战略合规管理指南，仅供参考。

市场营销战略合规管理指南

一、简介

市场营销战略合规管理指南旨在为企业提供关于合规管理的建议和指导，支持企业在制定和实施发展战略的过程中保持合规性。

二、适用范围

本指南适用于企业化妆品市场营销及相关业务。

三、广告和宣传

（1）广告和宣传必须准确、无误地描述产品的特性和性能，不得含有虚假、误导、夸大或欺诈性的信息。在宣传中应当避免使用绝对化、夸张化的表述，避免对产品功能和效果进行虚假宣传。

（2）广告和宣传必须符合化妆品行业的自律规范和标准，遵循道德和商业准则，避免使用不当的性别角色刻板印象、贬低某些族群或散布仇恨、歧视或暴力内容。

（3）在使用社交媒体、论坛或微博等在线平台进行产品宣传时，必须

遵守平台的规定，并披露与企业有关的任何关系。特别是对于新兴社交媒体和短视频平台，应当对平台规则和审查标准进行更加详细的了解，并注意规避可能存在的风险和问题。

（4）在使用有偿代言人、微博作者、社交媒体影响者、演员或模特等公众人物进行产品宣传时，必须遵守相关的法律、规定和行业自律规范，包括在适当的地方进行披露。此外，企业也应该对代言人的社会形象和背景进行审查，避免因为代言人的负面形象而影响企业的声誉和形象。

四、产品标签和包装

（1）化妆品的标签和包装必须符合化妆品行业标准和国家标准，包括但不限于产品名称、规格、生产日期、使用方法、成分等信息的准确性和规范性。

（2）化妆品的标签和包装上不得出现虚假或夸大的宣传语言，包括但不限于产品功效、用途、成分等方面。特别是对于肌肤健康或对疾病有治疗作用的化妆品，不得使用虚假或误导性的医学或科学数据，以宣传或推销产品。

（3）化妆品的包装不得使用不当的性别角色刻板印象、贬低某些族群或散布仇恨、歧视信息。

（4）普通化妆品的包装不得使用儿童的形象、语言或色彩进行宣传，也不得使用与儿童有关的虚假宣传。

五、促销活动和营销策略

1. 促销活动和营销策略必须符合法律和行业规定，不得侵害消费者的合法权益和利益。在进行促销活动时必须遵守《中华人民共和国消费者权益保护法》，包括但不限于准确公布促销信息、商品价格、商品质量等信息，不得进行虚假宣传，不得欺骗消费者等行为。

2. 禁止使用未经许可的他人肖像、姓名、声音、图像、视频或其他个人信息宣传或推销产品。在使用公众人物或消费者的信息时，必须事先获得相关的授权和许可，并且在宣传中进行适当的披露。

（3）禁止使用虚假或误导的权威认证、荣誉或奖项，或误导性的医学或科学数据，以宣传或推销产品。在使用认证、荣誉或奖项时，必须遵守相应的法规和规定，确保信息的准确性和真实性。

（4）促销活动和营销策略必须遵守《中华人民共和国不正当竞争法》和《中华人民共和国反垄断法》，不得采取不正当的手段影响市场竞争和其他企业的正当经营。

（5）在进行促销活动时，必须考虑消费者的健康和安全。对于肌肤健康或对疾病有治疗作用的化妆品，必须确保产品的安全性和有效性，避免因不当的营销策略而给消费者带来风险和危害。

六、线上销售

（1）线上销售渠道必须符合化妆品行业标准和国家标准，包括但不限于品牌官网或品牌 App 等。

（2）在进行线上销售时必须对商品进行真实描述，并提供足够的图片和信息，以让消费者清楚地了解商品的实际情况和属性。

（3）线上销售过程中应当遵守《中华人民共和国消费者权益保护法》《中华人民共和国电子商务法》和其他相关法规，保障消费者的合法权益和利益。线上销售中的商品价格、促销活动等信息应当真实、准确、清晰。

（4）线上销售渠道应当保护消费者的个人信息和隐私，不得收集、使用、泄露和转让消费者的个人信息，以及遵守相关法律和规定。在处理消费者个人信息时，应当采取安全、可靠的技术和措施，防止个人信息被泄露、篡改或者丢失。

七、线下销售和服务

（1）化妆品的销售和服务必须遵守《中华人民共和国消费者权益保护法》和消费者权益保护行业自律规范，包括但不限于消费者权益告知、退换货服务、产品质量监管等方面。在销售和服务中，应当尊重消费者的选择权，提供真实、准确的产品信息和服务内容。

（2）化妆品专柜的工作人员必须经过相关的产品知识培训和销售

技巧培训，了解企业的产品，掌握销售策略，同时也应当遵守相关的行业自律规范和标准，不得进行虚假宣传也不得有欺骗消费者等行为。

3. 在化妆品专柜和门店中必须提供清晰、准确的产品标签和使用说明，以帮助消费者正确选择和使用化妆品产品。在提供服务时，也应当注意消费者的需求和健康状况，提供专业的意见和建议。

八、知识产权和品牌保护

1. 在市场营销活动中，市场部应当严格遵守知识产权和品牌保护相关的法规和规定，不得盗用他人的商标、专利等知识产权，并避免与其他品牌产生混淆。

2. 对于存在侵权行为的化妆品产品，企业应当采取积极措施进行处理，包括停止销售、下架等，并赔偿受到侵权的消费者和权利人。

九、市场调研和竞争监测

1. 在进行市场调研和竞争监测时，必须遵守相关的法律和规定，不得侵犯他人的商业机密和知识产权，并遵守商业道德和行业自律规范。

2. 在进行市场调研和竞争监测时，必须遵守《中华人民共和国个人信息保护法》和相关规定，保护消费者的个人信息和隐私，不得收集、使用、泄露和转让消费者的个人信息。

6.2.5　研究开发

研究开发专项合规管理是指企业在研究开发过程中遵循一系列规范、标准和方法，以确保企业的研发活动符合法律法规、行业标准及伦理要求，同时保证产品质量和安全，避免可能造成的损失和风险，下面是其主要内容。

1. 法规合规性

企业在进行研究开发活动时需要遵守相关的法规和规定，确保研究开发活动的合法性和规范性。企业需要了解并遵守与研发活动相关的国家法律法规与行业标准和规范；制定法规合规性管理制度；定期开展内部培训和宣传活动。

2. 知识产权保护

企业在进行研究开发活动时需要建立完善的知识产权管理制度，确保自己的知识产权不被侵犯，并避免侵犯他人的知识产权。企业应该制定知识产权保护内部管理制度，对外部合作与交流知识产权进行保护。

3. 数据管理

企业在进行研究开发活动时需要建立完善的数据管理制度，确保数据的真实性、准确性和完整性，保护数据的安全和隐私，合理使用和共享数据。同时，还要管控数据管理的外部合作与交流。

4. 研究伦理

企业在进行研究开发活动时需要遵守研究伦理原则，保护受试者的权益和安全，确保研究活动的科学性和可靠性。一般来说，就是遵守国家相关研究伦理标准，制定研究伦理管理规程，明确研究活动的伦理原则和流程，成立研究伦理委员会对研究项目进行审查和监督等。

5. 产品安全

企业在进行研究开发活动时需要建立完善的产品安全管理制度，确保产品的质量和安全性。具体包括对产品进行安全评估和测试，确保产品的安全性；对不符合安全标准的产品及时进行召回或修复等。

6. 研发质量管理

企业在进行研究开发活动时需要建立完善的研发质量管理体系，确保研发活动的质量和效率，保证产品的质量和竞争力。企业要对研发过程中的质量问题定期进行检查和评估，并及时处理；采用先进的质量管理技术和方法，提高研发质量和水平等。

下面是某企业制定的研究伦理合规管理指南，仅供参考。

研究伦理合规管理指南

一、简介

企业研究伦理合规管理指南是针对企业在研究开发活动中可能遇到的特定合规性问题进行指导的管理指南。

二、适用范围

本指南适用于企业所有的研究开发活动。

三、研究设计

1. 研究目的与问题

研究人员应该清楚地定义研究目的和问题，并确保研究的目的是明确的、可衡量的和可操作的。研究问题应该涉及社会、科学或实践领域中的重要问题，并且应该采用科学方法进行探究。

2. 研究设计与方法

研究人员应该使用适当的研究设计和方法，以解决研究问题。研究设计和方法应该具有可靠性和有效性，并且应该遵守相关的法律法规和伦理准则。

四、参与者保护

1. 参与者选择

研究人员应该使用透明、公正和公平的方法选择参与者，并确保研究参与者是自愿的。研究人员应该避免使用具有潜在压力或诱惑的参与者招募方式，如支付金钱或奖励。

2. 知情同意权

研究人员应该向参与者提供适当的信息，以使他们能够作出知情同意的决定。知情同意书应该包括研究目的、方法、风险和效益，并且应该以清晰、易懂的语言编写。研究人员应该尊重参与者的决定，并且应该允许参与者随时退出研究。

3. 隐私保护

研究人员应该保护参与者的隐私。对于敏感信息的收集和使用应该采取额外的保护措施，如对数据进行匿名化或脱敏处理。研究人员应该采取适当的措施保护参与者的身份和信息，以避免不必要的损害。

4. 利益保护

研究人员应该尊重参与者的权益，并且在研究过程中保护他们的利益。研究人员不能利用参与者的弱势地位获得不当利益。研究人员应该采取适当的措施，保护参与者的健康和安全。

五、数据管理

1. 数据收集

研究人员应使用具有可信度的、有效的方法收集数据，并确保数据收集过程符合伦理要求和相关法律法规规定。如果研究涉及对敏感信息的收集，研究人员应该采取额外的保护措施，以保护参与者的隐私和权益。

2. 数据存储

研究人员应该采取适当的措施，保护研究数据的安全。数据存储设备和场所应该具有保密性和安全性，并且应该防止未经授权的访问和使用。对于敏感信息的存储，应该采取额外的保护措施，如加密或离线存储。

3. 数据共享

研究人员应该公开、透明地共享研究数据。研究数据应该在符合法律法规和伦理准则的前提下，向研究社区和公众开放。共享数据应该包括相关的元数据和文档，以便其他研究人员能够理解和使用数据。

六、研究伦理委员会审查

1. 研究伦理委员会批准

研究人员应该将研究计划提交给所在机构或研究伦理委员会审查，要在获得批准后方可进行研究。研究伦理委员会应该评估研究计划是否符合伦理准则和相关法律法规规定，并确定研究风险是否可接受。

2. 研究伦理委员会审查更新

研究人员应该向研究伦理委员会提交研究计划更新或修订审查，以确保研究仍符合伦理要求和相关法律法规规定。研究人员不得擅自更新或修订研究计划或程序。

3. 冲突利益管理

研究人员应该识别和管理潜在的冲突利益。如果研究行为可能导致冲突利益，研究人员应该及时披露这些利益并采取措施解决问题。

冲突利益应该在研究计划提交给研究伦理委员会时进行申报，并在研究过程中定期更新。

七、行为规范

1.诚实守信

研究人员应该诚实守信，不得捏造或篡改研究数据。如果发现数据存在问题，应该及时报告，并采取适当的措施解决问题。研究人员应该遵守相关的法律法规和伦理准则，不得从事任何违法或不道德的活动。

2.公开透明

研究人员应该及时、准确地公开研究结果，并且应该报告任何重要的研究发现。研究结果应该通过适当的渠道向公众公开，如发表论文、报告或组织演讲等。研究结果应该具有可重复性和可验证性，以便其他研究人员能够验证和复制研究结果。

八、合作伙伴管理

研究人员应该确保研究合作伙伴的行为符合伦理要求，并对他们的行为负责。研究合作伙伴的行为应该与研究人员所在机构的价值观和道德准则保持一致，研究人员应该在合作伙伴选择和合同签订时考虑到伦理和法律问题。

6.2.6 工程项目

工程项目专项合规管理制度是指企业在实施工程项目时，为确保项目的合法性、合规性和安全性，而制定的一套规范化、系统化的管理制度。

下面是某企业制定的工程项目专项合规管理制度，仅供参考。

工程项目专项合规管理制度

第1章 总则

第1条 为规范企业工程项目的合规管理，确保项目符合国家法律法规有关规定、企业内部规定及合同约定等，保障项目的质量、安全、进度和效益，特制定本制度。

第2条 本制度适用于企业内部所有工程项目的合规管理。

第3条 本制度项目人员职责如下。

（1）项目负责人负责制定和执行项目合规性管理计划，并监督和检查项目人员的合规性行为。

（2）执行人员负责遵守国家法律法规和企业规定的相关要求，确保施工过程中的合规性。

（3）监督人员负责对施工现场进行巡查，及时发现和处理违规行为，保障施工质量和安全。

（4）设计人员负责在设计过程中遵守国家法律法规和企业规定的相关要求，确保设计方案的合规性。

第2章 培训和任职资格

第4条 项目人员应具备一定的技术水平和专业知识，能够根据工作需要熟练掌握相关的技术和知识。

第5条 项目人员必须参加企业定期组织的合规性知识培训，并通过考试取得合格证书，以确保了解国家法律法规和企业规定的相关要求，及时掌握新政策和行业标准变动情况。

第6条 项目人员必须根据企业要求签署合规性承诺书，承诺遵守国家法律法规和企业规定的相关要求，并明确违反承诺的后果和处理措施。项目人员应严格遵守承诺，以确保施工过程的合规性。

第3章 施工前的合规性检查

第7条 执行人员在施工前必须对相关设备和材料进行检查，确保其合规性。检查内容包括产品合规性、检测合格证、产品标识、原材料来源等。

第8条 执行人员如果发现不符合合规要求的设备和材料应及时报告上级主管部门，并采取相应的整改措施。

第4章 施工现场的合规性监督

第9条 监督人员负责对施工现场进行巡查，及时发现和处理违规行为，保障施工质量和安全。监督内容包括工人操作是否符合规范、施工过程中是否存在违规现象、施工现场卫生、安全情况等。

第10条 监督人员如果发现违规行为应及时通知项目负责人，并采取相应的整改和惩戒措施。

第11条 监督人员应严格按照质量、安全、进度和成本控制要求开展监督，确保工程质量、安全和进度的顺利推进。

第5章 合规性记录和报告

第12条 项目人员应对施工过程中出现的问题及时进行记录和报告，确保问题得到及时处理。记录和报告内容包括问题描述、发现时间、处理人员、处理结果等。

第13条 项目人员应根据问题反馈机制及时将出现的问题及发现时间等上报项目负责人，以便项目负责人及时掌握施工现场的情况。

第6章 合规性问题的处理

第14条 项目负责人应对合规性问题进行处理，确保问题不再出现，并及时向上级主管部门报告问题的处理结果。处理措施包括整改措施、风险评估、重大事件报告等。

第15条 项目负责人如果发现严重违规行为应及时通知上级主管部门，并按照企业相关规定进行处理。

第7章 工程造价控制要求

第16条 项目人员应严格按照工程造价控制要求合理控制工程成本，确保工程的经济效益。

第17条 如果发现成本问题或存在浪费现象，项目人员应及时采取措施，减少不必要的成本浪费，提高工程的效益。

第8章 商业机密和技术秘密保护

第18条 项目人员应保护项目的商业机密和技术秘密不被泄露。

第19条 项目人员应根据企业相关要求，做好商业机密和技术秘密的保护和管理工作。

第 9 章 违反规定的处罚

第 20 条 如果项目人员违反相关规定，将被追究相应的法律责任和纪律处分。

第 21 条 具体处罚措施将根据情节严重程度和影响程度由企业决定，并在企业内部通报。

第 10 章 附则

第 22 条 本制度由合规部负责编制、解释与修订。

第 23 条 本制度自 ××××年××月××日起生效。

6.2.7 项目投资

项目投资专项合规管理制度是指企业在开展项目投资活动中，为保证投资决策和决策实施的合规性和风险可控性，制定的一套规范性文件和制度体系。

下面是某企业制定的项目投资专项合规管理制度，仅供参考。

项目投资专项合规管理制度

第 1 章 总则

第 1 条 为了规范企业项目投资行为，保护企业及投资者的合法权益，本企业依据《中华人民共和国证券法》《中华人民共和国公司法》《中华人民共和国外商投资法》等法律法规，特制定本制度。

第 2 条 本制度适用于企业内所有的项目投资活动，包括但不限于股权投资、债券投资、信托投资、风险投资等各类投资活动。

第 3 条 企业项目投资行为应当符合国家法律法规、规章制度、政策及行业规范要求，同时要求投资项目符合企业发展战略规划，确保项目的可行性、安全性、合规性和收益性。

第 2 章 投资决策

第 4 条 项目投资人员进行投资决策应当符合企业发展战略规划，

并按照投资决策程序进行，包括以下具体步骤。

（1）明确投资目标和投资期限。

（2）收集和分析投资项目信息，评估投资项目的可行性、安全性、合规性和收益性。

（3）制定投资方案，包括投资金额、投资方式、投资周期、退出机制等。

（4）组织投资决策会议，进行投资决策。

（5）编制投资决策文件并报批。

（6）实施投资。

第5条 项目投资人员要参加由企业高层领导主持的投资决策会议，并进行风险评估和决策分析，确保投资决策的科学性和合规性。在投资决策会议上，需要讨论以下内容。

（1）投资目标和期限的设定是否合理。

（2）对投资项目的市场前景、管理团队、经营业绩等方面的分析。

（3）对投资项目的安全性、合规性和收益性等方面的评估。

（4）投资方案的制定和具体实施安排。

第6条 投资决策文件应当包括投资方案、风险评估报告、法律意见书等内容，并应当在投资决策会议后尽快报批。

第3章 投资实施

第7条 投资实施应当按照投资决策文件的要求进行，并建立完善的内部控制制度，保证资金使用的安全性和有效性，具体要求如下。

（1）明确投资项目的实施计划、时间表和责任人。

（2）建立风险管理和控制制度，对可能出现的风险进行预警和控制。

（3）加强对投资项目的监督和管理，及时掌握投资项目运营情况，并进行风险评估和控制。

（4）建立投资项目信息披露制度，保证信息公开、透明。

第8条 项目投资人员在投资实施过程中应当严格遵守国家法律法

规和企业内部制度要求,规范各方行为,保护投资者权益,具体要求如下。

(1)根据投资决策文件的要求,按照规定的投资金额、投资方式、投资周期等实施投资。

(2)建立投资项目信息披露制度,保证信息公开、透明。

(3)建立内部审批、监督和反馈制度,对投资实施情况进行监督和反馈。

(4)严格控制资金使用,确保投资资金的安全性和有效性。

(5)加强与投资项目管理团队的沟通和协调,及时处理可能出现的问题。

第4章 投后管理

第9条 项目投资人员进行投后管理应当全程跟踪、监督投资项目的运营情况,及时掌握项目变化情况,并按照投资决策文件要求建立相关管理制度,及时处理可能出现的问题,确保项目的安全性、合规性和收益性,具体要求如下。

(1)建立完善的投后管理机制和管理流程,明确各项工作的职责分工和要求。

(2)制订和执行投后监管计划,及时掌握项目运营情况,评估风险和效益,及时发现和解决问题。

(3)加强信息披露和沟通,及时向投资者披露项目运营情况和重大变化。

(4)建立投资退出机制和收益分配机制,及时安排投资退出和收益分配。

第10条 项目投资人员投后管理工作包括但不限于以下内容。

(1)项目监督和评估,及时掌握项目运营情况。

(2)风险管理和控制,定期评估项目风险,采取相应措施。

(3)信息披露和沟通,及时向投资者披露项目运营情况和重大变化。

(4)投资退出和收益分配,按照投资决策文件要求及时安排投资退出和收益分配。

第5章 投资风险控制

第11条 项目投资人员应当建立风险识别和评估机制，及时发现并评估投资项目存在的各种风险，根据不同的风险特点，制定相应的风险控制措施和应急预案。

第12条 项目投资人员应当建立风险管理和控制机制，对已发现的风险进行有效的控制和管理，包括但不限于资产配置、风险分散、定期监控等方面的措施。

第13条 项目投资人员应当及时向企业领导层和投资人披露投资项目的风险情况，及时发布风险提示，引导相关人员作出正确的决策。

第6章 信息披露

第14条 项目投资人员应当按照相关法律法规和企业章程的要求全面、真实、准确地披露投资项目的相关信息。同时，保护投资人的合法权益，防范信息泄露。

第15条 项目投资人员应当披露投资项目的运作情况、财务状况、管理层、市场前景、竞争对手等信息，确保投资人对项目情况的全面了解。

第16条 项目投资人员应当采取多种方式向投资人披露项目相关信息，包括但不限于定期报告、现场调研、电话会议、公开发行等形式。

第7章 投资回报分配

第17条 项目投资人员应当按照相关法律法规和合同约定公正、合理地分配投资回报，投资回报分配应当遵循公平、公正、透明的原则，保障投资人的合法权益。

第18条 项目投资人员应当根据投资项目的实际情况选择合适的投资回报分配方式，包括但不限于现金分红、股票发放、增值权益等方式。

第8章 投资项目退出

第19条 项目投资人员应当制定科学、合理的投资项目退出机制，包括但不限于公开转让、并购重组、回购等方式。退出机制应当符合相关法律法规和合同约定的要求。

第 20 条 项目投资人员在某些投资人退出时应当按照相关法律法规和合同约定公正、合理地分配退出收益，退出收益的分配应当遵循公平、公正、透明的原则。

第 9 章 投资人权益保护

第 21 条 项目投资人员应当认真履行合同约定，保障投资人的合法权益。对于投资人的诉求和投诉，项目投资人员应当及时回应和解决，避免对投资人造成不必要的损失。

第 22 条 项目投资人员应当建立投资人保护机制，确保投资人的合法权益得到充分保障。投资人保护机制应当包括但不限于投资人服务热线、投诉处理机制、投资人权益监督等方面的措施。

第 10 章 保密和内部交易

第 23 条 项目投资人员应当保守投资项目相关信息，保护投资项目的知识产权和商业机密，不得擅自泄露或传播投资项目的商业秘密。

第 24 条 项目投资人员应当遵守内部交易管理制度，不得利用信息优势从事内部交易，不得从事与投资项目无关的交易。内部交易应当按照相关法律法规和企业章程的要求进行披露和审批。

第 11 章 违规处理

第 25 条 项目投资人员如有以下行为之一，即视为违反了本制度。

（1）违反相关法律法规和企业章程的规定。

（2）违反投资协议和承诺。

（3）私自泄露投资项目相关信息。

（4）违规操作投资项目，致使投资人权益受到损害。

（5）侵吞投资回报，谋取个人利益。

（6）擅自决策或越权操作。

（7）其他损害企业利益或违反合规要求的行为。

第26条　对于项目投资人员的违规行为，企业将采取相应的纠正措施和追责措施。对于存在严重违规行为的项目投资人员，企业将按照法律法规和合同约定处理，并向相关机构报告。

第12章　附则

第27条　本制度由合规部负责编制、解释与修订。

第28条　本制度自×××年××月××日起生效。

6.3　重点关注人员制度、指南设计示范

6.3.1　管理人员

　　管理人员专项合规管理制度是企业为了规范管理人员行为，促进企业合规经营，保护企业声誉和社会形象，而制定的一系列制度和规定。

　　下面是某企业制定的管理人员专项合规管理制度，仅供参考。

管理人员专项合规管理制度

第1章　总则

　　第1条　本制度的目的是规范管理人员的行为，确保管理人员遵守企业政策和相关法律法规规定，维护企业形象和信誉，保证企业经营活动的合规性和安全性。

　　第2条　本制度适用于企业内所有的管理人员，包括高管、中层管理人员和部门主管等。

　　第3条　本制度管理人员岗位职责如下。

　　（1）认真履行职责，维护企业利益，不得有违法、违规、违纪行为。

　　（2）应时刻保持头脑清醒，不被任何利益所左右，始终以企业利益为先。

（3）要定期检查部门人员的工作，及时发现并纠正违规行为。

（4）应加强对部门人员的合规教育和培训，提高员工合规意识和能力。

（5）应主动向企业汇报部门合规情况和存在的问题，配合企业的整改工作。

第 2 章 行为准则

第 4 条 管理人员应该严格遵守企业相关的法律法规和政策，不得有违法、违规、违纪行为，具体要求如下。

（1）必须严格遵守国家法律法规和企业制定的各项政策。

（2）必须严格遵守企业规章制度，不得有违法、违规、违纪行为。

（3）必须确保实际工作与企业的战略目标和价值观一致。

第 5 条 管理人员应该始终以企业利益为先，保护企业知识产权和商业秘密，不得利用企业资源谋取私利，具体要求如下。

（1）必须保护企业的知识产权和商业秘密，不得泄露给第三方。

（2）必须保证不会利用职务之便为自己或他人谋取私利。

（3）不断提高业务水平和技能，为企业提供更好的服务。

第 6 条 管理人员应该诚实守信，不得隐瞒、歪曲、篡改信息，不得散布虚假信息，具体要求如下。

（1）必须诚实守信，不得隐瞒真相或对企业业务状况作出虚假陈述。

（2）必须遵守企业的信息保密制度，确保企业的商业秘密不被泄露。

（3）必须遵守市场竞争规则，不得散布虚假信息或误导投资者。

第 7 条 管理人员应该廉洁奉公，不得接受他人礼品、款待、服务，不得向他人索取财物，具体要求如下。

（1）必须保持清白廉洁，不得接受任何形式的贿赂、回扣、礼品、款待或服务。

（2）必须遵守企业采购管理制度，不得向供应商、客户等索取财物。

（3）必须遵守企业的审批制度和会计核算规则，不得利用职务之便违反廉洁自律规定。

第8条 管理人员应该公正、公平，不得利用职权为自己或他人谋取私利，不得歧视、压迫或侮辱任何人，具体要求如下。

（1）必须公正、公平，不得利用职务之便为自己或他人谋取私利。

（2）必须遵守企业的职业道德要求和行为准则，不得歧视、压迫或侮辱任何员工或利益相关方。

（3）必须遵守市场竞争规则，不得利用企业资源或职务独占或排挤竞争者。

第3章 社会责任

第9条 管理人员应加强企业社会责任意识，积极参与社会公益活动，履行企业社会责任。

第10条 管理人员应遵守相关法律法规和企业的社会责任要求，不得有违法、违规、不道德的行为。

第11条 管理人员应积极关注社会热点问题和舆情，及时回应社会关切和舆论声音。

第4章 定期培训

第12条 管理人员应该参加企业组织的各类培训和学习，提高自身的业务水平和素质。

第13条 管理人员应该关注国家和行业的法律法规，及时更新自己的知识和认知。

第14条 管理人员应积极学习和研究业务知识、管理技能和创新思维。

第15条 管理人员应关注市场变化和趋势，及时调整和优化企业战略和经营模式。

第16条 管理人员应该与企业的合规团队保持沟通，了解最新的合规情况。

第 5 章 监督与评估

第 17 条 企业合规管理部建立、完善监督检查制度，对管理人员的行为定期进行检查和抽查，发现问题及时处理，防止风险的扩散和恶性事件的发生。

第 18 条 管理人员应当积极配合合规管理部的工作，配合合规检查，主动接受监督和管理，不得阻挠或拒绝合规管理部的监督、检查和调查。

第 19 条 管理人员如发现同事存在违规行为或从事违法犯罪活动，应当及时向企业合规管理部举报，并保证举报内容是真实、准确、完整的，不得有隐瞒、歪曲或捏造事实的行为。

第 6 章 保密制度

第 20 条 管理人员应严格保守企业的商业机密和技术秘密，禁止泄露相关信息。

第 21 条 管理人员离职时应签署保密协议，保证不泄露企业的商业机密和技术秘密。

第 7 章 违规处理

第 22 条 管理人员应承担相应的责任，接受内部纪律处分或行政、刑事处罚。

第 23 条 若管理人员存在严重违规行为，企业应立即进行调查和处理，及时纠正和遏制不良风气。

第 24 条 企业会根据违规情况建立相关的档案记录和报告制度，并对处理结果进行公示和通报。

第 25 条 对于违反本制度的管理人员，企业应根据情节轻重采取相应的纪律处分措施，包括口头警告、书面警告、降职、辞退等。对于涉嫌犯罪的管理人员，企业应及时报案并追究其法律责任。

第 8 章 附则

第 26 条 本制度由合规部负责编制、解释与修订。

第 27 条 本制度自×××× 年×× 月×× 日起生效。

6.3.2　重要风险岗位人员

重要风险岗位人员专项管理是指企业为确保重要风险岗位人员遵循相关法律法规、政策及企业内部规章制度而实行的行为和程序，旨在降低合规风险，维护企业声誉，并确保企业长期、稳定发展。

下面是重要风险岗位人员专项合规管理的主要内容。

1. 人员选拔与任用

企业应对重要风险岗位人员的选拔和任用采取严格的标准，确保选拔具备相关知识、经验和职业操守的人员。企业应参照行业相关法规和职业标准，明确风险岗位人员的资格要求。在背景调查中，应合法、合规地收集、使用和储存应聘者的个人信息。

2. 培训与教育

企业应定期对重要风险岗位人员进行合规培训和教育，增强其法律意识、风险意识和责任意识，使其具备足够的能力应对潜在风险。企业应组织内部培训，提高重要风险岗位人员的合规意识；参加由行业协会、政府部门等主办的合规研讨会，了解行业合规最新动态和政策解读；设立合规培训档案，记录重要风险岗位人员培训情况，便于评估培训效果及持续改进工作。

3. 沟通与协作

企业应建立有效的沟通机制，鼓励重要风险岗位人员在遇到问题和有疑虑时积极沟通，加强部门间协作，形成有效的信息共享和风险防范网络。企业要明确各部门在合规事务中的职责和权力；召开合规会议，确定合规最佳实践方法；利用信息技术手段，加强法规遵循情况的共享和沟通。

4. 监督与检查

企业应建立严格的监督和检查制度，定期对重要风险岗位人员的工作进行审查，确保其遵循相关法规、政策和企业价值观。企业应组织内部审计，确保风险岗位人员遵循法律法规和企业政策；针对业务流程，建立内部控制制度；合理利用大数据分析技术，对风险岗位人员的工作数据进行监控。

5. 企业文化与价值观

企业应积极创建以诚信、合规、责任为核心的企业文化，引导重要风险岗位人员树立正确的价值观,使合规理念深入人心。结合企业实际,制定合规守则;以企业合规典范为示例,推广相关法规和标准,提高重要风险岗位人员的合规素养。

6. 风险识别与预防

企业应建立风险识别系统来识别重要风险岗位人员的合规风险,风险一旦被识别,必须立即采取措施来预防。预防措施包括制定和执行合规政策、培训员工、建立内部控制和监测机制等。

7. 轮岗与交叉审查

企业应让重要风险岗位人员进行周期性的轮岗,有助于企业发现潜在问题。同时可进行交叉审查以确保重要风险岗位之间的协同和信息共享,有助于识别跨部门风险和合规问题,同时提高合作和响应能力。

下面是某企业制定的重要风险岗位人员专项合规管理指南,仅供参考。

重要风险岗位人员专项合规管理指南

一、简介

本指南旨在提供财务部重要风险岗位人员合规管理办法,以确保合规性。

二、适用范围

本指南适用于涉及财务部的重要风险岗位人员(简称"风险人员")。

三、风险评估

1. 背景调查

(1)在新员工入职前进行全面的背景调查,包括学历、工作经历、资格认证,确认新员工过去是否曾因合规违规行为而受到处罚或涉及诉讼。

(2)寻找合规的第三方背景调查机构,对即将入职的员工进行全面调查。

---

2. 信用记录

对风险人员进行信用记录查询，了解其个人信用状况，包括负债、不良记录等。信用记录查询结果应记录在员工档案中。

3. 个人行为监管

监管人员定期对风险人员进行现场检查，监管其言行举止和财产变化情况。出纳的现场操作需要在摄像头下进行，凭证需要复核签字。监管人员应当对其每次操作进行记录和审查，确保财务操作合规。

四、管理措施

1. 管理制度

（1）制定财务部风险人员管理制度，明确风险人员应遵守的规范和要求，并组织其参加培训和签署相关协议，确认其理解并接受规定的行为准则。

（2）管理制度应详细说明管理流程、责任人、监督方式和处罚措施等。风险人员必须接受管理制度的培训并签署相关协议，确认理解并接受规定的行为准则。

（3）实行权限分离，对于有审批权、签字权、业务操作权的风险人员采取权限分离的措施，确保业务操作过程中的风险控制，如出纳和会计主管的职责分离，确保资金的流动性和账目的准确性，避免内外勾结或贪污行为发生。所有出纳人员的操作权限均被明确规定，且严格按照规定操作。

2. 监管措施

（1）加强对风险人员的日常监管，定期进行随机抽查，对凭证和账目进行随机抽查，发现问题立即处理。

（2）对所有涉及重要资金流转的操作应严格遵守双人签字原则，确保资金流动过程中不存在人为瑕疵和风险漏洞。

（3）对于出纳和会计主管等具有重要权限的风险人员应实行权限分离的措施，确保业务操作过程中的风险控制。

（4）财务部应建立风险事件和问题汇报系统，出纳人员应当及时向上级报告风险事件和问题。所有人员都应遵守风险提示机制，认真履行报告义务。

五、监督检查

1. 全面检查

定期进行全面检查，抽查所有凭证、账目和相关操作记录，确保财务数据的真实性和准确性。对于出纳岗位的人员，应当对其财务操作记录进行全面检查，包括票据、凭证、账簿、单据等。所有检查结果应当记录在册，并加以审查。

2. 随机抽查

对凭证和账目进行随机抽查，发现问题立即处理。定期组织内部审计部进行随机抽查，并对出纳人员的操作记录进行审查。

3. 建立风险报告制度

对风险事件和问题进行汇报和报告，如每月定期编制风险报告和风险事件分析报告，对风险情况进行全面了解和分析。

4. 建立责任追究机制

对发现的风险问题和问题责任人进行追责和处理。所有报告和处理记录都必须保存在人员档案中，以便日后查看和追溯。所有涉及财务操作的记录和数据都应当加密保存，并设置访问权限。

6.3.3　海外人员

海外人员专项合规管理制度是企业为了监管在海外工作、派驻等形式下的人员而制定的一套规章制度，主要目的是确保企业海外人员的工作行为符合相关法律法规和企业的合规要求，维护企业的合法权益和社会形象。

下面是某企业制定的海外人员专项合规管理制度，仅供参考。

海外人员专项合规管理制度

第1章 总则

第1条 为了确保企业海外人员的工作行为符合相关法律法规和企业的合规要求，避免出现违法违规行为和相关风险，维护企业的合法权益和社会形象，特制定本制度。

第2条 本制度适用于所有在海外工作、被派驻或代表企业在海外开展业务的人员。

第3条 本制度所指海外人员主要分为以下几类。

（1）海外员工：指被派驻或在海外工作的企业员工。

（2）海外代表：指被企业委派或授权代表企业在海外开展业务的个人或机构。

（3）海外服务提供商：指为企业提供服务的在海外注册并合法运营的个人或机构。

第4条 海外人员职责如下。

（1）海外员工应当履行国内外的工作职责，遵守企业制度和国内外相关法律法规。企业应当为海外员工提供必要的生活、工作和安全保障措施，包括但不限于食宿、交通、医疗、安全等。

（2）海外代表应当按照企业授权和要求在海外开展业务，代表企业进行商务谈判、签署协议等。企业应当为海外代表提供必要的生活、工作和安全保障措施，包括但不限于食宿、交通、医疗、安全等。

（3）海外服务提供商应当按照合同约定提供服务，确保服务质量，遵守相关法律法规和商业道德。

第2章 业务合规

第5条 海外人员必须遵守企业的商业道德要求和诚信原则，不得有任何涉及贪污、受贿、行贿、利益冲突等违法违规行为。海外人员应严格遵守企业的相关礼仪，并且遵循透明、公正、诚信的商业原则。

第6条 海外人员必须遵循企业的知识产权保护和机密保护原则，

妥善保管企业机密信息和资料，不得泄露企业机密信息或侵犯他人的知识产权。

第 7 条　海外人员必须遵守企业的出口管制和进口管制制度，不得有任何违反国际贸易法律法规的行为。海外人员应该了解并遵守相关法律法规，确保企业出口和进口的产品符合相关法律法规的要求。

第 3 章　行为规范

第 8 条　海外人员必须遵守企业的员工行为准则，包括但不限于礼貌待人、文明用语、不歧视、不骚扰、不欺凌等方面的要求。海外人员应该尊重当地文化习俗，遵守当地的法律法规和道德规范，并与当地员工保持良好的合作关系。

第 9 条　海外人员必须做到企业关于安全和健康方面的要求，包括但不限于佩戴个人防护装备、遵守现场规定、不饮酒驾车等，确保自身的安全和健康。

第 10 条　海外人员必须做到企业关于环境保护方面的要求，包括但不限于节约能源、减少废弃物、不污染环境等，积极参与环保行动，并尽力减少对环境的不良影响。

第 4 章　数据隐私

第 11 条　为保护个人隐私和企业利益，海外人员应遵守企业的数据隐私政策和相关规定。

第 12 条　在处理个人数据时，海外人员必须得到相关的授权，并且必须按照企业的数据隐私政策和相关规定对个人数据进行处理和保护。

第 13 条　海外人员不得泄露企业机密信息或侵犯他人的知识产权，否则将承担相应的法律责任。

第 5 章　社会责任

第 14 条　企业将秉承社会责任的理念，在海外业务中注重环境保护、公益慈善等方面的工作。

第 15 条 海外人员应积极参与企业的社会责任行动，履行社会责任，维护企业的公众形象和声誉。

第 16 条 海外人员应尊重当地的社会文化习俗，并且遵守当地的法律法规和道德规范。

第 6 章 紧急情况处理

第 17 条 海外人员在紧急情况下必须立即采取必要的措施，以确保自身和他人的安全。

第 18 条 海外人员如果需要帮助或支持应及时向企业管理层报告，并按照企业的紧急情况处理程序进行操作。

第 19 条 海外人员应熟悉企业的紧急情况处理程序，并定期进行演练和培训，以提高应急处理能力。

第 7 章 签证及工作许可管理

第 20 条 海外人员签证及工作许可申请应遵循相关国家法律法规和企业流程，由企业负责人签字并保留相关文件。

第 21 条 企业应确保海外人员签证及工作许可有效期，逾期或失效应及时通知相关部门并对相关问题做出处理。

第 22 条 海外人员签证及工作许可应在符合法律法规的前提下进行延期，企业应在有效期结束前开始为海外人员申请延期手续。

第 23 条 企业应对海外人员签证及工作许可信息进行保密，应严格控制相关人员的权限，避免信息泄露。

第 8 章 知情权

第 24 条 企业应尽量向海外人员提供相关的信息和知识，以便其更好地了解企业的各项规章制度和政策，并能够遵守相关的法律法规。

第 25 条 海外人员应积极、主动获取和学习企业的相关信息和知识，如有任何疑问，可以向企业管理层进行咨询和反馈。企业应支持海外人员参加培训和学习，以提高海外人员的业务能力和合规意识。

第 9 章 违规处理

第 26 条 对于违反企业规定和相关法律法规规定的海外人员，企业应及时采取合适的纠正措施，如口头警告、书面警告、调整岗位、终止合同等。

第 27 条 对于海外人员的严重违规行为，企业应及时报告相关部门和当地政府，并配合有关部门进行调查和处理。

第 28 条 海外人员对企业或其他人员造成的损失，应由其个人或保险公司承担相应责任和赔偿。

第 10 章 附则

第 29 条 本制度由合规部负责编制、解释与修订。

第 30 条 本制度自×××× 年××月××日起生效。

第7章
合规管理体系实施与运行

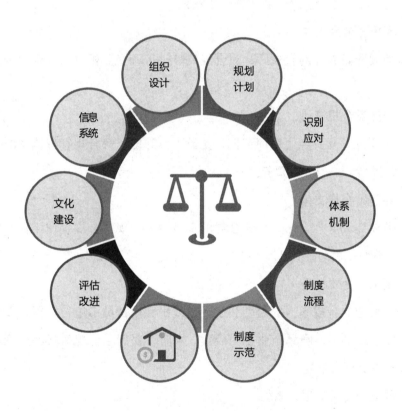

7.1 合规管理体系的实施

7.1.1 合规管理体系实施注意事项

企业要实施有效的合规管理体系，降低合规风险，需注意以下几个方面。

1. 要树立合规意识

企业要树立正确的合规意识，否则再多的合规制度也起不了作用，企业及全体员工要重视合规管理，要增强守法意识。

2. 要配备专业人才

企业要配备专业的合规师，对合规风险进行调查分析，出具企业合规风险报告。

3. 要开展合规培训

企业要定期开展合规培训工作，使员工更好地了解合规管理体系的相关法律法规，提高员工的合规素养。

4. 要建设合规文化

企业要建设合规文化，加大合规的宣传力度，规范合规工作流程，使合规管理深入到员工的每一项工作中。

5. 要加强合规举报

企业要建立合规举报的制度和途径，鼓励和支持员工进行举报，以发现企业存在的违规事项，确保企业合规经营。同时，要加强合规举报保护管理，确保举报人不受打击报复。

6. 要认证合规管理体系

企业可考虑进行合规管理体系认证，提升企业形象，增加企业的知名度，进而提高企业的经济利润。

7.1.2 合规管理体系实施前准备

企业在实施合规管理体系前，合规部要提前做好准备工作，以保证合规管理体系的正常运行，具体如下。

1. 掌握相关标准和法规

了解适用于企业发展领域的标准和法规，确保企业的合规管理体系符合要求。合规管理体系方面的标准主要是 GB/T 35770-2022《合规管理体系 要求及使用指南》，相应的法规包括《中央企业合规管理办法》《中央企业合规管理指引（试行）》等。

2. 评估企业的合规风险

合规部制定风险评估方案来识别企业的合规风险，判断企业是否存在合规风险，以及合规风险的种类、危害程度。

3. 建立合规专业的团队

合规部建立一个专门的合规团队来管理和实施合规管理体系，团队应该由经验丰富的专业人员组成，包括合规主管、法律顾问、安全专家和内部审计员等。

4. 确保企业领导的支持

合规部要确保企业的高层领导支持合规管理体系的实施和运营，以保证合规管理体系成功实施。

5. 制定合规政策和程序

合规部要制定合规政策和程序，确保全体员工了解合规政策和合规程序。合规政策和程序主要包括如何举报违规行为、如何处理违规行为及如何进行合规培训和沟通等。

6. 评估监测合规有效性

合规部要定期评估和监测合规管理体系的有效性，以确保其符合适用的法律法规和标准，并对其进行必要的改进。

7. 培训企业员工

合规部要向全体员工提供有关合规要求和政策的培训，确保其了解自身的责任和义务，并且知道如何遵守企业的合规管理规定。

7.1.3　合规管理体系实施方案

在企业实施合规管理体系时，合规部要根据企业的实际情况实时进行调整和改进，以提高实施的效率和质量。

下面是某企业制定的合规管理体系实施方案，仅供参考。

合规管理体系实施方案

一、目的

为指导企业的合规管理体系实施工作，确保合规管理体系顺利实施，特制定本方案。

二、任务分工

1.企业高层领导

负责合规管理体系实施的决策工作，为合规管理体系的实施提供支持。

2.合规部

（1）全面负责合规管理体系的实施工作。

（2）组织合规管理体系的培训工作。

（3）为合规管理体系实施工作提供支持。

3.各相关部门

积极配合合规管理体系的实施工作。

三、合规管理体系实施时间

1.合规管理体系实施工作将从××××年××月××日至××××年××月××日开展

2.合规管理体系具体实施时间

（1）准备阶段：××××年××月××日至××××年××月××日。

（2）合规管理体系评审计划阶段：××××年××月××日至××××年××月××日。

（3）合规管理体系策划阶段：××××年××月××日至××××年××月××日。

（4）合规管理体系文件编写阶段：××××年××月××日至××××年××月××日。

（5）合规管理体系的运行阶段：××××年××月××日至××××年××月××日。

（6）合规管理体系的评审与改进阶段：××××年××月××日至××××年××月××日。

四、合规管理体系实施

1. 准备阶段

（1）企业高层领导做出实施合规管理体系的决策和支持承诺。

（2）合规部制订合规管理体系的实施计划。

（3）合规部对全体员工进行宣传与培训，使员工能够认识到实施合规管理体系的目的、意义，统一员工的思想。

2. 合规管理体系评审计划阶段

（1）合规部制订合规管理体系评审计划，计划内容包括合规管理体系评审的范围、内容、参与人员的任务分工及完成期限等。

（2）合规部负责具体的评审过程，并收集与企业的合规管理体系有关的法律、法规及相关资料等。

（3）合规部编制合规管理体系评审计划报告。

3. 合规管理体系策划阶段

（1）企业高层领导对合规管理体系进行策划，召开会议形成有关合规管理体系的各项管理程序的决议。

（2）合规部负责制订合规管理体系的实施计划表，要将时间具体到天，并在每一项步骤后明确负责人。

4. 合规管理体系文件编写阶段

（1）合规部收集国内外及行业内的资料，结合企业现状，按照计划进行合规管理体系文件的编写。

（2）合规部编写完的文件需要组织相关人员讨论其可行性，修订其中的不合理内容。

5. 合规管理体系的运行阶段

（1）合规管理体系运行前召开企业合规管理体系运行说明会，宣布合规管理体系正式运行，任何人不得干扰、阻挠合规管理体系的运行。

（2）合规部组织全体人员学习合规管理体系相关的文件。

（3）合规部对合规管理体系运行的全过程进行详细记录，记录相关的数据及出现的问题。

6. 合规管理体系的评审与改进阶段

（1）合规部挑选合适的人员进行内审培训，其主要负责合规管理体系的监督与落实。

（2）合规部编制合规管理体系的内部审核计划，对合规管理体系的运行从可行性、有效性、充分性三个方面进行评审。

（3）在评审过程中发现的问题要责令相关部门限期整改。

（4）内部审核结束后，由总经理组织进行管理评审。

五、意见和建议

1. 加强培训和教育

合规部要加强对员工合规管理体系方面的培训和教育，内容包括合规政策和程序、组织的合规要求和相关法规等。

2. 按照要求执行

合规部按照制定的政策和程序实施合规管理体系，并定期监测和评估运行情况，及时发现问题并采取措施加以解决。

3. 持续改进

合规部要定期进行合规管理体系的评估和审查，收集反馈意见，进而改进和优化合规管理体系的制度和流程。

7.2　不合规举报、调查、处理

7.2.1　不合规举报

为保证企业经营管理活动的合规性，企业需要健全不合规举报机制，收集和整理举报信息。在不合规举报中，要注意对举报者的保护和奖励，以保证举报者的安全和保护其积极性，更好地为企业做好合规监督工作。

1. 不合规举报程序

不合规举报程序如图 7-1 所示。

图 7-1　合规举报程序

程序 1：建立不合规举报渠道

企业要建立不合规举报渠道，为不合规举报提供有效途径。常见的举报渠道有邮箱、线上平台、电话热线等，举报者通过多种渠道向合规部举报违规信息，方便合规部进行举报信息的收集和整理。

程序 2：收集不合规举报信息

合规部要每天检查各个渠道的不合规举报信息，收集、汇总各类信息，按照紧急程度、重要性和相关度进行分类。在收集信息中，合规部工作人员要注重举报信息本身，排除其他因素的干扰，不能带有主观情绪。

程序 3：辨别不合规举报信息

合规部收到不合规举报信息后，要对不合规举报信息进行辨别、分析和评估。要先判断不合规举报信息是否属于合规部管理范围。如果不是，转交给相关部门；如果是，则需审查不合规举报信息的内容是否全面，各要素是否齐全。

程序 4：初步反馈不合规举报信息

合规部根据辨别结果，及时向举报者进行反馈。不合规举报信息完整，足以启动不合规调查的，告知举报者会在多少天内给出处理结果；举报信息不全，需要举报者补充相关证明的，通知举报者提交相关资料。

程序 5：登记不合规举报信息

合规部要及时将举报信息进行全面的记录，并对处理结果进行登记（见表 7-1，表 7-2），详细记录举报者、举报内容、举报时间、推进程度、解决状态等。合规部要将不合规举报信息进行存档保存，要特别注意对不合规举报信息的保密，没有权限的不得随意进行查阅。

表 7–1　不合规举报处理记录表

编号：

举报方式	□来访　□电话　□来信　□电子邮件　□有关部门移交　□其他
举报类型	□匿名　□实名　□举报　□投诉　□尚不确定
举报时间	年　月　日　时　分
举报人	姓名　　　性别　　　年龄　　文化程度　　　民族 联系电话　　　　工作单位（或地址）
被举报人	姓名　　　部门名称　　联系电话 详细地址
举报内容	
提供相关证据情况	□有（详细说明） □无 　　　　　　　证据提供人签字： 　　　　　　　经办人签字：
是否受理	□是　□否（如不予受理须注明理由）
调查及处理意见	□是，　时间为　年　月　日至　年　月　日（详细调查记录） □否（注明原因） 调查记录： 处理意见： 　　　　　　　经办人签字： 　　　　　　　时间：

审核意见	负责人签字： 时间：
反馈	反馈方式： 反馈要点： 被反馈人： 反馈人签字： 时间：

表 7-2　不合规举报登记汇总

编号	时间（年月日）	举报人	举报内容	估计影响 / 后果		负责人	后续跟进措施	备注
				无形（声誉、市场、制裁）	有形（营业额、罚款、赔偿）			

2. 举报者的保护和奖励制度

为鼓励举报者进行举报，避免举报者被打击报复，需要制定相应的制度来保护和奖励举报者。

下面是一则对举报者的保护和奖励制度，仅供参考。

举报者保护和奖励制度

第 1 章　总则

第 1 条　目的

为保护举报者的人身安全，鼓励举报者进行不合规举报，规范举报管理，保证企业的合规经营，特制定本制度。

第 2 条　适用范围

本制度适用于对保护、奖励举报者工作的管理。

第2章 不合规举报保护管理

第3条 不合规举报渠道保护

（1）电话热线举报。合规部要设置电话专线，由专人接听，且必须对举报者的信息进行保密。

（2）电子邮件举报。合规部要设置举报专用邮箱，由专人负责每天查看邮箱，整理信息。

（3）线上平台举报。在企业的官方网站中设置举报板块，没有相应权限的不能查看该板块。

（4）来访举报。举报者由合规部负责对接，通过专门场所进行举报信息交流，无关人员不得在场。

第4条 不合规举报信息保护

（1）举报信息由专人录入数据库，举报材料存放在规定的场所，未经总经办批准的，其他工作人员不得查阅。

（2）严禁泄露举报内容及举报者姓名、住址、电话等个人信息，严禁将举报材料转给被举报者或被举报部门。

（3）合规部调查、核实情况时，不得出示举报材料原件或复印件。

（4）合规部接受举报者举报或向举报者核查情况时，须做好保密工作。

（5）企业在宣传报道举报者时，未经举报者同意，不得公开举报者信息。

第5条 举报者人身安全保护

（1）建立举报者人身安全风险评估机制。合规部要充分研判举报者可能遭到的打击报复风险，做好充分的保护工作预案。

（2）建立举报者人身安全紧急保护机制。举报者在举报后，只要举报者发出人身安全需要保护的求助，合规部必须第一时间核实并联系公安机关组织力量出警处置，确保举报者的人身安全。

第 6 条 举报者近亲属安全保护

（1）举报者近亲属人身、财产安全受到威胁的，合规部要联系公安机关采取必要的保护措施。

（2）打击报复或指使他人打击报复举报者近亲属构成违法的，依法追究其刑事责任。

第 7 条 打击报复的类型

有下列行为之一的，即视为对举报者实施打击报复的行为。

（1）威胁或非法限制举报者或亲属的人身自由的。

（2）非法占有或损毁举报者及其亲属财产的。

（3）栽赃陷害举报者及其亲属的。

（4）侮辱、诽谤举报者及其亲属的。

（5）违反规定解聘、辞退或开除举报者及其亲属的。

（6）克扣或变相克扣举报者及其亲属的工资、奖金或其他福利待遇的。

（7）在职务晋升、岗位安排、评级考核等方面对举报者及其亲属进行刁难、压制的。

（8）对举报者及其亲属提出的合理申请应当批准而不予批准或拖延的。

第 3 章 不合规举报奖励管理

第 8 条 不合规举报奖励适用对象

不合规举报奖励适用于企业全体人员。

第 9 条 奖励给予条件

不合规举报经调查、核实后，确定存在违规事宜，并且举报信息与调查信息一致，要对举报者进行奖励。

第 10 条 奖励给予标准

（1）举报重大违规事件的，给予经济奖励_____元，在晋升、涨薪、评优方面优先考虑。

（2）举报较大违规事件的，给予经济奖励 ____ 元，在晋升、涨薪方面优先考虑。

（3）举报一般违规事件的，给予经济奖励 ____ 元。

第11条 举报奖励金发放

（1）举报奖励金的发放要严格受到合规部的监管，禁止截留、侵占、挪用举报奖励金，或违反规定发放举报奖励金。

（2）举报奖励金在举报调查结束 ___ 日内发放到举报者提供的银行账号。

第12条 不予奖励的情形

（1）专门进行违规监督工作的人员举报的违规事实。

（2）违规人先于举报者交代了尚未被查处的违规事实。

第4章 附则

第13条 编制单位

本制度由合规部负责编制、解释与修订。

第14条 生效时间

本制度自××××年××月××日起生效。

7.2.2 合规调查

为加强企业的合规管理，调查企业存在的不合规行为，合规部根据掌握的不合规信息，对企业进行合规调查。

1. 合规调查程序

合规部接到不合规举报后，判断需要进行调查的，要启动合规调查程序，调查举报信息是否属实，调查企业是否存在违规行为。合规部进行合规调查要遵循一定的程序，以保证合规调查的规范性合规调查程序如图7-2所示。

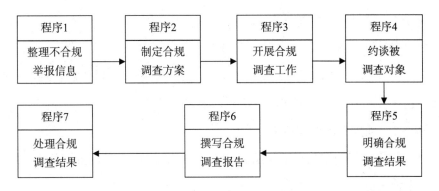

图 7-2 合规调查程序

程序 1：整理不合规举报信息

合规部定期检查合规举报渠道，在收到不合规举报信息后，整理与举报相关的文档、信息等，做好记录，收集被举报对象的资料，查看被举报对象的个人档案。在整理合规举报信息过程中，要注意对举报人员及举报信息进行保密。

程序 2：制定合规调查方案

合规部根据举报情况，制定详细的合规调查方案，方案中主要包括调查对象、调查方法、调查任务分工、日程安排、访谈技巧、实施阶段等。为防止意外事故发生，还要在方案中做好应急预案，防止被调查对象失踪或逃跑。

程序 3：开展合规调查工作

合规部根据合规调查方案开展合规调查工作，围绕举报人员提供的信息进行调查，收集与调查事件相关的资料，保全有价值的资料，并对资料进行合规审查。需要进行外部调查的，可安排人员同时进行调查。

程序 4：约谈被调查对象

合规部依据掌握的资料和初步调查结果，与被调查对象进行约谈，听取被调查对象的意见或观点，以保证调查程序的客观、公正。

程序 5：明确合规调查结果

合规部结合初步调查结果和被调查对象的约谈结果，分析、判断被调查对象是否存在违规行为，给出调查结果。若存在违规现象，要调查出具体的违规事实，给出处理意见。若不存在违规现象，则要澄清事实，为被调查对象恢复名誉。

程序 6：撰写合规调查报告

合规部根据合规调查结果撰写合规调查报告，报告要包括调查的范围、被调查对象存在的问题、处理意见、调查结论等。合规调查报告要根据国家法律法规、企业的规章制度来陈述调查事实，阐明处理理由。

程序 7：处理合规调查结果

合规部将合规调查结果上交给总经办，交由总经办进行审批，审批通过后，再根据审批意见和调查报告对被调查对象进行处理。

2. 合规调查方案

为进一步明确合规调查事项，规范合规调查行为，合规部根据举报信息和收集的资料制定合规调查方案，以确认举报信息的真实性，保证企业的合规性。

下面是一则知识产权合规调查方案，仅供参考。

知识产权合规调查方案

一、调查任务

合规部在××××年××月××日接到举报，举报信息称企业××产品第一季度的宣传海报涉嫌抄袭，现对此次举报进行调查。

二、合规调查小组分工

合规部组织成立合规调查小组，进行知识产权合规调查工作。

（1）合规调查负责人：张××。

（2）负责查阅资料的工作人员：李××、赵××、王××。

（3）负责约谈的工作人员：刘××、周××。

（4）负责外部调查的工作人员：吴××、宋××。

三、调查范围

（1）合规调查小组要调查××产品第一季度的宣传海报是否抄袭，与举报者提供的作品进行对比，判断抄袭程度。

（2）合规调查小组要调查广告部设计宣传海报的工作人员及其直属领导，与他们进行约谈，了解其是否存在抄袭行为。如果存在，抄袭了哪些；没有的话，给出设计时间。

（3）合规调查小组要调查举报者提供的被抄袭作品，调查设计时间和设计者。

（4）合规调查小组要调查举报者的相关信息，方便后续进行沟通等。

（5）合规调查小组要调查此次举报事件的影响范围，包括对企业的影响程度和对企业造成的经济损失。

四、调查重点

合规调查小组的调查重点是宣传海报是否涉嫌抄袭，以及抄袭行为对企业造成何种损失和影响，判断企业行为是否合规。

五、调查方法

1. 查阅资料法

（1）合规调查小组调查宣传海报及被抄袭作品的资料时，要运用查阅资料法。

（2）合规调查小组通过查阅各项信息资料，有效地发现事件中的难点、关键点及矛盾点，获取有效的证据，查明事实真相。

2. 约谈法

（1）合规调查小组调查广告部人员时，要运用约谈法。

（2）合规调查小组与设计宣传海报的工作人员进行面对面的问话和交流，合理运用约谈技巧，获得相关证据材料和信息。

六、调查时间

（1）××月××日至××月××日，查阅企业内部资料。

（2）××月××日至××月××日，进行外部情况调查。

（3）××月××日至××月××日，与广告部设计人员进行约谈。

七、调查实施

1. 第一阶段

合规调查小组首先要查阅内部资料，查看宣传海报的设计时间与被抄袭对象的设计时间；其次邀请专业人士判断是否构成抄袭、抄袭程度如何；最后，调查此次抄袭事件的影响，汇报事件的发展情况。

2. 第二阶段

合规调查小组与广告部的设计人员进行约谈，主要谈论设计时间、设计思路、参考资料等，收集被约谈人提供的证明材料。在约谈过程中，要注意谈话技巧的使用，以达到预期的约谈效果。

3. 第三阶段

合规调查小组围绕调查到的资料和约谈的结果进行综合判断，得出合规调查的结果。根据合规调查结果撰写合规调查报告，说明调查的经过及相应的处理意见，报总经办审批通过后执行。

八、合规调查安全预案

（1）为防止举报人员恶意、虚假举报，耗费企业大量的人力和物力，影响企业的正常运转，合规部要首先确认举报者的信息，当提供的证据表明确有抄袭嫌疑时，方可启动合规调查。

（2）为防止被约谈人员逃跑或失踪，在调查程序启动时，合规调查小组要随时掌握被约谈对象的行踪。

九、注意事项

（1）在合规调查过程中，应确保两名或两名以上工作人员参与调查，以确保调查工作的客观、公正。

（2）在合规调查过程中，要聘请相关的专业人员，如聘请资深设计人员帮助判断是否抄袭。

（3）在查阅资料过程中应当注意保守企业秘密，防止泄密现象的发生。

3. 合规调查报告

合规部根据合规调查结果撰写合规调查报告，总结合规调查情况和问题处理意见，为企业的合规管理提供建设性意见。下面是一则围绕财务造假调查结果撰写的财务造假调查报告，仅供参考。

财务造假调查报告

一、调查背景

××××年××月××日，合规部接到举报者（刘××）的实名举报。举报者声称企业电商部负责人王×在开展品牌运营期间，通过编造"公共关系""平台推广""平台运营刷红包及礼物"等申领公关费、备用金，而这些钱款都被其通过虚假票据进行报销贪污，金额巨大。

二、调查情况

（1）合规部成立合规调查小组，由××任组长，×××、×××任组员。

（2）合规调查小组按照企业的合规举报制度先约谈了举报者刘××，详细询问并核对了刘××的个人信息、工作经历等，并对刘××举报的有关王×涉及的虚假票据和对话记录进行了留存与核实。

（3）合规调查小组会同财务部对王×任职电商部负责人期间的报销票据进行了全面整理、核实。

（4）合规调查小组对开具票据的外部合作单位进行核查。

三、调查结果

调查中发现报销票据中有×万元的发票审核不够严格，未按照企业的合规管理制度提供相应的合同、订单及真实的记录，确实存在贪污行为。

四、处理建议

（1）根据企业合规管理规定，贪污金额达到×万元的，应予以撤职处理，收缴全部贪污款项，并处以____元的罚款处理。

（2）财务人员××负有审核票据不严责任，建议予以通报批评处理。

五、合规建议

为了避免贪污事件的发生，主要可从以下方面开展合规管理工作。

（1）企业要完善电商部报销管理规范。强化电商业务责制，业务与报销责任人分开，且建立部门审核、财务人员和财务经理多重审核制度。

（2）企业需要制定合规指南及员工行为准则，完善相应的配套机制，如奖惩机制，并通过一系列的政策通知及要求，规范员工行为，从而规避企业可能面临的非合规风险。

7.2.3 合规问题处理

合规调查之后，要对调查结果进行处理，在处理的过程中，要遵循一定的流程，以规范合规问题处理工作。

1. 合规问题处理流程

合规问题处理流程如图 7-3 所示。

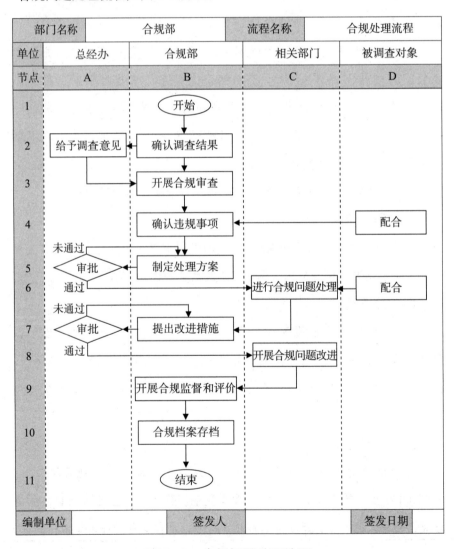

部门名称	合规部		流程名称	合规处理流程
单位	总经办	合规部	相关部门	被调查对象
节点	A	B	C	D

图 7-3 合规问题处理流程

合规问题处理流程的执行关键点如表 7-3 所示。

表 7-3 合规处理流程的执行关键点

关键点	细化执行
B2	合规部经理根据合规调查处理报告，确认合规调查结果，将调查结果上交给 总经理，总经理审批通过后给出审批意见
B3	合规部经理带领合规人员开展合规审查工作，审查企业存在的不合规情况，识别、分析合规风险，发现企业存在的问题
B4	合规人员根据审查的情况确认企业的违规事实，被审查人员要确认审查结果，双方沟通审查结果，合规人员给出审查意见
B5	合规人员根据审查结果制定合规处理方案，围绕具体的违规事项确定责任追 究的办法，方案确定后，交给合规经理审核，再交给总经理审批
C6	相关部门根据审批后的合规处理方案，进行合规处理
B7	合规人员根据审查过程中存在的风险及问题提出改进措施，以规范企业的运 营，规避合规风险
B9	合规人员对合规改进工作进行监督，监督被调查对象的改进情况，发现改进过程中存在的问题，及时加以解决。 合规经理对被调查对象进行合规评价，评价其合作是否合规及违规事项的整 改情况，将合规评价放入年度考核中
B10	合规人员将合规调查、合规处理、合规改进、合规评价的相关资料进行存档 保存

（2）合规问题处理意见书

在合规问题处理中，根据调查结果处理被调查对象，处理意见要上交总经理进行审批。

下面是一则侵占企业资产处理意见书，仅供参考。

侵占企业资产处理意见书

一、举报详情

本次举报事项为企业财务主管刘××、王××侵占企业资产，严重违反企业规定，给企业造成了较大的经济损失。

二、处理过程

（1）合规部接到举报后，按照企业的规章制度立即启动内部调查程序，调查、处理违规情况。

（2）经过层层审查和核实，我们发现刘××、王××存在滥用职权、侵吞企业资产、利用职务之便谋取私利等违法违规行为。这些行为严重损害了企业利益和员工合法权益，也违背了员工职业道德标准。

三、处理措施

（1）立即停止刘××、王××的相关违规行为，并收回他们非法占有的企业资产。

（2）对刘××、王××进行纪律处分，其相关职务和撤销其奖励，同时向公安机关和税务机关报案，依法追究其刑事和行政责任。

（3）完善企业内部控制制度，加强监督和约束。制定更为明确的员工行为准则，提高全体员工的合规风险意识，加强员工教育和培训。

四、结论

本次违规事件对企业造成了不良影响和经济损失，合规部已经果断采取措施加以处理，同时也吸取了教训，进一步加强了内部治理，维护企业正常经营和员工合法权益。

合规部

××××年××月××日

7.3　合规管理监督问责

7.3.1　监督方式

合规部要监督企业合规管理工作，及时发现合规风险，积极进行应对和责任追究，避免影响企业正常的生产经营。合规监督方式主要有两种，具体如表7-4所示。

表 7-4　合规监督方式

方式	内容	适用范围
日常性合规监督	合规部负责对企业的各项业务进行合规性监督。合规部对企业的业务更加了解，能快速进行合规管理，但在实施过程中容易具有主观性，不能公正地进行监督	适用于各种企业的合规监督管理
第三方合规监督	企业引入第三方合规监督机构，协助企业进行合规监督管理。第三方合规监督机构脱离企业，具有独立性和客观性	适用于企业业务繁杂、工作事项较多的合规监督

7.3.2　问责管理

为加强合规问责管理，提升全体员工的合规风险意识，提高企业内部管理水平，需要制定合规问责管理制度。

下面是根据《国务院办公厅关于建立国有企业违规经营投资责任追究制度的意见》设计的一个合规问责管理制度，仅供参考。

合规问责管理制度

第 1 章　总则

第 1 条　目的

为加强企业的合规管理，树立合规意识，保证企业的合规经营，完善合规问责管理，根据企业的实际情况，特制定本制度。

第 2 条　适用范围

本制度适用于合规问责管理的相关工作。

第 3 条　职责权限

合规部负责合规问责的管理工作。

（1）合规经理负责确定是否启动问责程序。

（2）合规人员负责执行合规问责程序，进行合规调查等工作。

第 2 章　问责管理范围

第 4 条　企业管控方面

未履行或未正确履行职责致使企业发生较大资产损失，对生产经营、财务状况产生重大影响。

第5条 购销管理方面

未按照规定订立、履行合同，未履行或未正确履行职责，致使合同标的价格明显不公允，利用关联交易输送利益，未按照规定进行招标或未执行招标结果。

第6条 工程承包建设方面

工程物资未按规定招标，违反规定转包、分包，工程组织管理混乱，致使工程质量不达标，工程成本严重超支。

第7条 转让企业产权、股权和资产方面

未按规定履行决策和审批程序或超越授权转让范围，违反相关规定和公开、公平交易原则，低价转让企业产权、股权和资产等。

第8条 固定资产投资方面

项目概算未经严格审查，严重偏离实际，未按规定履行决策和审批程序便擅自投资，造成资产损失。外部环境发生重大变化时，未按规定及时调整投资方案并采取止损措施。

第9条 投资并购方面

投资并购未按规定开展尽职调查，或开展尽职调查时未进行风险分析等，存在重大疏漏。财务审计、资产评估或估值违反相关规定，或投资并购过程中授意、指使中介机构或有关单位出具虚假报告。

第10条 改组改制方面

未按规定履行决策和审批程序，未按规定组织开展清产核资、财务审计和资产评估。

第11条 资金管理方面

违反决策和审批程序或超越权限批准资金支出，违规以个人名义留存资金、收支结算、开立银行账户，违规超发、滥发职工薪酬福利，因财务内控缺失，发生侵占、盗取、欺诈等行为。

第 12 条 风险管理方面

对经营投资重大风险未能及时识别、分析、评估、预警和应对,瞒报、漏报重大风险及风险损失事件,指使编制虚假财务报告,企业账实严重不符等。

第 3 章 问责管理程序

第 13 条 启动问责

合规部根据收集到的信息,确认需要问责的事项,经总经理审批通过后,启动合规问责程序。

第 14 条 实施调查

合规部组织对需要问责的事项进行调查,查清违规事项,得出调查结论等。

第 15 条 确认结果

合规部将调查结果上交给总经办,总经办做出审批。

(1)合规部调查后需要进行问责的,书面通知到被问责对象,通知中要详细阐明问责缘由、处理依据及申诉复核的权利。

(2)合规部调查后不需要进行问责的,书面通知被问责对象,书面告知提出问责的部门或人员。

第 16 条 申诉复议

(1)被问责对象对于问责处理结果不服的,可自收到问责通知书____个工作日内申请复议。

(2)合规部收到复议申请后,确定可进行复议调查的,合规部要在____工作日内完成复议调查并给出复议结果。

(3)复议调查结果报总经理审批,作出最终决定,与原调查结果一致的,继续执行原处理决定;与原调查结果不一致的,更改处理决定。

第 17 条 实施问责

各相关部门对被问责对象进行问责处理。

7.4 合规管理审计

7.4.1 合规管理审计要素

合规管理审计是指对企业合规管理的有效性进行客观的鉴定和评价，或对企业的某个合规事项进行专项审计。合规管理审计主要包含10个要素，具体如表7-5所示。

表7-5 合规管理审计要素

要素	具体内容
合规管理审计主体	确定合规管理审计主体，明确合规管理审计项目的主导者，制定好合规管理审计的方案，分配合规管理审计的任务
合规管理审计对象	明确合规管理审计对象，确定被审计的部门或人员，分析从哪些方面对审计对象进行审计
合规管理审计依据	衡量被审计事项的优劣，提出合规管理审计意见，并得出合规管理审计决定的依据
合规管理审计目标	确定合规管理审计所要达到的目的和要求，以指导审计工作
合规管理审计标准	制定详细的合规管理审计标准，判断和评价被审计事项，作出审计结论和得出审计意见
合规管理审计证据	为保证合规管理审计意见和结论的正确性，要收集合规管理审计资料，获取合规管理审计证据
合规管理审计程序	做好合规管理审计各个阶段的工作任务，明确准备阶段、实施阶段、完成阶段的工作事项

要素	具体内容
合规管理审计方法	运用合适的合规管理审计方法进行合规管理审计调查、分析、调整工作，常见的有核对法、审阅法、查询法、分析法、盘存法、详查法、抽查法等
合规管理审计报告	根据合规管理审计结果编制合规管理审计报告，详细阐述合规管理审计的情况、问题及建议，以便相关人员理解和使用
合规管理审计档案	归档审计活动中形成的各种文件和材料，做好合规管理审计档案的收集、整理和保管工作

7.4.2　合规管理审计标准

合规部根据合规管理审计标准进行审计工作，以保证合规管理审计工作的规范性和公正性，合规管理的审计标准如表 7-6 所示。

表 7-6　合规管理审计标准

标准	具体内容
国家法律法规和政策规定	合规管理审计要了解并遵守国家法律法规和政策规定，确保合规管理审计工作符合国家法律法规和政策要求
内部管理制度	◆ 企业应当建立和完善内部管理制度，明确组织结构、工作职责、权利义务、决策程序等要素 ◆ 合规管理审计应当针对企业的内部管理制度进行审计，发现存在的问题并提出改进措施
行业标准和规范	了解企业所属的行业标准和规范，结合企业自身情况进行合规管理审计
合同约定和协议	企业与合作伙伴之间的合同和协议是合规管理的重要组成部分，要检查企业的合同和协议是否符合法律法规和政策要求，并评估企业的履约情况
信息技术管理制度	评估企业的信息技术管理制度是否合规，包括信息安全、数据保护等方面

7.4.3　合规管理审计程序

合规部在进行合规管理审计时需要遵循一定的程序，具体如图 7-4 所示。

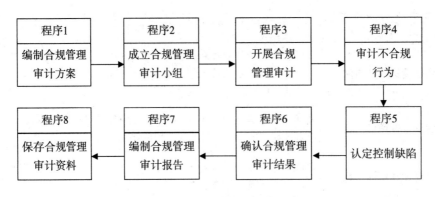

图 7-4　合规管理审计程序

程序 1：编制合规管理审计方案

合规部根据合规管理审计的内容及重点编制具体的合规管理审计方案，方案中要明确审计的时间、内容、审计方式、审计手段等。

程序 2：成立合规管理审计小组

合规部组织成立合规管理审计小组，负责进行合规管理审计工作，小组成员既要包括合规部人员，又要有审计部、法务部的人员。

程序 3：开展合规管理审计

合规管理审计小组根据编制的合规管理审计方案开展现场审查工作，收集被审计部门或人员的资料。在审计过程中，合规管理审计小组可选择问卷调查、抽样、比较分析的方法来收集相关证据。

程序 4：审查不合规行为

合规管理审计小组通过初步调查、符合性测试和详细审查，收集相关的审计证据，通过分析与评价发现不合规的行为和问题。

程序 5：认定控制缺陷

合规管理审计小组在合规管理审计过程中对控制缺陷进行认定，并将缺陷根据等级进行划分，分析缺陷的形成原因，提出认定意见。

程序 6：确认合规管理审计结果

合规管理审计小组将合规管理审计的工作过程、控制缺陷、审计意见和建议等进行汇总，形成合规管理审计结果。

程序 7：编制合规管理审计报告

合规管理审计小组根据合规管理审计结果编制合规管理审计报告，合规管理审计报告主要包括审计内容、审计范围、内部控制缺陷认定及整改意见等。合规管理审计小组将合规管理审计报告提交给合规经理审核,再经由总经理审批。

程序 8:保存合规管理审计资料

合规管理审计小组应对合规管理审计资料进行整理、装订、编号,形成合规管理审计档案,并由合规部负责保存。

7.4.4 合规管理审计底稿

为了保证合规管理审计底稿的编制质量,规范合规管理审计底稿的编制行为,合规管理审计小组应当按照一定的编制要求,对审计底稿进行编制。

1. 合规管理审计底稿编制要求

合规管理审计底稿编制要求如表 7-7 所示。

表 7-7 合规管理审计底稿编制要求

序号	具体要求
1	应当按照审计准则与相关法律法规进行编制
2	实施合规管理审计程序的结果和获取的合规管理审计证据应当确认无误
3	在合规管理审计过程中遇到的重大事项与得出的结论及在得出结论时做出的重大职业判断应当确认无误
4	合规管理审计底稿编制资料应当真实、可靠,内容完整
5	编制合规管理审计底稿时应当重点突出,力求反映对合规管理审计结论有重大影响的内容
6	合规管理审计底稿在编制时应当简繁得当,详细记录审计过程中的重点内容,并简单记录一般内容
7	构成合规管理审计底稿的基本内容与要素应当全部包括在内,包括被审计单位的名称、审计事项、审计程序的执行过程及结果、审计结论、意见及建议等
8	编制合规管理审计底稿时应当遵循有关审计工作底稿的执业规范指南给出的参考格式
9	合规管理审计底稿编制时应注意审计符号的前后一致,并且审计符号的含义能够反映在审计工作底稿上
10	合规管理审计实施方案中确定的每一项审计事项均应编制合规管理审计工作底稿,既包括合规管理审计发现问题的事项,也应当包括合规管理审计未发现问题的事项
11	合规管理审计底稿编制时应当做到记录清晰、内容连贯、文字规范、计算准确
12	合规管理审计底稿应当注明索引编号与顺序编号

2. 合规管理审计底稿范例

合规管理审计底稿范例如表 7-8 所示。

表 7-8　合规管理审计底稿范例

编号：××××××××共 页 第 页

被审计单位名称			
审计项目名称		审计事项	
审计事项期间	××××年××月××日至××××年××月××日		
审计事实描述			
	审计人员	编制日期	
复核意见	□　同意 □　不同意（注明不同意的理由，以及审计底稿中存在的情况及建议，需要补充的内容等） 复核人员： 复核时间：		
被审计单位意见	□情况属实 □不属实（需补充××资料） 签字： 盖章：		

7.4.5　合规管理审计报告

合规管理审计实施后，合规管理审计小组根据审计结果撰写合规管理审计报告，分析存在的合规风险。

下面是一则采购合同合规管理审计报告，仅供参考。

采购合同合规管理审计报告

一、审计目的

为了对采购合同的签署、审批、履行等环节的内部控制情况进行审查，分析采购合同的合规性、合法性，提出建议，揭示存在的合规风险，合规管理审计小组对采购合同进行了合规管理审计。

二、审计情况

（1）合规管理审计小组主要审查了××××年××月××日至××××年××月××日期间的采购合同。

（2）本次采购合同合规管理审计共审计了＿＿份采购合同。

（3）合规管理审计小组审计了采购合同的起草、审核、审批、存档、台账管理等工作流程。

（4）合规管理审计小组审计了合同关键条款与实际采购的一致性。

（5）合规管理审计小组审计了合同主要条款存在的约定不足、缺陷、不妥等情况。

三、审计存在的问题

1. 部分采购合同不合法

合规管理审计小组在审查过程中发现部分采购合同不合法，具体表现在采购合同的主体、内容、形式、程序方面，没有遵守国家的法律法规和企业的规章制度。

2. 部分采购合同条款不完整

合规管理审计小组审计发现部分采购合同条款不完整，采购合同中的标的不明确、数量错误、价款不具体、履行的期限和方式不准确、违约条款不符合规定。

3. 部分采购合同不严谨

合规管理审计小组审计发现部分采购合同的文字表述不严谨，当事人双方的权利、义务不明确，审批、签证、公证的手续没有按照规定履行。

4.部分采购合同未完全履行

部分采购合同在签订后，并未完全履行。

四、整改意见

（1）根据采购合同的审计结果发现合同的另一方存在违约的，要及时组织向对方索赔。

（2）审计发现企业存在违约的，相关责任人要提交书面申请，办理赔偿手续，并追究其相关责任。

（3）规范采购合同的制定、审批、履行流程，建立相应的规章制度来规范采购合同的管理。

五、审计建议

1.加强采购合同合法性管理

（1）采购合同要符合国家的政策、法律法规和计划要求，与当事人意思表示要真实一致，防止采用欺诈、胁迫、乘人之危等手段订立采购合同。

（2）采购部签订的采购合同除即时清结者外，应采用书面形式。

（3）采购合同格式应采用国家市场监督管理总局发布的统一格式文本。

2.加强采购合同条款完整性管理

（1）采购合同标的数量要准确，质量标准要明确、具体。

（2）采购合同的价款或酬金要准确具体、合规合法。

（3）采购合同的履行期限、地点、方式要可行、准确。

（4）违约责任条款要符合法律规定、明确具体。

3.加强对采购合同的严谨性管理

采购合同的文字表述要准确、严谨，明确具体当事人双方的权利、义务，按规定履行审批、签证、公证等手续。

4.加强采购合同履行的完整性管理

较大的采购合同在签订后，应随着合同时效区间及时履行。

六、结论

本次采购合同合规管理审计发现采购合同存在诸多问题，采购部需要根据问题进行整改，以规范采购合同，使其合规，保证企业的合规发展。

7.4.6　合规管理审计成果应用

　　合规管理审计结束后，要将合规管理审计成果运用到企业的合规管理中，以避免、预防合规风险，将合规管理审计落到实处。合规管理审计成果主要应用到以下 8 个方面，具体如表 7-9 所示。

表 7–9　合规管理审计成果应用

方面	具体内容
问题整改	通过合规管理审计发现问题，分析企业的其他环节是否存在相应问题，然后进行整改
流程优化	合规管理审计报告对流程优化提出审计建议，以便更好地进行业务的审批、执行等环节
制度完善	通过合规管理审计发现企业内部制度存在的缺陷，提出制度完善的建议，以适应环境和业务的发展
合同签订	通过合规管理审计发现不符合组织的整体利益或长远利益的合同，合规管理审计从企业整体利益与风险角度提出建议
架构调整	根据合规管理审计调整不符合企业内控原则的组织架构
责任追究	从合规管理审计中发现的重大违规问题，合规管理审计小组可提出问责建议，或者移交法务部进行问责
资产保全	合规管理审计通过多种手段、措施保障企业资产免受损失
风险规避	合规管理审计通过多种形式规避合规风险，保证企业的合规经营

7.5　合规管理体系运行分析

7.5.1　日常分析

　　合规部对合规管理体系运行进行日常分析，发现问题并及时采取措施加以解决，确保合规管理体系的有效性和适用性。常见的日常分析方式主要有 5 种，具体如表 7-10 所示。

表 7-10　合规管理体系运行日常分析方式

分析方式	具体内容
内部审核	◆ 定期对合规管理体系进行内部审核，评估合规管理体系的有效性和适用性，发现和解决问题 ◆ 通过内部审核可以了解合规管理体系的整体情况，评估合规管理体系是否达到预期目标
外部审计	◆ 合规部可邀请专业的合规审计机构对合规管理体系进行外部审计，评估合规管理体系的合规性和有效性，发现和解决问题 ◆ 外部合规审计机构可以提供独立、客观的合规管理体系评估报告，为企业提供参考
数据分析	对合规管理体系中的数据进行分析，如分析合规培训的参与率、合规投诉的数量等，通过分析数据发现合规管理体系运行中存在的问题，及时采取措施加以解决
管理评审	◆ 定期召开管理评审会议，评估合规管理体系的运营效果，发现和解决问题 ◆ 管理评审会议可以让高层领导全面了解企业合规管理体系的运作情况，并对合规管理体系进行调整和改进
反馈和建议收集	定期向员工和相关利益方收集反馈和建议，了解他们对合规管理体系的看法和建议，发现合规管理体系运行中存在的问题，并及时采取措施加以解决

7.5.2　分析报告

合规部根据合规管理体系的日常运行情况，评估和分析合规管理体系的运行效果，发现运行过程中存在的问题，由此编制合规管理体系运行分析报告。

下面是一份合规管理体系运行分析报告，仅供参考。

合规管理体系运行分析报告

一、目的

综合分析企业合规管理体系的运行情况，从不同领域和角度进行深入分析，为企业合规管理体系运行提供进一步的改进建议和指导。

二、运行分析概况

本次合规管理体系运行分析的数据主要来源为企业内部的各类合规文件、年度合规报告及各种业务提供的相关数据。分析方法主要采用定性和定量相结合的方式，通过对数据的整理和分析，得出分析结果。

三、存在问题

1.重点领域存在合规风险

合规管理体系运行过程中发现存在员工违规、财务数据不完整、数据泄露等问题，这些问题的存在可能会导致企业受到法律和监管机构的处罚，并对企业形象和声誉产生负面影响。

2.企业存在不合规事件

在合规管理工作中，企业出现了多起不合规事件，包括员工行为不当、财务数据造假等，对企业的经营产生了一定的负面影响，并引发了社会和监管机构的广泛关注。

四、整改建议

1.加强员工合规培训

针对员工行为的违规风险，企业要加强员工合规培训，使员工充分了解企业的合规制度和要求，并增强员工的合规意识和风险意识。同时，建立员工合规行为监管机制，加强对员工行为的监控和管理，及时发现和处理员工违规行为。

2.加强财务合规管理

针对财务数据不完整和造假的情况，企业要完善财务数据的收集、记录和报告机制，确保财务数据的准确性和完整性。同时，加强对财务管理人员的培训和监管，增强财务管理人员的合规意识和风险意识，防范财务数据的造假行为。

3.完善合规管理体系

完善企业内部合规管理体系，明确合规要求、工作流程及责任分工，确保企业在各个业务领域的合规性，防范违规风险。

4.健全内部控制体系

企业要加强对内部控制体系的建设和管理，从源头上遏制合规风险的产生，加强对合规风险的识别、评估和应对能力，有效控制各项风险，保障企业的正常经营和发展。

5. 加强关键领域的合规监管

加强关键领域的合规监管，如数据保护、知识产权等领域，确保企业在这些领域的合规性和合法性。

五、总结

合规管理体系在运行过程中存在诸多问题，企业要完善合规管理体系，加强内部合规培训，完善合规管理制度，规范各项业务流程，从而提高企业的合规管理水平，保障企业的正常经营和发展。

第8章
合规管理体系评估与绩效改进

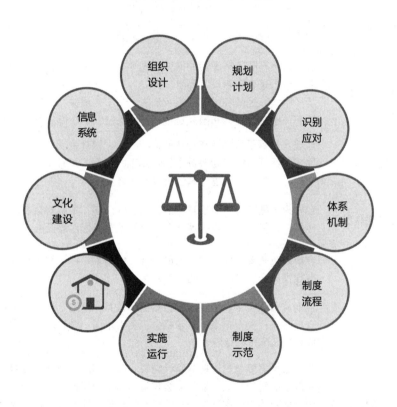

8.1　合规管理体系运行评估

8.1.1　合规管理体系运行评估的依据

合规管理体系运行评估是指对组织的合规管理体系进行系统性的评估和审核，以确定其是否符合法律法规、政策、标准和规范的要求，以及是否能够有效地防范潜在的合规风险。合规管理体系运行评估的依据如表 8-1 所示。

表 8-1　合规管理体系运行评估的依据

依据	具体说明
相关法律法规	合规人员需要了解适用的法律法规和标准要求，以便确定合规管理体系的运行是否符合规定要求。例如，在金融行业中，合规人员需要了解《中华人民共和国商业银行法》《中华人民共和国银行业监督管理法》《中华人民共和国外资银行管理条例》等法律法规和相关要求
行业标准	合规人员需要根据所在行业的标准要求，检查合规管理体系是否符合要求，并及时纠正和改进不符合要求的情况，同时要适应行业标准的变化，确保合规管理体系的有效性和符合性
内部管理要求	合规人员需要了解组织自身的内部管理要求，包括规章制度、程序文件等，以便确定合规管理体系的运行是否符合内部要求
风险评估结果	合规人员需要了解组织得出的风险评估结果，以确定风险管理措施的有效性和合规管理体系的实际效果
运行数据和信息	合规人员需要查看组织的运行数据和信息，这些数据和信息可以包括合规报告、安全记录、监管报告、员工培训记录等，以确定合规管理体系的实际运行情况
审计结果和改进措施	合规人员需要考虑以前的审计结果和改进措施，以确定组织是否已经采取了必要的行动，以改善合规管理体系的运行情况。合规人员可以查看以前的内部审计报告、外部审计报告、监管部门的检查报告等，了解组织合规管理体系的缺陷和存在的问题，并确定组织是否已经采取了必要的改进措施

8.1.2　合规管理体系运行评估的内容

为了确保合规管理体系能够有效地运行，需要对其进行评估。通过对相关内容的评估，可以发现合规管理体系中存在的问题和不足之处，并采取相应的措施进行改进，从而提高合规管理体系的有效性和可靠性。合规管理体系运行评估的内容如表 8-2 所示。

表 8-2　合规管理体系运行评估的内容

内容	具体说明
法律法规合规性评估	评估企业是否符合相关法律法规的要求，如《中华人民共和国劳动法》《中华人民共和国环境保护法》等。评估可以涵盖法律法规的全面性、有效性和实施情况等。例如，评估《中华人民共和国劳动法》涉及的劳动保障等合规性时，可以查看企业是否支付了工资和提供社保等福利
内部控制评估	评估企业内部控制的有效性和可靠性，包括风险管理、信息系统安全、财务管理等方面，评估可以包括内部控制设计的合理性、内部控制操作的有效性、内部控制监督的完整性等。例如，评估风险管理方面的内部控制时，可以查看企业的风险识别、风险评估和风险应对措施是否全面、有效和可靠
遵循行业规范评估	评估企业是否符合所在行业的规范要求，如安全生产规范、信息安全规范等，评估可以包括规范的适用性、规范的有效性、规范的实施情况等。例如，评估信息安全规范时，可以查看企业是否采取了防范信息泄露、防止网络攻击等措施
风险评估	评估企业面临的各种风险，如市场风险、信用风险、战略风险等，评估可以包括风险的识别、风险的评估、风险的应对措施等
安全生产评估	评估企业的安全生产管理情况，包括安全生产制度的建立、安全培训、安全生产设施的完善等方面，评估可以涵盖安全生产管理的全面性、有效性和实施情况等
企业社会责任评估	评估企业在社会层面的表现，评估内容包括企业的社会责任、员工权益和福利、社区参与、环境管理情况等
绩效评估	评估企业的经营绩效、财务绩效等方面，包括营业收入、利润、市场份额等指标，评估可以包括企业绩效的稳定性、企业绩效的提升能力、企业绩效的可持续性等

8.1.3　合规管理体系运行评估的方法

合规管理体系运行评估方法是指评估过程中采用的具体方法和手段，包括文件审核法、现场检查法、问卷调查法等。合规人员要根据不同的评估目的、评估内容和评估对象，选择合适的方法和手段进行评估，具体方法如表 8-3 所示。

表 8-3　合规管理体系运行评估的方法

方法	具体说明
文件审核法	◆ 通过审核企业或组织相关文件的内容，如企业或组织的制度、规程、标准、程序、文件、报告等，检查其是否符合法律法规要求和内部管理要求 ◆ 审核内容主要包括：必要法律法规要求、符合企业或组织内部管理要求情况、完善流程控制和监督机制及必要记录和报告要求
现场检查法	◆ 通过实地检查企业或组织的运营情况和内部管理制度的执行情况，评估其合规性和管理水平 ◆ 现场检查内容主要包括：内部管理制度执行情况、相关岗位人员职责分工和执行情况、相关数据和记录的保存和使用情况等
问卷调查法	◆ 通过向企业或组织相关人员发放问卷，了解其对合规管理体系的认知、理解程度和实际运行情况，并针对问卷结果提出改进建议 ◆ 问卷调查内容主要包括：对相关法律法规的认知程度和理解程度、对企业或组织内部管理制度掌握情况、对内部控制和合规风险的认知和理解、对内部管理制度流程的改进建议
数据分析法	◆ 通过分析企业或组织相关数据，如财务数据、员工数据、销售数据等，评估其合规管理体系的运行情况和合规风险 ◆ 数据分析内容主要包括：财务数据的准确性和合规性、员工数据的合规性和管理水平、销售数据的合规性和管理水平、关键数据指标的变化趋势和异常情况
培训和考核法	◆ 通过对企业或组织相关人员进行培训和考核，检验其对合规管理体系的认知和理解情况，同时也可以发现存在的问题并加以解决 ◆ 培训和考核内容主要包括：对操作流程和工作流程的掌握情况、对重点风险区域和关键环节的掌握情况、实际操作和应对风险的能力和水平
外部认证法	◆ 通过委托第三方机构对企业或组织的合规管理体系进行认证，评估其是否符合相关标准和要求 ◆ 外部认证的内容主要包括：检查企业或组织的内部管理制度和流程、检查企业或组织的内部控制和合规风险管理情况等

8.1.4　合规管理体系运行评估的程序

合规管理体系运行评估程序是指对一个组织的合规管理体系进行全面评估的一系列程序和活动，旨在评估组织的合规性和合规管理体系的有效性。合规管理体系运行评估的程序如图 8-1 所示。

图 8-1　合规管理体系运行评估的程序

程序 1：准备工作

合规人员需要在评估之前了解组织的业务、合规要求、管理体系标准等相关信息，并确定评估的范围、时间表和评估方法等。合规人员通常需要收集组织的文件和记录，如合规管理手册、政策文件、程序、标准和指南等。

程序 2：现场评估

合规人员到组织现场进行评估活动，包括观察、访谈、文件审查等，以了解组织的实际运作情况，并确定合规管理体系的运行情况。合规人员要对组织的活动、过程和管理实践进行检查和记录，以确定合规管理体系的实际运行情况。

程序 3：评估结果分析和缺陷识别

合规人员根据收集的信息，对合规管理体系的运行情况进行评估，并将评估结果进行分析、分类和归纳。合规人员需要识别出合规管理体系中存在的缺陷和问题，如不符合法规要求、缺乏文件记录、员工培训不足等。

程序 4：缺陷整改和跟踪

合规人员提出整改建议和改进措施，组织制订整改计划并执行，合规人员还需要与组织合作，协商制订缺陷整改计划和时间表，并对整改进展进行跟踪和监督，跟踪缺陷整改的进展情况。

程序 5：报告编写和反馈

合规人员撰写评估报告，向组织提供缺陷识别、整改建议和改进措施等相关信息，并向组织反馈评估结果和报告，建议组织进一步完善合规管理体系。

8.1.5　合规管理体系运行评估的底稿

合规管理体系运行评估底稿是合规人员根据评估标准和依据，实地检查、访谈、问卷调查等多种方法进行数据收集和分析的结果，是评估的核心文件，也是企业合规管理体系运行评估的重要依据，其基本要素如表 8-4 所示。

表 8-4　合规管理体系运行评估底稿的基本要素

基本要素	具体说明
评估目的和范围	明确评估的目的和范围，如评估企业合规管理体系的有效性、合规风险的控制情况等。应考虑评估的重点、时间、地点和参与者等因素，以确保评估的全面性和准确性
评估标准和依据	明确评估的标准和依据，如相关法律法规、行业标准、企业规章制度等，以及评估标准和依据的来源和适用性。应对这些标准和依据进行综合分析和比较，以便为评估提供参考和依据
评估方法和程序	选择合适的评估方法和程序，如文件审查、实地检查、访谈、问卷调查等。评估程序应该考虑评估的流程、评估人员的技能和经验、评估的时间安排等因素，并确保评估程序的科学性、有效性和可重复性
评估内容和要点	明确评估的内容和要点，如企业的组织架构、合规制度、内部控制、风险管理等方面。应该将评估内容和要点细化到具体的标准和条款，以确保评估的全面性和准确性
评估结果和结论	对评估结果进行分析和总结，形成评估结论和建议，并明确评估报告的撰写要求和标准。评估结果和结论应该客观、准确、可信，并为企业的改进工作提供有益的指导和建议
评估报告和跟踪改进	根据评估结果撰写评估报告，提出改进建议和措施，并跟踪改进情况。评估报告应该清晰、简明、完整，并为企业的管理决策提供有益的参考和指导。跟踪改进情况应该及时、有效、可靠，并定期进行评估复查

8.1.6　合规管理体系运行评估报告的撰写

合规管理体系运行评估报告是指对一个组织的合规管理体系进行评估和审查的报告。通常由专业的合规人员进行评估和审查，根据相关的标准和要求，对组织的合规管理体系的运行情况、实施效果、风险管理、缺陷情况和改进建议等方面进行全面、客观的评估和分析。

下面是某企业编写的合规管理体系运行评估报告，仅供参考。

合规管理体系运行评估报告

一、背景介绍

本次评估是对企业合规管理体系的运行情况进行的全面评估，以确保企业的合规运营，保障企业的业务稳定和发展。评估团队由专业合规人员组成，依据 GB/T 35770-2022《合规管理体系要求及使用指南》，对企业各部门的合规管理体系运行情况进行评估。

二、评估目的

评估企业合规管理体系的有效性以及是否符合国家法律法规有关规定和行业标准的要求；发现并解决合规管理体系运行中存在的问题，提出改进建议；提高企业合规管理水平和风险管理能力，保障企业的合规运营。

三、评估方法

（1）文献资料审查：合规人员对企业合规管理体系相关的文件、记录等进行审查。

（2）现场检查：合规人员对企业各部门的合规管理情况进行实地检查。

四、评估范围

本次评估的范围包括企业的相关部门：人力资源部、财务部、采购部、销售部。

五、评估内容

（1）企业合规管理体系的建立与运行情况

合规人员对企业合规管理体系的建立和运行情况进行了全面的审查，包括合规管理体系的组织结构、责任分工、资源配置和运作情况等方面。评估结果表明，企业已经建立了一套完整的合规管理体系，能够有效地保障企业的合规运营。

（2）企业合规政策与程序的制定和实施情况

合规人员对企业合规政策和程序的制定和实施情况进行了全面的

审查，包括政策和程序的制定、宣传和培训、执行和监督等方面。评估结果表明，企业制定了一系列合规政策和程序，并通过培训等方式向员工进行了宣传和教育。但是，企业需要进一步完善政策和程序的更新和修订机制，以确保其与国家法律法规和行业标准的要求保持一致。

3. 企业合规培训的开展情况

合规人员对企业合规培训的开展情况进行了全面的审查，包括培训计划的制订、培训内容的设计、培训的实施和效果的评估等方面。评估结果表明，企业开展了定期的合规培训，培训内容覆盖了企业的各个部门和岗位。但是，企业需要进一步完善培训计划和培训效果的评估机制，以确保培训的有效性。

4. 企业合规监督与管理的情况

合规人员对企业合规监督与管理的情况进行了全面的审查，包括合规监督与管理机制的建立和实施、风险识别和评估、合规巡查和内审、违规处理和纠正措施等方面。评估结果表明，企业建立了合规监督与管理机制，能够有效地识别、评估和管理合规风险。但是，企业需要进一步完善风险评估和管理的机制，以提高风险识别和管理的精准度和时效性。

5. 企业合规风险管理的情况

合规人员对企业合规风险管理的情况进行了全面的审查，包括风险识别和评估、风险控制和应对、风险预警和预防等方面。评估结果表明，企业能够有效地识别和管理合规风险。但是，企业需要进一步加强风险预警和应对能力，以确保合规风险得到有效管理和控制。

六、评估结果

1. 企业合规管理体系的建立与运行情况

合规人员认为，企业已建立了完善的合规管理体系，相关政策和程序得到了有效的实施，能够有效保障企业的合规运营。

2. 企业合规政策与程序的制定和实施情况

合规人员认为，企业制定了一系列合规政策和程序，并通过培训等方式向员工进行了宣传和教育，但是需要进一步完善政策和程序的更新和修订机制，以确保其与国家法律法规和行业标准的要求相一致。

3. 企业合规培训的开展情况

合规人员认为，企业开展了定期的合规培训，培训内容覆盖了企业的各个部门和岗位，但是需要进一步完善培训计划和培训效果的评估机制，以确保培训的有效性。

4. 企业合规监督与管理的情况

合规人员认为，企业建立了合规监督与管理机制，能够有效地识别、评估和管理合规风险，但是需要进一步完善风险评估和管理的机制，以提高风险识别和管理的精准度和实效性。

5. 企业合规风险管理的情况

合规人员认为，企业能够有效地识别和管理合规风险，但是需要进一步加强风险预警和应对能力，以确保合规风险得到有效管理和控制。

七、评估结论

综上所述，企业合规管理体系的建立和运行情况比较良好，但仍有一些需要进一步完善和改进的地方。评估团队提出以下建议。

（1）完善政策和程序的更新和修订机制，以确保其与国家法律法规和行业标准的要求相一致。

（2）加强培训计划和培训效果的评估机制，提高培训的有效性。

（3）进一步完善风险评估和管理的机制，提高风险识别和管理的精准度和实效性。

（4）加强风险预警和应对能力，以确保合规风险得到有效管理和控制。

合规部

××××年××月××日

8.2 合规管理体系专项评估

8.2.1 组织体系健全性评估

组织体系健全性评估是对企业合规管理体系建设情况进行评估的一种方法，其目的是评估企业合规管理体系是否健全、有效。组织体系健全性评估的关键要素如表 8-5 所示。

表 8-5 组织体系健全性评估的关键要素

关键要素	具体说明
政策和程序	◆ 合规部应该制定适当的政策和程序，确保员工了解和遵守适用的法规、规则和标准 ◆ 评估人员需要检查政策和程序的更新频率和完整性，以及员工是否理解和遵守这些政策和程序
领导力和管理责任	◆ 企业的领导层应该对合规管理负有责任，并将其作为企业经营战略的一部分；领导层应该向员工传达合规管理的重要性，并确保企业的决策和行为符合适用的法规、规则和标准；领导层应该制定明确的目标和指标，并提供足够的资源和支持来实现这些目标 ◆ 评估人员需要检查企业的领导层是否已经承担起这些责任，以及是否已经为合规管理制订了明确的目标和计划
培训和沟通	◆ 合规部应该制定培训和沟通机制，确保员工了解并理解了合规要求，能够在日常工作中实践这些要求 ◆ 评估人员需要检查企业是否已经为员工制定了适当的培训和沟通机制，以及这些机制是否能够让员工充分了解和遵守合规要求
风险评估和管理	◆ 合规部应该定期评估其业务中可能存在的风险，并采取相应的风险管理措施 ◆ 评估人员需要检查企业是否有一个全面的风险评估框架，并能够识别和管理潜在的合规风险
监督和审计	◆ 合规部应该建立一个监督和审计体系，确保企业遵守法规、规则和标准 ◆ 评估人员需要检查企业是否能够有效地监督员工的行为，并及时发现和纠正员工的合规违规行为
持续改进	◆ 合规部应该持续改进其合规管理体系，以确保其符合不断变化的法规、规则和标准 ◆ 评估人员需要检查企业是否有一个持续改进的计划，并且能够有效地推动和执行这个计划

8.2.2 制度体系规范性评估

制度体系规范性评估旨在发现和解决制度体系存在的问题，确保其符合法律法规的规定，实现制度透明、高效地运行，提高制度的适应性和可持续性，制度体系规范性评估的关键要素如表 8-6 所示。

表 8-6 制度体系规范性评估的关键要素

关键要素	具体说明
明确性	◆ 确保规范性要求的表述准确性，以防止误解和歧义 ◆ 评估规范性要求的表述方式，如使用清晰的语言、逻辑结构等 ◆ 确保规范性要求的表述精度，如对量化指标的描述、数据格式等
完备性	◆ 评估制度规范性要求是否涵盖了企业所有业务流程和职能部门 ◆ 确保制度规范性要求的细节性和深度性，如是否明确规定了流程中的各个环节和角色的职责、权限等
可操作性	◆ 确保规范性要求的可操作性，评估制度规范性要求的具体操作流程、标准、模板、样例等 ◆ 考虑不同职能部门和不同层次员工的不同需求，确保规范性要求的可操作性与可接受性
可验证性	◆ 评估制度规范性要求是否包含明确的核查、审批、记录等流程，以保证规范性要求的可验证性 ◆ 确保规范性要求的可验证性，以便内部和外部审计人员对制度的规范性进行验证
执行和监督机制的规范性	◆ 评估制度规范性执行和监督机制的设计和实施情况，确保制度规范性的执行和监督机制严密有效 ◆ 确保制度规范性要求的执行和监督机制符合企业内部管理制度，并考虑到不同职能部门和不同层次员工的不同需求和行为习惯
改进和更新的规范性	◆ 评估制度规范性的改进和更新，确保规范性的修订、更新和完善等符合相关规范性要求 ◆ 确保制度规范性的改进和更新与企业的战略和目标相匹配，同时符合行业和法规的规范性要求

8.2.3 合规管理运行机制完备性评估

合规管理运行机制完备性评估是指对企业合规管理运行机制的各个方面进行全面、深入、系统的评估，以确定企业合规管理运行机制的有效性、完备性和科学性，合规管理运行机制完备性评估的关键要素如表 8-7 所示。

表8-7 合规管理运行机制完备性评估的关键要素

关键要素	具体说明
培训与沟通机制	◆ 评估企业是否为员工提供了必要的合规培训，以帮助员工理解相关法律法规和企业内部合规要求，使员工能够遵守企业合规规定 ◆ 评估企业是否建立了内部沟通渠道，以便员工能够及时获取相关信息并与管理层进行沟通和交流
风险评价与应对机制	◆ 评估企业是否建立了完善的风险评估和应对机制，以便能够识别和管理潜在风险 ◆ 评估企业是否建立了危机管理预案，以便在发生重大事件时能够快速应对并减少损失
咨询与审查机制	◆ 评估企业是否建立了合规咨询和审查机制，以便员工能够获得必要的咨询和支持，并确保企业的合规管理体系得到有效实施和监督 ◆ 评估企业是否定期开展内部审计和风险评估，以便发现和解决问题
责任与考核机制	◆ 评估企业是否建立了明确的合规管理责任制和考核机制，以便确保合规管理责任人和员工能够履行相应的职责，并能够获得合理的考核和激励 ◆ 评估企业是否建立了合理的奖惩制度，以便激励员工遵守合规规定
举报与查处机制	◆ 评估企业是否建立了完善的举报和查处机制，以便员工能够主动举报违规行为，并确保违规行为能够及时得到处理和纠正 ◆ 评估企业是否定期开展风险排查，以便及时发现和处置潜在违规行为
优化与提升机制	◆ 评估企业是否建立了持续改进机制，以不断完善合规管理体系，提高合规管理水平 ◆ 评估企业是否定期开展合规管理评估，以便及时发现和解决问题，并持续提高合规管理体系的完备性和有效性

8.2.4 合规文化认同性评估

合规文化认同性评估通常用于了解企业员工对合规文化的理解、认同和行为表现。合规文化认同性评估能够帮助企业了解自身合规文化的现状，及时发现并纠正不当行为，建立和维护一个健康、合规的企业文化。合规文化认同性评估的关键要素如表8-8所示。

表8-8 合规文化认同性评估的关键要素

关键要素	具体说明
企业各层级员工行为	◆ 评估是否有员工存在违反合规政策和程序的行为 ◆ 评估是否有员工进行未经授权的操作 ◆ 评估是否有员工存在操纵数据、账目或财务报告的情况 ◆ 评估是否有员工存在侵犯知识产权、泄露机密或滥用企业资源的情况

续表

关键要素	具体说明
企业整体氛围	◆ 评估企业是否存在压力、威胁或报复等行为，使员工违反合规政策和程序 ◆ 评估企业是否存在文化偏差，使员工认为违反合规政策和程序是可以接受的 ◆ 评估企业是否存在有效的沟通渠道和反馈机制，以便员工举报违规行为和提出意见
合规文化认同培训	◆ 评估培训内容是否全面、清晰，是否符合员工的实际需求 ◆ 评估培训方式是否灵活、高效，是否让员工易于理解和接受 ◆ 评估员工对培训的反馈和评价，判断培训是否对员工的合规意识和行为产生积极的影响
领导力和文化	◆ 评估领导层是否树立了正确的合规价值观和榜样，是否能够影响员工的合规意识和行为 ◆ 评估领导层对员工行为的监督和纠正情况，是否能够及时发现和纠正员工的不当行为 ◆ 评估企业文化是否支持和鼓励员工合规行为，是否有助于建立和维护一个健康、合规的企业文化
企业合规文化建设	◆ 评估企业制定的合规政策和程序是否符合国家法律法规和道德标准，是否全面、清晰 ◆ 评估企业是否有效地落实了这些政策和程序，是否有相应的预防措施 ◆ 评估企业是否及时纠正和惩罚违规行为，是否能够建立和维护一个健康、合规的企业文化

8.2.5　高层领导承诺性评估

为确保企业领导层在合规管理方面发挥示范和引领作用，为企业全员树立合规意识和行为的榜样，并为企业的长期稳定发展提供支持和保障，需要对合规管理高层领导承诺性进行评估。高层领导承诺性评估的关键要素如表8-9所示。

表 8-9　高层领导承诺性评估的关键要素

关键要素	具体说明
重视程度	◆ 评估高层领导是否认识到合规管理对企业长期稳定发展的重要性，并愿意投入足够的资源来支持合规管理的实施 ◆ 评估是否设立了合规管理部门或配备了专职合规管理人员来负责企业的合规管理工作 ◆ 评估高层领导是否将合规管理视为企业战略的一部分，并将其纳入企业治理结构中
告知义务	◆ 评估高层领导是否了解、传达并执行了国家、地区和行业的合规要求，并确保企业制度和规程的有效实施 ◆ 评估高层领导是否掌握合规管理制度和流程，并通过内部培训、沟通和外部

续表

关键要素	具体说明
告知义务	咨询等方式传达给全体员工和合作伙伴 ◆ 评估是否建立了各种反腐败和合规监督机制，如举报热线和匿名投诉渠道等
自我监督	◆ 评估高层领导是否严格要求自身合规，并建立自我监督机制 ◆ 评估高层领导是否为员工树立合规榜样，建设企业合规文化 ◆ 评估高层领导是否定期开展自查和审计工作，对企业合规管理的实际情况进行监督和改进
风险控制	◆ 评估高层领导是否将合规风险纳入企业经营决策考虑，确保业务风险可控 ◆ 评估高层领导是否对高风险业务进行专项审核和管理，确保业务合规性达到国家和行业的要求 ◆ 评估高层领导是否建立了有效的风险管理体系，如合规风险评估和风险防范机制等
整体策略	◆ 评估高层领导是否将合规管理视为企业文化的一部分，使之贯穿企业治理和业务流程中的各个方面 ◆ 评估高层领导是否积极倡导企业道德和社会责任，增强员工的合规意识并规范他们的行为 ◆ 评估高层领导是否建立了完整的合规管理制度和体系，并不断完善和提升合规管理水平

8.3 合规管理体系绩效评价

8.3.1 合规管理体系绩效评价的标准

合规管理体系绩效评价是指对一个企业的合规管理体系进行绩效评价，以确定其在合规管理方面的有效性和成熟度。这种评价可以帮助企业发现合规管理体系中存在的问题，以改善其合规管理绩效，并提高其整体风险控制水平。合规管理体系绩效评价通常基于一系列预先设定的指标进行，其标准如下文所示。

1. 合规性

评价指标必须与国家相关法律法规和企业政策规定相符合，这包括确定哪些法律法规和企业政策规定是适用于该企业的，确保评价指标能够涵盖这些要求。同时，评价指标必须包括相应的合规性检查、合规性培训和合规性审计等方面，以确保企业能够完全符合适用要求。

2. 可度量性

评价指标应该具有明确、可度量的性质，这意味着评价指标必须是具体的、可衡量的，并且能够产生数据或信息，以便企业能够进行分析、监控和报告，如合规培训率、合规投诉率、合规违规率等都是可度量的合规管理绩效指标。

3. 目标导向

评价指标必须与企业的战略目标和业务目标相一致，这意味着评价指标应该与企业的长期发展计划和业务计划相匹配，并与企业的核心价值观和文化相一致，如若企业的战略目标是扩大市场份额和增加利润，那么评价指标应该关注在保证合规性的同时，如何提高业务绩效。

4. 实用性

评价指标应该具有实际可行性，这意味着评价指标不仅要理论上可行，更要具有可实施性。评价指标应该与企业的资源、文化和操作过程相匹配，以确保企业能够采取措施，提高合规管理的绩效。

5. 综合性

评价指标应该具有综合性，这意味着评价指标应该考虑合规管理的各个方面，包括内部控制、员工行为、风险管理等，这样可以确保评价指标能够全面反映企业的合规管理情况。

6. 时效性

评价指标应该及时反映合规管理的情况，这意味着应该定期监测和评估评价指标，以确保企业能够及时调整策略，改善管理绩效。评价指标应该具有足够的灵活性，以便企业能够及时适应变化的市场和法律法规环境。

7. 可操作性

评价指标应该具有可操作性，这意味着评价指标应该具有直接可操作性，以便企业能够采取措施改善绩效。评价指标应该与企业的内部流程和业务流程相匹配，以确保企业能够在实际操作中采取必要的措施，提高合规管理绩效。

8.3.2 合规管理体系绩效评价的内容

在评价合规管理体系绩效时，评价的重点在于检查合规管理工作的实际效果,评价内容应当能够贯穿整个管理体系,同时能够将不同的评价指标联系起来,形成一个有机的评价体系。合规管理体系绩效评价的内容见下文。

1. 合规目标的实现情况

(1)评估企业制定的合规目标是否符合实际情况,并检查实际执行情况是否达到预期目标。

(2)检查企业合规管理流程的设计和执行情况,评估合规管理流程是否完善、规范,是否能够满足监管部门和内部控制要求。

(3)评估企业在合规风险防范方面所采取的措施是否有效,是否有风险防范措施和管理制度,并检查其执行情况和效果。

2. 合规管理效率

(1)评估企业合规管理工作的效率,包括合规流程的优化和改进、合规管理成本的控制等方面。

(2)检查企业合规管理工作中是否存在重复工作、流程冗余、效率低下等问题,并提出改进建议。

(3)评估企业合规管理工作的信息化、自动化、智能化水平,并给出提高合规管理效率的方案。

3. 合规管理成果

(1)评估企业在合规管理方面所取得的成果,如合规违规事件的减少、企业声誉的提升、员工合规意识的增强等方面。

(2)检查企业合规管理工作的实际效果,如合规违规事件的发生情况、处理效果等,以及员工合规意识等方面。

(3)评估企业在合规管理方面的表现和声誉,如企业在业界和社会上的形象和声誉,以及是否受到监管部门和投资者的认可和信任等。

4. 合规管理风险

(1)检查企业合规管理工作中可能存在的风险和隐患,如合规监管的漏洞、合规风险的控制等,并提出相应的风险应对方案和改进建议。

(2)评估企业应对合规风险的能力和水平,如企业的应急响应机制和风险应对能力等方面。

5. 合规管理创新

（1）评估企业在合规管理方面的创新和改进，如合规管理工作的信息化、自动化、智能化等方面。

（2）检查企业在合规管理工作中是否运用了新的技术和工具，如智能风控系统、合规数据分析工具等，并评估其效果和贡献。

（3）评估企业合规管理工作的创新性和可持续性，如企业是否在合规管理方面持续改进、创新，并提出相应的改进建议。

6. 员工培训情况

（1）评估企业员工的合规意识和合规知识掌握水平，包括内部培训、考核和监督等方面。

（2）检查企业内部合规培训的内容和方式，如内部合规培训的内容是否全面、深入，员工培训的方式是否有效等。

（3）评估企业在员工合规意识和知识方面的表现和改进情况，并提出相应的改进建议。

8.3.3 合规管理体系绩效评价的方法

合规管理体系绩效评价方法应该基于可靠的数据来源和有意义的指标，并且与企业的整体评价内容、目标和战略紧密联系、保持一致，以确保能够有效实施。合规管理体系绩效评价的方法如下。

1. 自我评估

企业可以通过问卷、调查、面谈等方式，对自身的合规管理体系进行评估。自我评估可以包括内部审计、风险评估、合规性测试等方式。评估结果可以帮助企业了解自身的合规管理体系的现状和存在的问题，并提供改进建议。自我评估应该定期进行，以确保企业的合规管理体系得到持续改进。

2. 第三方评估

企业可以请专业的第三方评估机构对其合规管理体系进行评估。第三方评估机构可以对企业的合规性政策、合规性流程、合规性文化、合规性培训等方面进行评估，并提供详细的评估报告和改进建议。第三方评估可以为企业提供客观的评估结果，并帮助企业发现合规管理体系中存在的问题。

3. 案例分析

企业可以通过对同行业或同类企业的合规管理体系进行比较分析，了解行业最佳实践和领先经验，从而确定自身的合规管理体系的成熟度和优化方向。案例分析可以帮助企业发现自身的短板，找到改进的方向。

4. 合规性测试

企业可以通过合规性测试工具，评估自身的合规性水平。这种测试可以根据适用的法律法规和企业政策规定，对企业进行评估，并提供评估报告和改进建议。合规性测试可以帮助企业发现合规管理体系中的漏洞和不足之处。

5. 审计

企业可以通过内部审计或外部审计，对合规管理体系进行审计。审计可以帮助企业确定合规管理体系的有效性和成熟度，同时提供改进建议。具体可以对企业的内部控制、合规性流程、员工行为等方面进行审计，发现合规管理体系中存在的问题，并提供解决方案。

8.3.4 合规管理体系绩效评价的程序

企业在评估组织合规管理体系绩效的过程中必须保持相关工作的透明度和适用性，这有助于提升合规管理体系绩效评价的准确性和有效性。因此，在进行该任务时，需要按照一定的程序进行，其程序如图 8-2 所示。

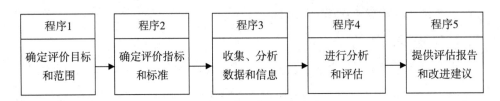

程序1	程序2	程序3	程序4	程序5
确定评价目标和范围	确定评价指标和标准	收集、分析数据和信息	进行分析和评估	提供评估报告和改进建议

图 8-2 合规管理体系绩效评价的程序

程序 1：确定评价目标和范围

确定要评估的合规管理体系的目标和范围，这包括确定要评估的合规性政策、流程、文化、培训等方面，以及确定评估的时间和范围。

程序 2：确定评价指标和标准

根据评价目标和范围制定适用的评价指标和标准，这些指标和标准应该与适用的法律法规和企业规定相一致，以确保评价的有效性和可靠性。

程序 3：收集、分析数据和信息

根据制定的评价指标和标准，收集和分析与合规管理体系相关的数据和信息。数据和信息可以有多个来源，如文件记录、内部报告、外部报告、员工反馈等。

程序 4：进行分析和评估

利用收集到的数据和信息，对合规管理体系进行分析和评估，这包括对合规性政策、流程、文化、培训等方面的评估，以及对发现的问题进行分析和评估。

程序 5：提供评估报告和改进建议

根据评估结果，提供评估报告和改进建议。评估报告应该包括评估结果、对问题的描述、改进建议等内容，以及相关数据和信息的支持。改进建议应该具体、可操作，并与评估结果相一致，以帮助组织改善其合规管理体系。

8.3.5 合规管理体系绩效评价结果的应用

合规管理体系绩效评价结果应用是指将合规管理体系绩效评价过程中所得出的结论、数据和建议等，应用于企业实际运营中的管理决策、流程改进、人员培训等方面，以推动企业合规管理水平的提升，其主要应用见下文。

1. 合规部应用

（1）帮助合规部制订合规性计划和目标。合规管理体系绩效评价结果可以帮助合规部门了解合规管理体系的成熟度和效果。从而制订相应的合规性计划和目标。

（2）提高合规性培训效果。合规管理体系绩效评价结果可以帮助合规部了解员工对合规性培训的需求和反馈，以提高合规性培训的效果。

（3）提供改进建议。合规管理体系绩效评价结果可以提供改进建议，帮助合规部针对合规管理体系中存在的问题，制定和实施改进措施，提高合规管理体系的成熟度和有效性。

2. 管理层应用

（1）制定战略和决策。合规管理体系绩效评价结果可以帮助管理层了解合规管理体系的成熟度和效果，从而制定相应的战略和决策，以提高企业整体风险控制水平和业务运营效率。

（2）增强员工合规意识和规范他们的行为。合规管理体系绩效评价结果可以帮助管理层了解员工对合规方面的理解程度，从而制定相应的改进措施，提高员工的合规意识和规范他们的行为。

（3）提高业务效率和效益。合规管理体系绩效评价结果可以帮助管理层了解合规管理体系中存在的问题，从而制定相应的改进措施，优化合规性流程和操作，提高业务效率和效益。

3. 董事会应用

（1）帮助董事会了解企业的合规管理体系。合规管理体系绩效评价结果可以为董事会提供企业的合规管理体系的绩效和成熟度的信息，并提供改进建议。

（2）提高企业整体风险控制水平。合规管理体系绩效评价结果可以帮助董事会了解企业风险控制方面的问题，制定相应的策略和计划，以提高企业整体风险控制水平和业务效率。

（3）提高企业声誉和信誉度。合规管理体系绩效评价结果可以帮助董事会了解企业合规管理体系的现状和问题，制定相应的改进措施，以提高企业的声誉和信誉度。

4. 更广泛应用

（1）帮助投资者了解企业的合规管理体系。合规管理体系绩效评价结果可以帮助投资者了解企业的合规管理体系的绩效。

（2）提高客户信任度。合规管理体系绩效评价结果可以帮助客户了解企业的合规管理水平，增强客户对企业的信任度，从而提高客户满意度和忠诚度。

（3）增强员工合规意识和规范他们的行为。合规管理体系绩效评价结果可以帮助员工了解合规性要求和企业的合规管理体系的要求，从而提高员工合规意识和规范他们的行为，降低员工违规风险。

（4）提高行业的整体合规水平。合规管理体系绩效评价结果可以帮助企业了解行业内的合规性标准和趋势，以此提高自身合规管理水平，从而有助于行业整体合规水平的提高。

8.4 合规管理体系绩效改进

8.4.1 合规管理体系绩效改进的方法

企业应定期进行合规管理体系的评估，发现问题和不足之处，并采取改进措施，不断提升合规管理体系的绩效。通过合规管理体系绩效改进，企业可以提高合规管理的有效性，降低合规风险，增强企业的竞争力和可持续发展能力，其方法如下。

1. 定期进行评价

（1）确定合适的评价周期。企业应该根据其业务特点和合规要求，确定合适的合规管理体系绩效评价周期，以保证评价的及时性和有效性。

（2）充分利用评价数据。企业应该充分利用评价数据，深入分析问题，制定相应的改进措施，并跟踪和评估改进成效。

2. 扩大评价范围

（1）涵盖不同的业务领域。企业应该将合规管理体系绩效评价的范围扩大到不同的业务领域，以全面了解其合规管理体系的成熟度和效果。

（2）考虑不同的合规标准。企业应该考虑不同的合规标准和要求，以确保其合规管理体系符合适用的法律法规和监管要求。

3. 优化评价方法

（1）结合实际情况。企业应该根据实际情况选择最合适的评价方法和工具，如自我评价、第三方评价等，以保证评价结果的准确性和可靠性。

（2）综合使用多种评价方法。企业应该综合使用多种评价方法，如问卷调查法、访谈法、文件审查法等，以全面了解其合规管理体系的成熟度和效果。

4. 强化数据分析

（1）制订数据分析计划。企业应该制订合适的数据分析计划，以充分利用评价数据，发现问题，并以此制定相应的改进措施。

（2）加强数据挖掘技术。企业应该加强对数据挖掘技术的应用，如数据分析软件、数据可视化工具等，以提高数据分析的准确性和效率。

8.4.2 合规管理体系绩效改进的程序

为了提高合规管理体系绩效效益，企业需要建立和完善改进程序。在评估和监控合规管理体系绩效的过程中，发现问题和不足之处后，要立即采取一系列有计划、有组织、有系统的程序来解决问题。合规管理体系绩效改进的程序如图 8-3 所示。

图 8-3　合规管理体系绩效改进的程序

程序 1：确定改进目标和方向

企业应该先明确改进目标和方向，如提高合规管理体系绩效的成熟度和有效性、优化合规流程和操作、降低合规风险等。

程序 2：分析评价结果

企业应该分析之前的合规管理体系绩效评价结果，了解存在的问题，确定改进的重点和方向。

程序 3：制订改进计划

企业应该根据评价结果和改进目标制订相应的改进计划，内容包括改进措施、责任人、时间表等。

程序 4：实施改进措施

企业应该根据制订的改进计划落实改进措施，并建立相应的措施跟踪和评估机制。

程序 5：检查和验证改进效果

企业应该定期检查和验证改进措施的效果，确保改进措施的有效性和可持续性。

第 9 章
合规管理文化建设

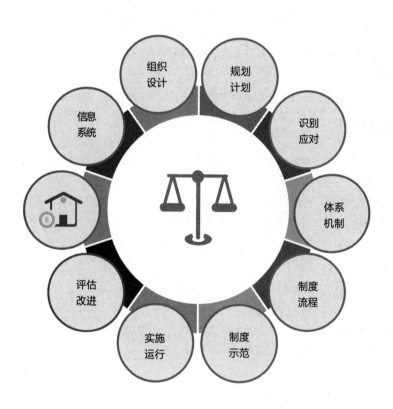

9.1　合规文化建设

9.1.1　合规文化建设路径

合规文化建设是一个长期的过程，需要有清晰的路径和步骤，合规文化建设主要有以下 7 大路径，具体如表 9-1 所示。

表 9-1　合规文化建设路径

路径	具体内容
明确企业的价值观和行为准则	合规文化是建立在企业价值观和行为准则的基础上的，企业应该明确并宣传这些准则，确保员工了解和遵守
建立有效的合规政策和程序	合规政策和程序可覆盖企业所有关键领域，如财务、人力资源、营销、采购等，将政策和程序编写成清晰、简洁、易于理解的文件，并在企业内部进行广泛宣传
建立有效的合规培训计划	合规部应定期为所有员工提供相关的培训，并根据员工角色和职责进行分类
建立有效的监控和报告机制	合规部应该建立有效的监控和报告机制，确保政策和程序得到有效实施，并及时发现和纠正违规行为
建立有效的奖励和惩罚机制	合规部应该建立有效的奖励机制，同时建立有效的惩罚机制，确保员工违规行为受到适当的惩罚
建立有效的沟通机制	合规部应该建立有效的沟通机制，如投诉渠道、热线电话等。同时，及时回应所有员工的反馈和意见
定期评估和改进合规文化	合规部应该定期评估和改进合规文化，发现并解决存在的问题，确保合规文化不断得到完善

9.1.2　合规文化建设方案

为了建设具有企业特色的合规文化，提升企业整体合规水平和经营管理能力，企业需根据自身情况和实际需求选择合适的策略和方法建设合规文化。

下面是一则合规文化建设方案，仅供参考。

合规文化建设方案

一、目的

为了强化合规管理，提高员工的合规意识和法治意识，要建设符合企业实际情况的合规文化，使合规文化深入企业的各个业务领域。

二、人员安排

1. 合规部经理

负责执行合规文化建设方案，协调各部门的实施情况，并对方案进行评估和改进。

2. 培训师

负责为企业员工提供合规文化培训，并定期更新培训内容和形式，以适应不断变化的合规环境。

三、时间安排

1. 员工合规文化培训时间

将不同岗位和职责的员工进行分类培训，每年至少进行 ___ 次，每次培训时间为 ___ 天。

2. 合规文化活动开展时间

每季度举行 ___ 次合规文化活动。

3. 合规文化反馈沟通时间

定期对合规文化的建设工作进行反馈，每 ___ 个月进行反馈沟通。

4. 合规文化建设方案评估时间

每年至少进行 1 次合规文化建设方案评估，并及时对方案进行改进和优化。

四、建设内容

1. 制定合规政策和规程

企业应制定详细的合规政策和规程，包括反腐败、反贪污、反洗钱、反恐怖融资等方面的要求，明确对各类对违规行为的定义和处罚措施，为员工提供明确的行为指引。

2.建立内部合规监督体系

企业应建立完善的内部合规监督体系，包括风险评估、内部审计、投诉处理等机制，及时发现和解决各类合规问题。

3.建立合规文化宣传机制

企业应加强对内外部员工的合规文化宣传，通过各种渠道传播合规理念，增强员工的合规意识和责任感，树立企业的良好形象。

五、实施文化建设

1.员工思想宣传方面

（1）制定合规制度与规范，并对员工进行培训。合规制度与规范的制定要结合企业实际，涵盖企业的各个方面，如财务、人力资源、信息安全等。培训内容要具体、细致，包括企业合规政策、法律法规、合规案例等。

（2）建立合规宣传平台，开设微信公众号或企业内部网站等，定期发布合规信息、案例和通知，提升员工合规意识和自我保护能力。

2.开展活动方面

（1）举办合规文化培训班，邀请专业人士进行授课，开展互动式学习，加深员工对合规文化的理解和认识。

（2）组织合规知识竞赛或游戏，提高员工对合规知识的兴趣。

（3）定期开展合规风险评估，及时发现和解决合规问题，提高企业整体风险管理水平。

3.与员工沟通方面

（1）建立员工意见反馈机制，设立专门的合规热线或信箱，让员工随时可以反映合规问题和建议，增强员工参与感和责任感。

（2）开展员工座谈会，邀请员工就合规政策、制度和流程等方面提出意见和建议，改善企业合规管理工作。

（3）定期组织内部交流会，分享合规案例和经验，提高员工合规意识。

9.2 合规管理宣传与培训

9.2.1 法治专题设计

为加强企业全体员工对合规管理的理解，提高全体员工的法律意识和风险意识，培养全体员工的合规意识，企业需要组织合规管理专题学习。

1. 法制专题种类

法制专题种类如表 9-2 所示。

表 9-2 法制专题种类

法制专题种类	具体内容
培训类	通过针对性的课程和培训，提升员工的合规意识和法律素养，让员工了解相关法规、规定和政策，避免违法风险
测评类	通过自评、第三方测评等方式，对企业内部的合规管理情况进行全面评估，发现合规管理中存在的问题，并提出改进措施和建议
风险防控类	以企业的风险管理为主题，通过对企业的业务、流程、数据等进行全面分析，提出针对性的风险防控策略，建立完善的风险防控机制
事件处置类	主要针对企业出现的合规问题或违法事件，通过建立完善的应急处置预案、危机管理机制等，及时响应和处置风险事件，降低合规风险和危害
监督检查类	主要针对企业内部合规管理工作的监督和检查，通过建立监督检查机制，加强对合规管理工作的监控和管理，确保企业合规管理水平得到持续提升

2. 法制专题设计程序

法制专题设计程序如图 9-1 所示。

图 9-1 法制专题设计程序

程序1：明确法制专题设计目的

企业合规师要确定合规法制专题设计的目的，如整改某项业务的合规问题。

程序2：收集专题设计相关资料

收集与专题设计主题相关的各种法律法规、行业标准、相关政策文件等，同时也需要了解企业内部的合规管理制度、流程等。

程序3：制定专题设计方案

企业合规师根据分析结果和需要，制定合规法制专题设计方案，包括设计目标、设计内容、设计形式和参与人员等。

程序4：实施专题设计方案

企业合规师根据方案的设计要求实施和开展调查，撰写合规法制专题设计报告，包括研究结果、建议、实施步骤和计划等。

程序5：跟进法制专题实施

企业合规师根据合规法制专题设计报告中的建议和计划跟进方案实施过程，确保合规问题得到有效解决。

程序6：评估法制专题效果

企业合规师对合规法制专题设计实施后的效果进行评估，分析是否达到预期目标，同时进行后续的跟进和持续优化。

9.2.2　合规管理宣传

企业向内外部员工和社会公众宣传合规管理理念和措施，加强员工和公众对企业合规的认识和理解。合规管理宣传有9大措施，具体如表9-3所示。

表9-3　合规管理宣传措施

宣传措施	具体内容
宣传标语	在企业内部和外部公共场所，如办公区域、生产车间、宣传栏、网站、社交媒体等，张贴或上传合规管理宣传标语，突出合规管理的重要性，强调企业的合规文化
宣传海报	制作合规管理宣传海报，介绍企业的合规管理制度和流程、政策法规和实践经验等，以图形和文字方式呈现，加强员工和公众对合规管理的理解和认识
员工手册和培训材料	在员工手册和培训材料中加入合规管理相关的知识点和政策规定，使员工更加深入地了解企业的合规管理制度和流程

续表

宣传措施	具体内容
合规管理网站	◆ 建立合规管理网站，发布合规管理相关的新闻和企业实践经验等信息，及时宣传和分享企业的合规管理成果和经验 ◆ 制定明确的合规政策，如反腐败政策、反垄断政策等，并在合规管理网站上进行宣传和发布
宣传活动和培训课程	◆ 安排合规管理宣传活动和培训课程，包括合规管理讲座、研讨会、培训课程、实践案例分享等，加强员工和公众对合规管理的认识和理解 ◆ 企业可以组织合规培训和教育活动，通过讲解法律法规、案例分析、道德教育等方式，加强员工对合规管理的认识和理解
社会责任报告和宣传片	发布企业社会责任报告和宣传片，突出企业的合规管理理念和措施，传递企业对社会责任的承诺和贡献
信息公开和透明度	企业可以加强信息的公开和透明度，如公开财务信息、环境信息、产品信息等，提高企业的透明度和公信力
督促检查和举报机制	企业可以建立合规督促检查和举报机制，如设置内部举报渠道、建立内部审计体系等，及时发现和处理违规行为
奖惩制度	企业可以建立相应的奖惩制度，如对合规表现优秀的员工进行表彰和奖励，对违反合规规定的员工进行处罚和警示

通过以上合规管理宣传措施，可以加强员工和公众对企业合规管理的认识和理解，营造合规管理的良好氛围，促进企业合规管理的有效实施和持续发展。

9.2.3 合规管理培训

合规管理培训是企业为了确保员工遵守相关法规、规范员工行为而进行的一种培训。

下面是一则合规管理培训计划，仅供参考。

合规管理培训计划

一、培训目标

为让员工了解合规管理的重要性，加强员工对企业合规风险的认识和理解，增强员工的合规意识，特制订本计划。

二、培训时间与地点

1.培训时间

（1）本次培训日期为××××年××月××日至××××年××月××日，共3天。

（2）培训时间为上午8：00~12：00，下午2：00~6：00。

2.培训地点

培训地点安排在企业＿＿会议室。

三、培训人员

1.培训讲师

聘请一名专业的合规师，为员工讲授合规知识。

2.受训人员

本次培训对象为企业全体员工。

四、培训内容

1.合规管理的基本概念和重要性

介绍合规管理的定义、目的和重要性，引导员工认识到合规管理是企业持续发展的基石。

2.相关法律法规和行业规范

介绍与企业业务相关的法律法规和行业规范，包括《中华人民共和国公司法》《中华人民共和国劳动法》《中华人民共和国反不正当竞争法》《中华人民共和国商标法》等。

3.企业合规管理制度和流程

介绍企业的合规管理制度和流程，包括内部控制制度、合规风险评估、合规培训等。

4.合规管理中的风险和挑战

介绍企业合规管理中存在的风险和挑战，包括合规管理制度的落实难度、员工合规意识缺乏等问题。

5. 合规管理的实践案例

通过实际案例让员工了解企业合规管理的实践操作，增强员工的实际操作能力。

五、培训形式

1. 线上培训

可以使用在线视频、网络直播等方式进行培训，方便员工参与。

2. 线下培训

可以组织员工集中学习，包括举办讲座、研讨会、培训课等形式。

六、培训评估方式

1. 问卷调查

通过问卷调查来了解员工对培训的满意度和培训效果，以便进一步完善培训计划。

2. 考试评估

培训结束后组织考试，评估员工对合规管理的理解程度。

3. 现场表现

通过现场表现来评估员工对培训内容的掌握程度，包括提问、回答问题、案例分析等。

七、费用预算

本次培训涉及的费用有讲师授课费、工具费、餐费、礼品费等。

第 10 章
合规管理信息系统

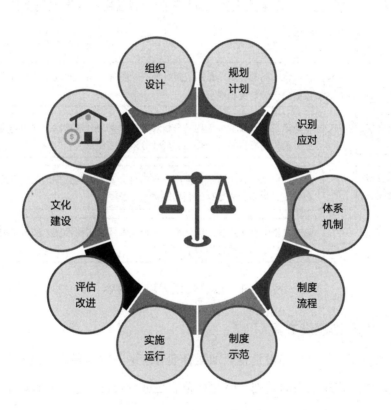

10.1 信息化建设

10.1.1 信息化建设融通

信息化建设融通是指在企业的信息化建设过程中，通过整合各类信息技术和信息系统，以及优化业务流程和管理模式，实现信息系统的互联互通和信息共享，达到信息资源的最大化利用和提高工作效率的目的。对于合规管理信息系统来说，信息化建设融通至关重要。通常来说，信息化建设融通包括四个方面，具体内容如图 10-1 所示。

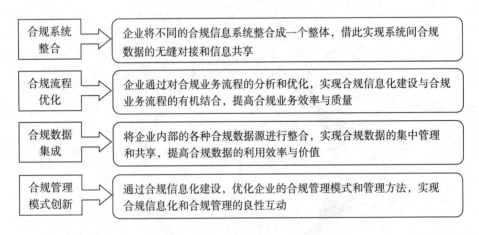

合规系统整合	企业将不同的合规信息系统整合成一个整体，借此实现系统间合规数据的无缝对接和信息共享
合规流程优化	企业通过对合规业务流程的分析和优化，实现合规信息化建设与合规业务流程的有机结合，提高合规业务效率与质量
合规数据集成	将企业内部的各种合规数据源进行整合，实现合规数据的集中管理和共享，提高合规数据的利用效率与价值
合规管理模式创新	通过合规信息化建设，优化企业的合规管理模式和管理方法，实现合规信息化和合规管理的良性互动

图 10-1 信息化建设融通内容

10.1.2 信息化建设方案

合规管理的信息化建设是企业加强合规管理的有效途径，也是企业提升合规管理效率及管理水平的基础。因此，企业在进行合规信息化建设时应遵循既定的建设方案，以提高工作效率和规范建设行为。

下面是一则信息化建设方案，仅供参考。

信息化建设方案

一、目的

为加强企业信息化应用与管理，促进信息技术与各个部门以及各项工作的深度融合，规范企业信息化建设行为，特制定本方案。

二、组织成员

企业为推进信息化建设，特成立信息化建设小组，小组成员构成如下。

组长：许某。

副组长：王某、李某、赵某。

成员：各部门负责人及相关人员。

三、建设阶段

（1）实施探索阶段：××××年××月至××××年××月。

（2）初步建成阶段：××××年××月至××××年××月。

（3）完善升级阶段：××××年××月至××××年××月。

四、信息化建设内容

1.构建合规数字化信息库

信息化建设小组按照企业要求与实际情况，利用现有信息网络搭建数字化信息库，如构建合规风险数据库、合规制度库、典型案例库等，为合规管理提供数据支撑。

2.将合规管控信息嵌入流程

信息化建设小组围绕监管规则和制度要求，推动合规管控信息与业务部门信息系统有机融合，将违规风险点内化为系统控制规则，从根源上消除或降低人为操作因素导致的合规风险。

3.联通业务系统，促进合规数据共享

信息化建设小组根据企业规划与实际情况，打破各部门之间的数据孤岛，将合规管理信息化系统与其他业务信息系统互相联通，促进各部门的数据共享，促使各部门自查自纠、自我完善。

4.建立合规动态监测预警系统

信息化建设小组针对重点领域、关键节点，通过高级算法与模型进行实时动态监测，挖掘大数据信息，实现精准洞察和提前化解违规风险。

五、信息化建设主要功能模块

1.合规知识管理

主要用来收集、存储、发布、共享、查询、统计和运用合规管理的信息和知识，其中包括合规规范、违规案例、合规管理最佳企业经验分享、有关合规管理的内部格式文件及有关合规管理的学术性文章或著作等。

2.合规组织

主要用来收集、共享、查询合规管理各层级组织、人员及职责，以及合规管理中的授权管理体系文件等。

3.合规风险管理

主要用来收集及应对合规管理中的风险，包括制定合规风险应对方案、提供合规风险评估的技术方法和程序、对合规风险的应对整改进行跟踪和监督检查等。

4.合规管理制度和流程

主要用来跟踪监督合规管理制度与流程的执行、收集合规管理制度和流程执行情况的信息和意见、组织对合规管理制度与流程的修改与补充等。

5.合规审查

主要用来审查合规负责人及合规管理部门、企业内部的规章制度、业务部门的日常合规信息及相关法律文件等。

6.合规管理评估

主要用来发布管理评估计划、提供合规管理评估工具、发布合规管理评估报告、发布整改计划和方案、对整改进行跟踪和监督检查等。

7. 合规违规管理

主要用来公布违规举报途径、提供线上违规举报链接、线上违规线索处置、提交及审批违规调查计划、发布违规处理结果等。

六、信息化建设措施

1. 搭建合规信息平台，营造网络办公环境

信息化建设小组利用企业信息网络建立合规管理信息系统、邮件系统、业务数据库及统计信息收集系统，逐步实现合规管理信息化、数据化、自动化，提高工作效率。

2. 建立完善合规系统公众信息网

信息化建设小组利用已有的合规信息资源，建立和完善面向所有员工的公众信息网，并完善网站的各项功能，如监督、举报、信息公示等，为企业员工提供方便、快捷的信息服务。

3. 建立完善合规指标体系

信息化建设小组依据国家法律法规及企业合规要求设计合规业务指标体系，推进业务指标体系实施，并建立考核机制，将考核结果应用于薪酬计算、岗位调动等。

4. 加强合规队伍建设，开展多层次技术培训

信息化建设小组根据合规信息工作的需要加强各级合规信息队伍建设，开展多层次的知识教育和培训工作。

七、信息化建设注意事项

（1）信息化建设小组要带头学习利用合规信息技术，各部门负责人要高度重视信息化建设工作，起到示范作用，促进企业尽快走上信息化建设道路。

（2）若无意外情况，企业各部门负责人及相关人员都应积极配合信息化建设小组的工作，若不配合工作甚至阻扰合规工作进行，由此产生的后果自行承担。

10.2 风险预警

10.2.1 重点领域的实时动态监测

合规部应对合规管理的重点领域进行实时动态监测，包括市场交易、劳动用工、财务税收、知识产权等，以规避合规管理风险。合规管理的重点领域实时动态监测内容如表 10-1 所示。

表 10-1 合规管理重点领域的实时动态监测内容

重点领域	监测内容
市场交易	是否对市场交易第三方做好尽职调查
	是否根据实际情况判断市场交易合规风险，并提出修改、补充或不予签署的合规建议
	交易是否按照签订合同履行，是否对合同履行情况及时跟进，合同履行发生风险时是否做出及时应对与处理
劳动用工	是否严格遵守劳动相关法律法规，是否具备完善的劳动用工管理制度，是否有效维护劳动者合法权益等
财务税收	是否具备完善的财务内部控制体系，是否严格执行财务事项操作和审批流程，是否严守财经纪律及税收法律政策
知识产权	是否及时申请注册知识产权成果，是否依法使用他人知识产权，是否加强对商业机密、商标、专利及著作权的保护等
反垄断管理	是否具备完善的反垄断管理机制及体系，是否严格按照反垄断管理机制及体系执行，是否遵守反垄断相关法律法规
反商业贿赂管理	是否坚守诚信经营底线，是否建立健全反商业贿赂体系，是否遵守反商业贿赂相关法律法规，自觉维护企业秩序等
安全生产	是否执行国家安全生产法律法规，是否具有完善的安全生产规范及安全环保制度，是否及时发现并整改违规问题等

10.2.2 关键节点的实时动态监测

合规部应对合规管理的关键节点进行实时动态监测，包括制度制定、经营

决策、生产运营、研究开发等，以防范合规风险的发生。合规管理的关键节点
实时动态监测内容如表 10-2 所示。

表 10-2　关键节点的实时动态监测内容

关键节点	监测内容
制度制定	是否按照国家法律法规及企业相关合规要求制定，合规制度是否具备且健全，合规制度内容是否完善且具有可操作性等
经营决策	是否站在企业合规的角度出发，是否按照合规法律法规及企业合规要求进行，是否符合合规要求等
生产运营	是否按照国家法律法规及企业合规制度进行，是否遵循合规部门要求，是否具备完善的生产运营合规机制，是否按照生产运营合规机制进行等
研究开发	是否具备完善的合规研究开发机制，是否按照企业合规机制进行研究开发等

10.2.3　动态监测预警方案

为加强对重点领域及关键节点的动态监测力度，规范合规部动态监测行为，
提高合规部动态监测效率，合规部应按照动态监测预警方案展开工作。

下面是一则动态监测预警方案，仅供参考。

动态监测预警方案

一、目的

为加强企业内部对重点领域及关键节点的监测力度，对合规管理
风险及时预警，最大限度地降低合规管理风险，特制定本方案。

二、动态监测预警方法

采用风险审计、偏差分析、技术指标比较等方法。

三、动态监测预警内容

（1）审查业务中的合规风险管理，尤其是各种文书审查中的合规
风险管理。

（2）各种经营业务中的合规风险管理，主要包括参与业务部门新
产品开发或主动发现合规风险点后向其他部门提出建议过程中的合规

管理评估报告、发布整改计划和方案、对整改进行跟踪和监督检查等。风险管理。

（3）具体经营管理中可预见的或普遍存在的合规风险点。

（4）其他需要动态监测预警的有关内容。

四、动态监测预警的程序

1. 启动动态监测预警工作

合规部及相关部门在获得动态监测预警批准许可后，立即组织有关人员做好准备，启动动态监测预警工作。

2. 制定动态监测预警方案

合规部与相关部门协同商议，制定科学、有效、可行的动态监测预警方案，若有需要可向相关专家征求意见并对动态监测预警方案进行修改，在修改后的___个工作日内向上级申请批准报备。

3. 实施动态监测预警方案

合规部及相关部门在接到上级审批通过的动态监测预警方案后，按照既定方案着手实施动态监测预警。动态监测预警过程中，原则上不对方案进行重大调整，如遇重大调整，应将调整的内容与调整后的方案及时报备。

4. 动态监测预警总结报告

合规部及相关部门根据动态监测预警结果编制动态监测预警报告，对正在实施的动态监测进展情况进行总结。如不能按时编制，则应以书面形式说明原因。

5. 改进实施动态监测预警方案

合规部及相关部门在动态监测预警总结报告的基础上，找出现有方案的不足之处，并加以改进，予以实施。

五、动态监测预警分级及响应

1. 动态监测预警分级

根据合规风险评估和预警分级情况，结合企业合规风险防控实际需要，将合规风险划分为轻度风险、严重风险及重大风险，分级分类实施合规风险响应措施。

2. 动态监测预警响应措施

（1）轻度风险响应措施

合规部及相关部门按照现有合规风险防控措施，积极推动落实合规风险防范机制，加强合规风险动态监测力度，根据合规风险程度，及时调整动态监测预警措施。

（2）严重风险响应措施

严重风险响应措施应在上述基础上，采取如下措施。

①合规部及相关部门立即成立专项小组，启动合规风险响应机制，迅速展开调查工作，找出合规管理薄弱之处，并进行调整改进。

②合规部及相关部门采用风险转移、风险分散等方式，努力降低合规风险影响，并加强对新闻媒体、自媒体、专业机构等各种途径发布的舆论信息的监测，避免舆论信息对企业造成恶劣影响。

（3）重大风险响应措施

重大风险响应措施应在上述基础上，采取如下措施。

①合规部及相关部门迅速成立专项小组，在 ___ 小时内制定重大风险应对方案，根据方案采取相应措施。

②合规部及相关部门立刻采取新闻发布会、发公告等公开形式，降低舆论风险，避免舆论对企业造成恶劣影响。

01 企业内部控制制度设计与解析

- 依据《企业内部控制应用指引》编写，致力于构建全方位的内部控制制度管理体系。

- 提供了142个制度，用精细化的制度营造完善的内部控制环境，提供极具针对性的控制手段，"人人参控，人人受控"。

02 企业内部控制风险点识别与管控规范

- 以"风险识别、评级"为基础，以"合规管理"为重点，以"精确管控"为目的，梳理企业内部控制管理中的各项风险。

- 通过大量的制度、方案、流程、标准、规范，提供拿来即用的风险控制规范。

- 包含58个风险点、75个控制制度、64个控制流程及14个方案。

03 企业内部控制流程设计与运营

- 立足工作流程，聚焦企业风险控制点，面向业务，提供解决措施。

- 包含118个流程和内部控制矩阵，涵盖18大类内部控制工作模块。

- 以流程为基础分解企业内部控制的痛点，通过流程设计阐述企业经营管理全过程中的风险。

04 供应链精细化运营管理全案

- 一本供应链运营管理的"12化"手册。

- 用制度管人，按流程做事；看方案执行，照办法去做；依细则实施，用规范约束。